大数据时代个人信息保护研究

李 静◎著

吉林出版集团股份有限公司

图书在版编目（CIP）数据

大数据时代个人信息保护研究 / 李静著. — 长春：
吉林出版集团股份有限公司，2023.6
ISBN 978-7-5731-3790-6

Ⅰ. ①大… Ⅱ. ①李… Ⅲ. ①个人信息－法律保护－
研究 Ⅳ. ①D913.04

中国国家版本馆 CIP 数据核字（2023）第 116926 号

大数据时代个人信息保护研究

DASHUJU SHIDAI GEREN XINXI BAOHU YANJIU

著　　者	李　静	
出版策划	崔文辉	
责任编辑	刘　洋	
封面设计	文　一	
出　　版	吉林出版集团股份有限公司	
	（长春市福祉大路 5788 号，邮政编码：130118）	
发　　行	吉林出版集团译文图书经营有限公司	
	（http：//shop34896900.taobao.com）	
电　　话	总编办：0431-81629909　营销部：0431-81629880/81629900	
印　　刷	廊坊市广阳区九洲印刷厂	
开　　本	710mm×1000mm　　1/16	
字　　数	313 千字	
印　　张	14.5	
版　　次	2023年6月第1版	
印　　次	2024年1月第1次印刷	
书　　号	ISBN 978-7-5731-3790-6	
定　　价	78.00 元	

如发现印装质量问题，影响阅读，请与印刷厂联系调换。电话15901289808

前　　言

随着大数据时代的来临，数据的价值越来越大。但是，作为大数据重要组成部分的个人数据却频繁遭泄露。预留后门程序窃取用户数据、利用病毒盗取个人数据、让人抓狂地骚扰电话、盗用身份证信息用于洗钱和诈骗、公开叫卖个人数据等现象层出不穷。为了应对此类事件，我国对个人数据进行保护的相关法条也开始零星地出现在各部门法中。当前，我国对个人数据保护的立法理念，还没有形成统一认识。因此，研究个人数据保护法的立法原理、立法逻辑，并基于我国当前大数据产业高速发展等社会情境，提出适合我国的个人数据保护法模式建议是十分必要的。

本书系学术讨论用，强调对新兴信息技术环境下个人信息安全风险的识别和科学应对，并在此基础上对国内外个人信息安全管理理论和方法进行系统性梳理和集成式创新，尤其是汇集了外国该研究领域的相关研究成果，用于参考借鉴。这不仅有利于完善个人信息安全理论研究体系，而且也有利于改善我国个人信息安全管理实践，规范我国各个层面个人信息的收集、处理、利用过程，同时还有利于信息技术产品开发和智慧城市建设，保障个人信息安全和财产安全，增强用户对新兴信息技术的信心，促进我国新兴信息技术产业的发展和新兴信息技术的普及应用。

本书的写作得到诸多领导、老师、同事和同行们的大力支持，在此表示诚挚感谢。由于学识和时间所限，且本书是有关新兴信息技术背景下个人信息安全风险应对的探索性尝试，书中难免有疏漏和不足之处，恳请大家不吝指正！

目　录

第一章 个人数据保护问题的产生

不可否认，随着大数据时代的到来，个人信息实现了数字化，成为计算机能懂的"语言"。运用计算机自动化处理技术，很容易将各种数据记载、收集和利用。个人信息的数字化满足了国家、企业和个人的自动化决策机制的需要：政府机关保有大量的个人数据，正确地处理和利用这些数据将有利于提高公共管理水平，营造公正公平的执政环境；基于大量的个人数据的聚合、挖掘，可能分析出个人的生活习惯、偏好、病史等描述性个人信息，这些信息往往具有营销、市场预测等价值，很显然能够为企业带来巨大的利润；而个人可以利用信息技术将散落的信息联结起来，提高自我的决策能力。应该说，个人数据的处理、流转会提高生产力水平，改善政府或企业的效率以及效益，最终提高社会公共福祉，但是滥用个人数据也对个人自由、个体合法性权益（尤其是隐私权）构成威胁和侵害。这种威胁与侵害不是信息技术本身所造成的，而是政治、经济、文化等众多社会因素齐力所致。在个人数据流转过程中，在数据的收集范围、收集方式、保存数据和如何使用等环节中，我们发现数据主体、处理者、控制者之间存在着利益冲突。一般来说，政府和企业操控着个人数据流转的整个过程，而个人缺少对该过程的参与，这就使得个人在数据保护方面处于严重的弱势地位。因此，"个人数据保护的宗旨是平衡个人同政府、企业之间的数据流转过程中的力量不均及其在信息使用上的利益冲突，维护个人的自由、自主、自治和自我发展的天赋权利"。下文将详细阐释产生个人数据保护的外在原因和内在成因，明确个人数据保护的本质。

第一节　为什么使用"个人数据"概念

据不完全统计，全世界有 66 个国家和地区制定了《个人数据保护法》。但各国的名称不尽相同，总体来说分成三类：第一类以个人数据保护法（Personal Data Protection Act）命名，主要是欧盟成员国为首的 57 个国家；第二类以隐私权法（Privacy Act）命名，主要包括 5 个国家，分别是美国、加拿大、澳大利亚、新西兰和智利；第三类以个人信息或者信息保护（Personal Information Protection）命名，有 4 个国家，分别是日本、韩国、俄罗斯和阿塞拜疆。可见，个人数据保护法的名称有明显的地域特征，亚洲国家偏爱"信息"，美洲国家喜好"隐私"，欧洲国家更愿意使用"个人数据"。另外，翻译使名称差异愈加显著。因此有学者认为，"个人信息的概念比隐私概念更为模糊"。比如：将 Personal Data 翻译为个人资料、个人资讯，也有的翻译成个人数据。结果就是个人数据、个人资料、个人资讯、个人信息、隐私常被混用。即便各国的立法例采用的名称不同，但是其核心内容基本相似，目的在于规范个人数据处理行为，包括自动化和非自动化的个人数据处理行为。从宏观上来看，这些概念并无本质差异，"个人数据和个人信息不必区分"，但微观上还是略有区别。一般来说，数据比较注重原始性，它只需呈现客观事实；信息往往是处理后的数据，它侧重于反应数据包含的内容以及强调与主体认知的关系；隐私则从主体的主观感受出发，将与自己相关的所有信息都划入隐私。本书认为使用个人数据的概念较符合各国立法例的初衷和立法规范的范畴本意。

一、个人数据范畴集合小于个人信息

个人数据属于个人信息。个人信息泛指所有可以识别个人身份的数据和资料，并且能够被计算机检索，值得注意的是并非所有个人信息都能被计算机检索。比如：学生的纸质学籍档案属于个人信息的范畴，如果未输入计算机，形成可以被检索、利用、处理的电脑语言，那它就不是个人数据。近几年，学生档案实行无纸化、电子化管理，这样的档案既是个人信息，也是个人数据。另外，我们也应该注意到个人信息的表现形式以及存在方式的多样性，它并不一定要以个人资料的形式出现，存在大量没有物化成具体个人资料形式的信息，例如：一个人自然表现出的个人属性是个人信息，但它不是个人数据。

二、个人数据对象明确

个人数据的重要特点是原始性。基于同一条原始的个人数据，不同的主体认识和获取的信息不尽相同。由于主体之间认知能力和水平有差异，主体的认知动机各异，主体所处的外在环境不同，所以相同的个人数据在不同主体之间被理解的信息大相径庭，之于主体的意义外显性千差万别。个人信息对主体来说，呈现较强的再加工性及不确定性。数据主要源于计算机自动处理，存在较少的主观因素，因此个人数据的原始性、结构性高于个人信息。个人数据更接近于法律关系中的客体"物"，而个人信息更接近于法律关系的客体"财产"。

三、符合大数据时代的特点

大数据、"互联网＋"是当下热点词汇。互联网与任何行业、产业、集群融合，都离不开二进制代码的应用。二进制代码通过数据等载体形式，将计算机语言转化为人类能够理解的语言。大数据的两个关键技术就是大数据挖掘和云计算。无论是大数据挖掘，还是云计算，基础元素就是充足的、可靠的数据。个人数据作为大数据中的元素材，辐射到互联网社会的效果更好，有助于展现出互联网全球化时代的"碎片化"与"一体化"的进程关系。互联网时代的语言就是数据的表达，个人数据作为数据的一部分，比个人信息的表述更为符合大数据时代特点。

四、符合大部分国家立法例

保护与个人数据相关的隐私和个人自由的制定法有许多共同特征，通常都试图覆盖从数据的最初收集开始到已删除或类似措施结束的整个连续期间，并且试图确保实现最大可能程度的个人意识、参与和控制。可见，大部分国家的立法例都侧重于对个人数据处理过程的规定，而不是保护个人隐私。例如：通过照相技术、诽谤或肉体虐待等手段对隐私的侵犯就不在个人数据保护的范围内，除非这些行为通过一定方式和个人数据的处理相联系。因而，立法的指导原则针对的是数据集的增加和使用。这些数据集是为了恢复、决策、研究、调查和类似目的而组织的。一般来说，信息除了指处理过的资料外，应当能影响人们的态度或见解。由此推及，大部分国家的立法例中，个人数据保护的范围限定在数据集的增加和使用过程中，可以被电脑识别的信息，而不是所有的个人信息，也不限于所有的隐私信息。

第二节　个人数据资源的开发及应用

一、公共管理价值及威胁

政府始终占据个人数据收集、处理、利用的主导地位，政府广泛地收集个人数据，并以这些个人数据为依据，制定国家的大政方针。随着时代的变迁，出于对社会风险的防范，人们愿意向国家让渡部分权利，让国家为我们提供更多服务：人们希望国家通过法律、政策及服务等方式，提供更多的就业机会，减免税收，增进公共卫生、教育、医疗等公共福利，有效打击违法犯罪，促进社会的稳定。政策的制定离不开国民信息的收集、处理和分析。人们期待个人信息处理能提高公共管理能力、管理水平，从而增进国民的福祉，但是又唯恐国家进行过度的个人信息处理从而损害到自己的利益。

（一）人口普查

收集个人信息的行为历来就有。国家为了顺利完成征税、征兵等工作，收集国民的个人信息是重要手段。政府收集个人信息的主要方式是人口普查。人口普查能够获得大量的数据，包括：人口、素质、结构以及生活方面的其他数据。基于这些数据分析，可以寻找人口与经济、社会、资源以及环境之间的内在自然规律，为社会经济健康可持续发展提供服务。

商朝时期，我国就出现了人口登记的制度，比如"登人"或"登众"。公元前 789 年，周宣王便进行了大规模的人口普查。明太祖朱元璋时期，我国进行了首次正规的全国人口普查，名为"黄册制度"。明太祖朱元璋派军队向每户居民印发一本户帖，分四项收集家庭和个人资料，包括户主的姓名、籍贯、性别以及家里的人口数量。在新中国成立之后，1953 年的首次人口普查是以手工方式整理数据的，包括六项基本信息，分别是姓名、住址、年龄、性别、民族、与户主关系。

在西方，人口普查活动可追溯到 1750 年，公众害怕并反对人口普查主要是因为害怕政府会借机增加赋税。但是随着公众反对的声音减弱，政府宏观规划及管理职能增强，人口普查活动逐渐在北美、北欧、欧洲大陆成为普遍的现象。美国联邦政府 1790 年首次开展全国性人口普查。麦迪逊认为，人口普查应有助于政府把握各阶层的情况，制定符合国情的公共政策，适时推出政府有关农业、商业以及生产方面的对应政策。普查的问题不断增多，到 1860 年就已经达到 142 个。

19 世纪中后期，世界各地人口普查制度已初见雏形。信息技术无疑是人口普查的助力器，原先需要几年才能完成的资料处理工作，现在可能只需要几个月。1880 年，豪勒里斯发明了"打孔卡检索机"，实现了机器读取并自动统计打孔卡所记录信息的功能。后来，他依赖该技术创建了公司，也就是 IBM 公司的前身。IBM 德国分公司带着新技术"打孔卡检索机"，直接参与到德国的人口普查工作中，大大提高了数据分析效率。在我国，1982 年第三次人口普查首次利用计算机处理数据，调查的信息增加到 19 项。2000 年的第五次人口普查采用了长短表的技术，长表包含 49 个项目，其中 10% 居民需要填写长表。到了 2010 年的第六次人口大普查，短表共包含 18 个项目，其中，按户填报的共有 6 项，而按人填报的共有 12 项。长表共包含 45 个项目，其中，按户填报的共有 17 项，而按人填报的共有 28 项。

随着各国人口普查的深入，其对社会问题的关注越来越多，涉及的个人信息也更加广泛，从个人的职业、所在行业等基础性问题，发展到关注疾病、财务状况等敏感性的个人信息。在 20 世纪初美国开始通过法治手段来保护人口普查中涉及的个人隐私。

（二）电子政务的兴起

自 20 世纪 90 年代，全球兴起了一场政务革命。电子政务是政府提供公共服务的一种方式。它是政府为了改善与各方的关系，运用各种信息与通信技术，从而提供高效、低成本的公共服务。联合国以及美国的行政学会都认为：电子政务是政府基于网络的一种行政创新，主要是方便公民获得政府部门的各种信息与服务。电子政务应当把握五项基本原则：提供可供公民选择的服务；使政府和公共服务更容易获取；涵盖整个社会；提供可信任的信息；高效率地使用网络技术和人力资源。

建设电子政务应该至少包括以下三个部分：第一部分，政府各部门建立的自己内部的电子政务；第二部分，政府各部门之间交流的电子政务，它通过协同办公、公文传输等系统开展政务，广泛用于各种行文、审批等信息的传递与收发，最终实现网上的交互协同式办公；第三部分，政府各部门针对社会公众而设立的电子政务，它包含政府对公民以及政府对企业两种，前者指政府部门通过网络电子系统为民众提供各种各样的服务，后者指政府部门通过网络电子系统进行采购、招标等活动。无论开展哪部分工作，信息电子技术的应用是实现相关业务管理目标的必要手段。信息电子技术离不开数据的获取、处理、发布和利用。这些流转的数据中既有大量的公共数据，也有大量的个人数据。只有理顺了公共数据、个人数据处理中所涉及的法律关系后，电子政务的公共管理能力、社会效果方能凸显出来。

1993 年，"三金工程"的启动标志着我国电子政务正式起步。这是中央机关主导的、围绕政府信息化建设的系统工程，其重点是信息化基础设施建设，目的是为重点行业以及关键部门传输数据和信息。2000 年，《中共中央关于制定国民经济和社会发展第十个五年计划的建议》明确了"以信息化带动工业化"的战略方针，电子政务自此进入迅速发展通道。2001 年，中央组建了信息化专门领导小组，其常设办事机构国务院信息化工作办公室随即成立。2005 年，中央又再次明确提出进一步推进电子政务建设，提高行政效率，降低行政成本。2006 年，开放中央人民政府门户网站 www.gov.cn，标志着我国电子政务进入新阶段。目前，我国政府的上网工程已粗具规模，大多数政府部门已经建立与政务相关的网站。

1993 年，克林顿政府发起"绩效运动"，他们认为通过网络技术可以提高政府的管理水平，同时高效率地为人民提供服务。美国的"电子政府"开始步入政改之路。1994 年，美国政府又提出，要利用信息技术，为政府与民众搭建更加高效、方便的沟通渠道，努力实现电子政务的全面深入发展。1995 年，颁布《文书工作精简法》，要求与联邦机构信息管理有关的个人、企业、机构达成统一，共同创建信息化社会。1996 年至 2000 年，美国政府推动建立政府网站，实现民众对政府信息的可得性。2000 年，美国政府开通政府网站，并于 2007 年更名"美国网"。为促进政府的信息化发展，美国还出台了一系列法律法规。可以看出，在社会各领域，美国的电子政务已经取得了一系列丰硕的成果。

欧洲的电子政务发展主要经历了以下三个阶段：第一阶段（从 1990 年到 1994 年），电子政务主要在中央级的政府部门开展；第二阶段（从 1994 年到 1998 年），电子政务开始面向基层；第三阶段（从 1998 年到 2002 年），电子政务向更高层次发展，比如：加强政府职能转换、整合。2000 年，欧盟提出"电子欧洲"概念，即帮助欧洲从信息管理转化为知识管理，这将整个欧盟地区与各成员国的信息化紧密地联系在一起。此后，欧洲的电子政务发展驶入了快车道。另外，还有一些比较特殊的电子政务应用。比如，德国的市政服务电子化项目，不仅用于市政管理，而且还为居民提供一系列全方位的网上服务。如果要申请相关服务，只需在线申报，还可以在线咨询。目前，该项目已服务了约占居民总数 1/3 的家庭。

在电子政务发展得如火如荼、轰轰烈烈之时，个人数据隐私问题日益浮出水面。尤其在推行电子政务的排头兵——美国，有 30% 的美国人认为应该迅速推广电子政务，因为其带来了方便与效率；相比之下，由于考虑到隐私、网络安全等问题，65% 的人认为应该逐步推行。后者当中，又有各种担忧，比如担心"黑客"非法侵入造成用户数据丢失、官员滥用私人信息以及隐私减少等问题。虽然也有 40% 的官员对"黑客"问题比较担忧，但表示不会对信息进行滥用。应该说，相比公众，政府官员更倾向于快速建设电子政务，这基于他们的亲身感受：电子政务的高效与便捷，而且安全与隐私问题都能够得到有效解决。

（三）政府个人数据库建立

公共领域中存在大量的数据库资源，这是由政府机构及其相关部门为了方便公共管理而建立起来的。利用该资源，不管是政府的公共管理能力，还是行政效率都得以大幅提高。另外,合理利用该数据库资源,对于优化整合政府职能、控制人员支出等方面也都有明显作用。

在 20 世纪 60 年代,美国联邦政府建立了大量的巨型数据库。1965 年,美国的社科研究学会向联邦预算局提出建议:建立一个涉及全联邦的数据中心,该中心可以对政府统计信息进行协调使用。尽管建议只是为了进行统计,但争议还是迫使参众两院多次举行听证会。经过近两年的听证与研究,由于惧怕项目建成后可能无法有效控制,从而侵害公民隐私,因而两院最终否决了该建议。这一事件促使美国公众以及国会密切关注个人信息的有效保护问题。国会为此组织了诸多的调查活动,目的是调查各种数据库运行状况以及其对公民隐私权产生的影响,并据此提出立法建议。于是在 1974 年,美国国会高票通过《隐私权法》。到 2000 年左右,美国联邦机关和机构已经建立个人数据库超过 2000 个。

当代最有价值的资源之一就是数据,各国政府也都意识到了这一点。各国政府通过人口普查、电子政务等各种手段建立了大量的政府数据库。但是,20 世纪 50 年代时,欧洲各国乃至全世界人民刚刚从第二次世界大战的阴霾中走出来,历史的创伤永远无法抚平。与此同时,大西洋彼岸的美国政府非法利用户籍数据跟踪和调查美籍日裔。于是,人们对人口普查、建立超级数据库等政府收集个人数据的行为特别敏感。无论是德国的大小人口普查案,还是美国关于设立国家数据中心的建议,抑或是在日本发生的住基案,人们始终关注国家收集以及处理个人数据可能产生的后果。最终,欧洲和美国带头拉开了世界范围内个人数据保护的帷幕。

二、商业价值的驱动

征信、医院、电信业、金融业等准公共领域也越来越多地利用个人数据。国家是掌握个人数据的"老大哥",但是这些准公共领域所掌握和处理的个人数据的体量也不容小觑。海量的数据需求和最先进的信息处理技术是征信、金融行业的行业特性和要求。医院、保险业、电信业、学校在日常经营过程中,能够获取大量的个人数据,特别是大量的敏感数据,不当处理和利用这些数据将导致个人权利的重大损害。随着大数据产业的发展、数据库在商业中的广泛应用和电子商务如火如荼地开展，个人数据的开发和应用越来越广泛。互联网技术的发展也使得个人信息的处理和应用更容易实现。与此同时，在商业价值的驱动下，滥用个人数据现象日渐严重。个人数据的过度开发，也可能造成对数据主体的权益的侵犯。

（一）大数据产业的发展

新兴的大数据产业正在崛起。在美国，大数据几乎惠及所有行业，从零售到批发，从低端到高端，从军用到民用，无所不包。在多个领域或行业的大数据应用都比较成熟，包括政府、互联网、医疗、零售业、能源、金融大数据等。个人数据规模化处理后，会产生巨大的商业价值。1996年美国仅姓名、地址、信息的销售，就已经达到30亿美元，这还不包括利用姓名、地址信息的促销收入。2011年美国互联网上每分钟就会产生谷歌（Google）搜索记录70万条、优酷（You Tube）用户上传48小时视频和脸书（Facebook）用户分享674478项内容。大数据因其具有多样、高速、巨量的特点，将发挥出无尽的潜力。

大数据战略的最终目的是形成数据商品，发展数据产业，最终推动整个经济发展。另外，大数据也可以提高政府运行效率，提高公众满意度，如：运用大数据可以为交通拥堵等民生问题提供解决方案，快速识别身份，可以维护国家的安全稳定等。众所周知，拥有真实可靠、数量众多的数据，是大数据以及电子商务发展的基本条件。而个人数据包含丰富的内容，自然成为数据资源的核心。不能因为考虑个人隐私等问题，就将个人数据排除在大数据的开发之外。这样不仅不利于大数据的发展战略，对个人的数据资源也是一种巨大浪费。解决这个问题的方法之一，就是将个人数据中的个人与数据进行脱敏处理。一旦表征数据的个人因素被抹去，脱去了可识别出身份的可能性后，个人数据就成为自由数据，可以开发和利用，形成数据商品。这类数据商品可以帮助企业预测市场前景，确定目标市场；制定生产战略、营销策略，有针对性地进行市场推广和开发。

（二）数据库营销

数据库营销完全依赖于客户数据库的建设和利用。当下，很多企业都在建立和加强自己的客户数据库，目的就是更有效地开展营销。他们清楚，只有对客户资料加以分类，细致全面分析，才可能给客户带来个性化的周到服务。另外，基于客户数据中繁杂的原始数据，通过挖掘与分析，就有可能发现数据中那些隐含的商机。比如：基于客户的年龄、性别等数据，对客户可能购买某一特定产品做出预测。时下，掌握广泛的客户信息并不能代表企业取得竞争优势，但倘若没有客户信息资源，企业绝对不会有任何优势取得营销胜利。很多时候，一个电子商务公司最有价值的财产就是它的客户资料库。为达到营销的目的，企业会从消费者那里直接获得信息，或者通过其他渠道购买信息。根据这些数据，就可以推断出是哪些人在购买和使用企业的产品。比如：从零售商那里购买数据了解特定群体的消费者，他们在某一区域或零售商店里，是如何进行消费的以及他们会将何种商品放进购物筐内。获取这些信息后，我们就能对类似区域和行为特征的特定消费者群体进行分析，识别出消费群体的特征，然后有针对性地制定销售策略。

目标直销信息是更经济有效的，因为个人可以了解产品、服务，企业针对顾客感兴趣的方面进行促销。在一些国家，直邮有专门的营销机构，他们设法获得一些个人的名单和地址，这些人愿意接收优惠券以及关于市场促销活动的信息，之后按照名单上的地址邮寄优惠券和产品的样品。美国相关机构曾做过调查：90%以上的消费者不愿意完全从推销名单上被删除。因此，那些完全不愿意接受推销信息的人的名单被称为"鲁滨逊名单"，虽然清静，但也透露出一种独处孤岛式的寂寞。

数据库也可以对客户进行偏好分析，这样公司就能了解客户偏向购买哪种产品以及可能的购买方式，是通过商店、邮件、电话还是网络。但是单纯的购买行为无法使企业判断客户的购买原因，也无法判断他们可能感兴趣的其他产品。企业需要从家庭日用品、家庭成员生活方式以及兴趣爱好等方面准确了解自己用户的需求，有效建立联系。其目的是更好地帮助企业了解谁在购买自己的产品以及为什么购买产品。这种个性化服务方式不仅避免了广告费用的浪费，而且使公司收获了更多忠诚的消费者以及节节上升的销售额。

可见，在传统条件下，由于信息搜集技术的限制，商家无法有效获得消费者的消费需求、消费倾向等方面的信息，其商品或服务的提供具有很大的盲目性。而在当前信息技术发达，个人信息流通便捷的情况下，商家可以低成本、高效率地利用各种信息搜集方式获取并分析消费群体的消费习惯、消费心理和消费倾向等方面的信息，从而更加有针对性地提供服务和商品，获得企业的竞争优势。

（三）个人信用体系

众所周知，个人信用体系是社会信用体系的重要组成部分，规范的信用体系可以避免或者减少信用风险的发生，维护市场秩序和社会稳定。它也能提高市场的运作效率，预防潜在风险以及发现违法行为，并及时对违法者进行惩罚。

在西方发达国家，征信系统的历史已经超过 170 年。19 世纪初，早期的个人征信系统就有了雏形。在美国生活的英国人后裔，经营着诸多银行和商店，那些业主对他们的客户付款数据进行整合，最后汇聚成具有综合性质的名单信息。这些信息基本上只涉及一些商人以及庄园主，如果他们出现拖欠的情况，对应信息就会被记录在这个名单上。到了 19 世纪后期，一些局部的、小范围的以搜集信用数据为主营业务的征信机构开始出现，一开始，它们主要搜集关于客户的负面信息。直到 20 世纪 60~70 年代，消费信贷已粗具规模，同时，电子技术的发展带来了数据库处理技术以及统计分析技术的发展，这为征信机构的合作以及并购带来可能，最后促成一些比较有影响力的征信公司。

三、互联网与个人数据

近些年，随着互联网技术的发展，个人数据的收集和处理变得越来越方便快捷。为了更好地开展网络活动，公私领域广泛地应用小型文本文件（Cookies），俗称"小甜点"的技术来收集、存储在网用户的上网信息。Cookies 可以跟踪使用者在网络上的任何操作行为。它可以为网络购物者留下记录，为下次的购物提供方便。当你在某一网站上浏览特定商品时，Cookies 会自动记录下来，下次你再浏览该网站时，马上就会跳出浏览过的商品。还有网络交易需要顾客提供必要的个人信息，否则交易无法实现。比如：你不提供给网上商家邮寄地址、联系电话，商品就无法送货上门。互联网的兴盛，使得个人数据的收集、处理、应用成为必要和可能，这些个人信息与数据主体具有对应性，如果不合理地利用、保管这些数据，则将导致对数据主体的侵害。

（一）小型文本文件（Cookies）的广泛应用

互联网的架构目的一般包括两个方面：一方面为使用者浏览网站提供方便，另一方面是了解这些使用者上网的基本信息以及使用习惯。网站往往会利用 Cookies 来记录上网信息，并在需要的时候方便调取内容。Cookies 具有多种功能，这些功能可以为网站利用从而收集网络使用者的信息。如一些网络公司利用具有跟踪功能的 Cookies 工具测定并跟踪用户在网站上所进行的操作。Cookies 的工作原理是：当用户第一次浏览某网页时，网站就会自动将该信息存到用户的硬盘上，以后再次浏览时，硬盘中的 Cookies 就可以把上次浏览的网页地址发送到服务器上。通过这种方式，网络公司就能收集到很多使用者的信息，而且网站可以在不知道用户的真实姓名的前提下，通过实时跟踪的方法知道用户在网络中的具体位置。再比如：线上购物系统利用 Cookies 记录、判断客户的购买倾向。如果消费者需要，甚至可以在浏览结束后重新登录该网站时，上次预选的商品仍保存在购物篮中。亚马逊就是应用了 Cookies 记录，扩展了超过 30% 的图书销售业务。

（二）网上虚拟市场

网上虚拟市场是指应用电子技术手段，实现商业交易行为的活动空间，即通常所说的电子商务市场。在 20 世纪 70 年代末，就开始出现电子商务应用雏形，较为典型的应用有 EDI 技术以及 EFT 技术。其中 EDI 技术较为实用，它大大降低了电子商务的交易成本。据统计，2013 年我国的电子商务保持较高速度增长，其交易额已经突破 10 万亿元，与去年同期相比，增长 26.8%，这其中的网络零售额也占据较大份额，为 1.85 万亿，同比增长达到 41.2%。电子商务不光产生了亮丽的经济数据，在拉内需、促就业方面作用也比较显著。2014 年，我国电子商务交易总额达到 16.39 万亿元，同比增长为 59.62%，继续保持高速增长。2016 年全国电子商务交易额达到 26.1 万亿元，同比增长 19.8%。

第三节 个人数据规模化处理及风险

人类从原始社会进入到信息社会，信息的传播方式发生了质的变化。人们传递信息的方式从最原始的面对面口口相传，到非接触式的批量数字化方式。信息传递的目的也发生了变化。以往我们传递信息是在熟人之间，为了生活便利或者了解对方。逐渐地，我们传递信息不再是在熟人之间，而更多的是陌生人之间的商务往来，为的只是获得利益。随着信息处理的专业化，个人与数据收集者、处理者和使用者之间的关系淡化。个人数据被批量处理后，数据主体已经基本失去了对个人数据的控制能力。在批量处理的过程中，个人数据一直处于流转状态，从数据产生、收集到处理再到数据的利用。这种流转状态又涉及众多环节，每一环节都体现着数据当事人之间的流转关系，都存在对数据主体权益造成侵害的风险。

数据产生、收集的过程中，数据主体对提交数据的目的、公私主体收集数据的意图、手段、范围等，往往并不清楚。现实中常常出现过度、错误地收集和秘密收集等问题，而数据产生、收集是数据处理的第一步，这一阶段的失控也就意味着数据主体对个人数据的失控。一旦个人数据进入了处理阶段，数据主体就已经完全失去了掌控权。数据处理过程具有隐秘性、复杂性、内部性和永久性等特点。并且公私主体在数据处理中，由于缺乏必要的安全控制措施，会产生个人数据被盗、被泄露等风险。数据合并也是数据处理阶段产生风险的一个重要原因。单一的个人数据可能无法标识出一个人，但是将各类个人数据进行合并后，一个人的全貌就可能呈现出来，这是一种呈现在数据处理者面前的"数字化人格"。个人在不知不觉中就已经是一个"透明人"。但数据处理阶段仅仅是形成"透明人"，至少数据主体只是呈现在数据处理者面前，而个人数据利用阶段可能就是将"透明人"发送到任何地方，让它在任何需要的地方和时候暴露的阶段。二次开发和利用、个人数据买卖、数据流转等方式都是风险的来源。传播的便捷性和非可控性等特征必将带来强烈的外部性和不确定性，涉及的当事人更加复杂，产生更多的数据流转关系，从而使得数据主体权益更容易受到侵犯。

一、个人信息的数字化呈现

从渔猎社会到信息社会，人类社会发展状况、技术水平都发生了质的变化，生活方式随之改变。无论是信息的流通方式，还是交流所用的工具都发生了极大的变化，从最古老的面对面口口相传一直发展到今天的信息数字化传播与交流。

（一）口口相传

在渔猎社会，人类从自然中获取食物，但不生产，这样的状况历经几十万年。在严酷的自然环境中，获取天然的动植物资源比较困难，忍受饥饿和生存窘境是常态。人类共同抵御自然的考验，是原始的生存本能驱动的，由此人类社会出现了共享经济。"一个在树林中吃饭的人，唯恐自己独享，他一定要大声叫喊，希望有旁人来与他分享。"对原始人类来说，食物和生存才是最有价值的东西。人与人交流的主题围绕着如何获取食物、缓解生存压力等方面。信息作为语言的载体，表达与他人共享的意愿，比如：关于食物来源、危险情况或社会其他成员的消息。人们为了食物和生存而不断地迁移，相互了解的意愿并不强烈，沟通都是面对面进行的，对一个人的评价从日常的接触中就已经获得并储存在大脑的记忆中，即个人信息主要是通过口口相传获得的。

（二）书面传递

大约在一万年以前，农业社会逐步形成。人类开始在固定的地方安家落户，开始了圈地种田的新生活，这减少了人类的生存压力。以自然地缘为单位建立的村落组织标志着人类生活方式进入了新阶段。村落的规模不大，人们自出生以来就一直生活在村庄里，彼此间相互认识，是典型的熟人社会。在日常生活中，人们乐意并自愿同他人分享个人信息。信息的共享往往不取决于个人意愿，而是人们在社会中共同生活的副产品。个人信息的功能主要是社会交往需要，没有商业价值。与此同时，因为人们安居乐业后，渐渐产生了国家、宗教组织等机构。为了将国家、宗教组织等机构的命令传递给被统治者，他们开始使用符号和文字来记录信息，这其中包含了大量对个人、家庭、婚姻、兵役、田地等个人信息的记录。

（三）电波传递

19世纪中叶，经过第一次工业革命的洗礼，人类劳动力获得大解放，不仅改变了产业格局，也改变了整个社会。工业化大生产后，人们从农村搬迁到了城市。在城市里，人们来自四面八方，彼此不认识，不像乡村那样大家彼此熟悉。19世纪30年代，电报面世，人们在从事商务活动时就开始使用这种新科技产品了。随着电话、传真等通信工具陆续出现，现代商务活动越来越离不开这些先进的电子技术。借助这些通信工具，人们获得个人信息的范围在不断扩大，同样，商业企业的业务范围也获得了延伸。为了更有效地推广产品和服务，企业开始发掘个人信息的商业价值。

（四）数字化传递

20世纪中叶，伴随着科技进步，人类社会全面走入信息社会。现在，基于计算机、智能手机等工具传递信息越来越普遍。在各种电子技术的助推下，个人信息可以被轻易地收集、跟踪、提炼、储存。通过网络以数字化形式表现出来的个人信息，只需轻轻按几下键盘，在短短几秒钟就可以传遍世界各地。由于个人信息具有营销、定位等巨大的商业价值，可靠、全面的个人信息能提升企业的盈利能力。于是私人企业不仅自己收集、处理个人信息，而且常常从其他企业、地区，甚至任何有网络的地方获取个人数据。这样一来，出现了专门以个人数据买卖为业的中间商，从而形成了一个以个人数据为核心的新商业模式，也产生了以个人数据处理为依托的新分工方式。可以说个人信息的数字化呈现，已经改变了人们的生产、生活方式。个人信息处理的专业化、传播的便捷化，使得信息持有人与信息主体之间往往不存在直接的交往或交易关系，数据主体、收集者、控制者、利用者相互之间的关系逐渐淡化。

随着信息技术的发展，个人数据交易正成为一种信息产业。在公私领域中，个人数据被广泛使用，如在零售、航空、金融等行业，甚至有政府背景的"贵阳大数据交易中心"也在收集、处理海量的消费者数据，以这些数据来帮助企业制定战略、定向营销自己的产品、推广业务。信息技术的应用，使个人信息在网络上以数字化方式处理、传播，使得个人信息利用的深度与广度前所未及。个人信息的应用可以深入到经济、生活等社会的方方面面，彻底改变了人们几千年来既定的信息传递方式、人际沟通方式、社会组织模式以及国家管理方式。

特定的社会发展阶段和技术条件影响着人们的生存状态，人们对特定对象的价值或功能的认识受制于时代的客观状况。换句话来说，对同一对象，时代不同，我们所能认识到的功能可能会有所不同。因为个人信息的传播媒介不同，传播的广度和深度也不同，所以其用途、功能、可控性也不尽相同。

在原始社会，信息的传播采用面对面的口口相传的方式，其功能是将个体凝聚在一起，共同抵御自然环境压力，那时没有个人的概念，只有共享才能够生存，信息的传播范围十分有限。在农业社会，人类开始了安居乐业的生活，生产力水平有了显著的提高，随着造纸术的发明，人们用文字和符号记载个人信息，个人信息脱离了人本身，有了独立的存在方式，这加速了个人信息传播的速度和广度。而且人们大多生活在规模有限的村落中，人与人之间相互熟悉，个人信息主要用于日常的生活交流，没有广泛应用于商业用途。在工业社会，随着电话和电报在商业领域中的应用，个人信息的商业价值显现出来，但是相对而言，个人信息传递还是在商业伙伴之间，信息的收集范围、使用目的、信息主体还是清楚、可控的。在信息社会，随着信息处理的专业化，信息持有人与信息当事人之间往往并不存在直接的交往或交易关系，个人与信息收集者、处理者和使用者之间的关系淡化，个人信息在维持个人同公私机构间的直接交往或交易关系外，还被用于其他目的，个人已经基本失去了对自身信息的控制能力，不知道是谁、为了什么、如何利用自己的个人信息。个人数据被信息化处理后，个人对把握自我的分寸感失真，对把握自己与他人的距离感失真。

二、数据规模化处理中的风险

信息技术的应用使得原有的个人信息变成计算机认识的"数据"语言，实现了个人信息的数字化呈现。在计算机技术的帮助下，处理个人数据不仅可以由人工来操作，而且可以由计算机自动化批量处理。静态的个人数据的价值是有限的，只有在批量地处理后，才能获得有价值的信息。在批量处理的过程中，个人数据一直处于流转状态，包括数据的收集、处理和利用，这种流转状态又涉及众多环节，每一环节都体现着数据当事人之间的流转关系，都存在具体行为对数据主体权益造成侵害的风险。

在处理过程中，涉及的当事人有：数据主体、数据控制者、数据接收者。这三者之间的关系：主体是数据的来源，控制者是数据的实际占有者，而接收者往往指数据的使用者。数据主体是指根据数据就可以识别出的自然人；数据处理控制者是指对处理过程提出具体要求的个体或机构，包括数据处理者和数据处理控制者；数据接收者是指作为数据披露对象的个体或机构，而不论其是否为第三方。整个流转过程可以分为个人数据产生、个人数据收集、个人数据处理和个人数据利用四个环节。在这些环节中，个人数据都有受到侵犯的风险。

（一）个人数据产生

个人数据产生的过程包括个人数据生产或者创造，其产生的数据类型有标表型数据和行为数据。标表型数据是一个自然人存在状态的数据，不需要个人行为。准确地说，标表型数据不是个人有意识创造出来的，是自然人存在于社会中的外在名片，它包括直接标表型数据和间接标表型数据。直接标表型数据包括肖像、姓名、性别等；间接标表型数据包括性格、爱好、家庭住址、电话号码等。标表型数据产生的形式显而易见，这里不再赘述。但是，行为数据的产生比较复杂，其一般要满足以下两个要素才能产生。

1.行为的可记录性

行为数据指自然人行动中产生的数据，比如：每次使用手机、计算机设备都会产生数据，包括设备型号、使用的网络、设备上的应用、下载应用的用途、用户的位置等。数据被解读后，有的以个性定制的广告或其他方式反馈给用户，有的用于优化设备和网络功能、检查网络故障，还有一些则留作日后进行数据分析。理论上，所有网上的点击、浏览、停顿、评论、聊天等行为都是在生产和创造数据。在个人数据生产过程中，数据主体、处理者以及接收者的关系被建立。数据主体提交个人数据给数据处理者或者接收者，数据处理者记录或者收集个人数据。在这个过程中，用户提交的个人数据和数据处理者记录的个人数据的归属问题，是法律不得不涉及的。此外，数据主体提交数据的目的和数据处理者记录的目的、手段、范围也会产生法律问题。

2.网络实名制

网络实名制将网上行为与个人建立了联系，使数据变为个人数据。在私法领域，尤其是在网络社交、商务活动中，法律未强制数据主体实名上网，从法不禁止皆自由的观点来看，应给予数据主体隐匿权利，使得个人获得最大限度的表达自由权利和行为自由权利。美国的普通法对数据主体的隐匿权提供保护。虽然，美国法院每年审理若干网络侵权案件，都是由于数据主体通过匿名、假名或提供不完整的身份信息的行为所致，但是美国法院仍然允许人们匿名参与网上生活。由于某种特殊原因，需要通过 ISP 获取数据主体的真实身份信息，就要向法院申请并在获得批准后，凭传票才能调取主体的真实资料。但法院在处理类似案件时，会考虑匿名表达权的保护问题。在以色列，也有一位医生要求运营商向他提供匿名博客作者的真实身份，原因是该博客发表了攻击他的诽谤性言论，并起诉至法院，而法院却认为匿名表达权应该优先保护，因为它是宪法赋予的权利。2005 年，自韩国实施实名制上网开始，很多国家也陆陆续续实行该制度。

（二）个人数据收集

个人数据产生过程与个人数据收集过程并不是泾渭分明的，往往交织在一起。个人数据收集是指获取自然人的数据，建立个人数据档案。个人数据收集方式，不仅有计算机自动化的收集，而且也存在带主观目的的收集行为。目的指数据处理者做出收集行为的动机。收集个人数据的典型的行为有，行政机关依法定程序和职责收集居民信息、学校要求学生建立电子档案等。个人数据收集、记录环节中，数据处理者是否告知数据主体收集的个人数据的范围、收集的使用目的、必要性等信息，将决定数据主体和数据处理者之间的法律关系、权利类型，并引发权利冲突的可能性。明确收集使用目的，可以使数据主体自主决定是否向外提供数据。在数据收集这个环节当中，很容易出现未经数据主体同意就收集数据的情形，这对主体来说就是一种侵害。

1. 数据收集的方式

一般来说，在公私领域，个人数据的收集方式、性质存在差异，使得个人数据处理的法律关系也不同。公共领域中，政府收集个人数据的渠道和来源主要有以下几类：登记、许可、调查、统计和听取意见。

（1）登记。登记的形式比较多样，比如：自然人出生之后，到公安机关进行户口登记和办理身份证件。身份证件是使用最为广泛的标识自然人的证件。公安机关中保有的个人数据非常丰富，包括自然人外在标志的表现型个人数据，即标表型个人数据，如姓名、性别、出生年月、照片、家庭住址、家庭成员信息、祖籍、血型、身高、身份证号码、指纹等；在民政部门办理结婚或者离婚登记；个人失业后，在社会保障机关进行失业登记；税务系统利用计算机对税务机关采集来的原始数据进行信息分类，并采用全国统一的信息分类编码，个人向税务部门主动申报，申报的个人数据包括纳税人名称、税种等，并且法律允许税务机关在履行一定的手续后可以查询纳税人的个人数据。

（2）许可。按照法律法规规定，个人、法人组织从事某种活动或者实施某些行为，需要取得政府机关的行政许可，如卫生许可证、公共场所营业许可证、安全许可证、进出口货物许可证、药品生产销售许可证等等。私营企业主或者法人代表需要向政府机关提交申请表，政府机关审查后，对符合法律、法规要求的个人或者法人组织颁发许可证书。申请表中记录了私营企业主或者法人代表的个人数据，包括姓名、经营场所、健康状况等。如申请互联网出版许可证等特定企业许可，还要提供技术和管理人员清单及身份证、学历、职称、任职资格等个人数据。

（3）调查和统计。人口普查是国家实施的最大的调查项目。自中华人民共和国成立以来，我国已经进行了六次人口普查，确立了十年一次全国人口普查制度。除了大型的人口普查项目外，如果公民、法人或者其他组织在行政、刑事、民事等方面出现法律诉讼案件，国家机关也会依法调查、收集公民、法人或者其他组织的信息。政府机关为了确保制定的政策符合国民需要，以及解决其他国计民生的重大问题，可以运用统计调查的方法，特别是国家统计局、物价局、社会保障部等部门，每年都会做调查和统计工作。

（4）听取意见。政府机关在行政决定之前，按照法律规定必须要听取相对人、社会公众的意见，并应该保存记录。比如：《立法法》《行政处罚法》《价格法》都有相关的规定。听取意见的形式也很多，可以是座谈会、听证会等等，这些意见和建议为政府机关做出的行政决定提供参考。通过听取意见获得个人信息，是法律允许的方式。

在私人领域中，商业企业收集个人数据的渠道和来源主要有以下几种：

（1）业务中取得。业务中取得个人数据相对比较普遍。办理信贷业务中，因提供个人信贷咨询服务、办理信贷手续、处理与信贷有关的事务以及提供与该项服务有关的其他活动，必须收集个人数据；网络购物时，为了送货上门，平台、商家需要收集个人的姓名、电话、家庭地址；为了计算费用、利息，银行需要保存消费者的交易明细账单、转账记录、消费记录等。

（2）向用户索取。基于激烈的市场竞争环境，企业往往通过向客户提供免费产品或服务取得对方的个人信息。比如：网站向用户提供免费邮箱、各种免费交友账户等等。网络即时通信服务提供商已经成为免费获得大量用户群的大赢家。

（3）用户自愿提供。基于个人喜好，很多用户在各种平台上发布、上传个人信息，这也是一些企业获取详细个人信息的方法。通常商家还会通过产品赠送、礼品赠送、活动促销等方式，让消费者主动提供个人数据。

（4）计算机技术自动收集。通过提供专业软件、数字认证、技术加密等方法为客户提供银行、证券、保险、外汇买卖等特殊服务，也是企业获取客户信息、进行加工处理后开拓新市场业务的手段之一。

公私领域中不同的个人数据收集方式，带来了各自迥异的个人数据特点：前者明显具有强制性高、真实性高、收集范围广、分散性强（各级政府和部门根据行政需要都在收集）、透明性差、成本低等特点；后者往往具有较高的自愿性、较低的真实性、收集渠道广、成本高等特点。这是由于政府机关作为采集主体的特殊性导致的。政府机关一般以国家强制力为背景，个人往往不得不处于服从的地位，无法选择，也不能填写虚假的信息；而人们针对非政府机关填写个人数据一般具有选择性，可以只提交部分信息，或者填写虚假的信息，甚至不使用特定产品而免于自身信息的暴露。

2. 数据收集的特性

个人数据应当与使用目的之间存在一定的关联性，数据应当是准确的、完整的和最新的。然而，由于个人数据的海量性、时效性，收集渠道或方式的多样性，个人数据一般具有以下几个特性：

（1）个人数据的不准确性。我国《统计法》第六条有关于该项的规定。准确性是个人数据本身应该具有的基本原则，而现实却往往在挑战这个基本原则。比如：四川一名普通女性胡亚，因邻居吸毒、贩毒被捕后冒用了胡亚的姓名，警方据此将错误信息记载在公安部的网站及其身份信息中，胡亚申诉八年得不到纠正，让她八年来背负了沉重心理负担，名誉权受到严重的侵害。

（2）数据收集的隐秘性。随着互联网技术的广泛应用，计算机能够自动收集信息。很多企业出于各种目的，经常会秘密收集个人数据，比如：非法截获 Wi-Fi、预装后门程序窃取用户隐私、频繁将 Cookies 植入网页、编写病毒等方式盗取个人数据。通过这些方式，一些含有私密性、敏感性的个人数据就这样被无声无息地收集了。秘密收集个人数据的目的，大部分都是不正当的，这些秘密收集来的个人数据往往被用来买卖和非法利用，这是个人数据滥用的根源和起点。

（3）数据收集的过度性。在公共领域中，过度收集数据的现象时不时地出现。最常见的就是在人口普查项目中，国外很多国家意识到收集过度的风险，在法律中明确提出限制采集原则。

（三）个人数据处理

此处的"处理"是狭义上的概念，仅指对已经被数据处理者所拥有的个人数据的存储、加工等行为。个人数据处理的定义是个人数据的存储、编辑、变更、暂存、检索、删除、封锁等。存储是指个人数据收集、处理后的一种保留，其行为内容表现为纳入、收录或者保存，它包括视觉上以及听觉上的所有信号的保留，比如录音、书面材料以及图像等。法律上的存储行为不在于资料的制作过程，而在于牵涉数据主体权利的潜在可能性。存储是个人数据进一步开发、利用的前提。编辑指对存储数据信息的重新组织，一般包括数据信息的格式、版式的修改。变更是对数据信息的内容进行的变换，但一般并不改变存储形式。暂存是指暂时性的保存。检索是从存储文件中找出所需要的数据信息的操作。删除是对当前已存储的资料进行全部或者部分的清除。封锁是对存储资料进行加密、屏蔽等操作。

一旦个人数据进入了处理阶段，数据主体就已经完全失去了掌控权。数据处理过程具有隐秘性、复杂性、内部性和永久性等特点。隐秘性是指数据处理者使用的技术、流程、方式和手段一般不公开，数据处理结果也不为外界所知。多环节、多阶段、多程序的三多叠加使得个人数据处理更加复杂。由于处理方式的不同以及处理目的的不同，个人数据处理的过程并非完全相同。数据处理一般包括存储、编辑、变更、暂存、检索、删除、封锁、合并、比对、挖掘中的单独一个或者多个组合。某些阶段并不为所有的个人数据处理所必需，某些阶段也可能与其他阶段相结合，形成一个独立的阶段。数据处理的内部性是指数据处理往往在机构、机关或者个人内部的信息系统内完成。数据处理的永久性是指数据采集后，可以永久地储存在数据处理者控制范围内，并且储存成本低廉。正是由于以上四个特点，个人数据权益在这个过程中更容易受到侵害，这个过程的侵害往往是以下几个方面所致：

1. 缺乏安全控制

安全控制手段有两类，一类是技术安全控制，另一类是人工安全管控。个人数据库安全控制技术是指在数据库应用系统的不同层次提供对有意和无意损害行为的安全防范。为了实现技术安全控制，对个人数据库利用和维护应该设置权限。例如：女民警孙某的 14 岁女儿黄某到中队接待大厅等候母亲下班期间，利用公安网查询到偶像李某和杨某的身份信息并拍照上传到 QQ 空间。这个案件暴露出公安局个人数据技术安全控制方面的不足和缺陷，查询个人数据库的权限控制不严格，对进入个人数据库系统的授权不清晰。

个人数据处理过程同样面临着内忧外患的双重危险。这种危险来源于两个方面：一是由于公司内部管理不善，致使个人数据被篡改、窃取；二是随着个人数据的交换和利用价值的提升，个人数据日益成为不法分子的获利方式。个人数据与一般商品交易的规律明显不同，其使用价值存在无减损性、零成本、无限复制性、零边际交易成本、边际效益递增等特点。这就等于宣告：个人数据一次获取终身受益。在巨大的潜在收益驱使下，"内鬼"借职务之便滥用数据，"外敌"运用木马程序、"小甜点"跟踪等各种层出不穷的手段攫取个人数据。

另外，数据处理者内部管理机制的不完善，更给不法分子以可乘之机，比如：某信用卡中心贷款审核员就利用上班时间查询到 300 多条个人信息，打印出来后卖给犯罪嫌疑人；中国工商银行某客户经理通过银行的征信系统查询个人信息，经邮箱出售 2318 份个人信息给犯罪嫌疑人。针对这些问题，很多国家出台了相应的保障个人数据安全的法律规范，德国在此方面的规范就值得借鉴。德国《联邦数据信息保护法》第 9 条明确规定了有关的安全措施，其中包括：自动化处理个人数据时，应依所保护个人数据的种类，采取共约九个方面的管制措施。

2. 数据合并

个人数据的合并是指通过加工与混合已经收集的个人数据，推导出新的数据，加深了解个人情况的手段。索罗伍教授将合并的个人数据称为数字化人格档案，其对个人的现实生活造成了巨大的影响。数据合并的结论并不一定真实刻画了人格的全貌，可能出现误差和偏差，导致个人错误评价。

在公共领域，个人数据保存在政府的不同部门之内：在劳动保障部门有关于个人的工作情况、家庭收入、家庭人员组成等信息；在医疗保障部门有关于个人的健康状况、就医就诊记录等信息；在公安机关有个人基本信息，包括生日、性别、出生地、使用身份证的记录等。如果将各部门的个人信息合并，一个人的全貌基本上就展露无遗，我们基本上就成了透明人。

数据合并技术可能造成个人不愿意透露的信息被泄露，最终造成个人财产受损。

很多国家的法律界已经意识到这个问题，专门设置个人数据合并的条款。如：1995 年葡萄牙《个人数据保护法》第 9 条规定，依据法律条款而进行的个人数据合并应当获得国家数据保护委员会的合法授权，并由控制者单独或第 27 条规定的相关控制者联合提出请求。个人数据合并应当是为追求控制者的合法目的与合法权利而做出的必需行为，不得涉及对数据主体基本权利和自由的歧视和压制，并且应当通过充分的安全措施进行，同时考虑合并数据主体的类型。

（四）个人数据利用

个人数据经过收集、处理后，形成了数字化产品，利用（个人数据的利用是指个人数据的使用或披露）才是将产品变成商品，实现个人数据产业化关键阶段。个人数据零成本复制、传播和流动，彰显着个人数据独特的商业价值，促进了信息产业的发展，驱动人们对个人数据疯狂攫取的欲望。个人数据的零边际成本是指每增加一单位的商品，其所增加的成本接近零。阿里巴巴可以为800万个商户提供服务，因为信息服务一个商户的成本和服务800万个商户的成本基本相同。个人数据利用的边际效益递增而不是边际效益递减，这与传统的经济学理论相悖。一旦个人数据进入到信息流转和流通领域，那么就必定与外界之间进行充分的接触，其传播的便捷性和非可控性等特征必将带来强烈的外部性。外部性包括正外部性以及负外部性。前者表现在轻松获得知识，后者表现在隐私被泄露、人格受到侵犯、生活安宁受到打扰等。个人数据利用的方式包括以下几种：

1. 二次开发和利用

个人数据二次开发是指对原始数据的深加工后，从中挖掘出有价值的信息，然后利用这些信息的行为。二次利用是指超出了收集个人数据的目的之外的利用行为，这种行为产生的争议案例不胜枚举。爱尔兰的一个司法判决支持限制个人数据流转，保障个人权利的法律地位。爱尔兰的一家旅行社将持有的客户信息转交给另一家银行，推销银行的旅游信用卡业务。爱尔兰数据保护委员会认为，银行与旅行社不同属一个集团，旅游业务和信用卡服务属于不同性质的业务类型。未经当事人同意，旅游公司不能向第三方披露个人数据。这是未经允许的二次利用行为，侵犯了个人数据权。

2. 数据买卖

市场的引擎就是需求，当个人数据的商业价值与日俱增之时，各主体对个人数据的需求倍增，涌现出一种新的商业模式——个人数据买卖。曾有这样的案例出现，有人在网上公开叫卖个人数据，只需1元钱就可随意查询详细的个人数据，并宣称这样的数据有9000万个。罗维邓白氏公司公开销售高端消费者数据，据说该公司拥有全球商业数据2亿条，其中中国中高端消费者数据1.5亿多条。个人数据业务的不断扩张，信息来源也越来越广，房产交易中心、银行等也在信息源的行列。为了应对个人数据买卖给个人带来的消极影响，我国在2009年《刑法修正案》第253条规定向他人出售或者提供公民个人信息构成犯罪。

3. 个人数据流转

个人数据流转是指通过有偿或者无偿的方式向特定或者不特定第三人传输和传播个人数据。传输是将存储的个人数据以一定的方式传递给接受人。最常发生个人数据权侵犯的阶段，就是个人数据流转阶段。个人数据经过流转后，涉及的主体由两方变为三方，法律关系更加复杂，侵害个人权利的风险更高。

数据未流转之前，法律关系的主体是数据主体和数据处理者两方的关系。数据流转之后，法律关系的主体转变为数据主体、数据处理者及数据接收者三方关系。因为流转目的不同，数据接收者性质和数量有所不同。若数据接收者为数据处理者提供数据处理技术服务，则能明确第三方行为的性质和处理数据量。但是数据流转的目的可能并不明确，其中包括向不特定的公众披露、曝光个人数据，造成个人数据的过度公开。如果违背数据主体的意愿擅自传播数据，可能侵害数据主体的权利。对于这个问题，学者们的看法不同。有学者认为限制公开个人数据，可能损害社会经济权利，因为法律限制披露真实数据将阻碍信息的流动，增加交易成本，损害社会福利。但也有学者反对披露个人数据，弗里德认为人们可以控制其与亲密的人的信息，将有利于建立与亲密的人之间的信任关系，保证其在交往过程中的精神放松。

个人信息实现了数字化、规模化的处理，也成为计算机能懂的"语言"。数字化的信息满足了国家、企业和个人自动化决策机制的需要，它已经融入了社会生活的方方面面。这些告诉我们一个现实：大数据时代已经来临了。

大数据时代背景下，个人数据只不过是大数据家族中的一个成员，但是它是众多成员中最容易产生社会问题的那一个。个人数据是与特定的、可识别的个人相联系，并且是那些被自动化处理的个人信息或者非自动化处理的个人信息。也就是说，一方面，个人数据与特定的人相联系；另一方面，个人数据又可以脱离特定的人（数据主体）单独被处理。数据主体无法控制自己的数据被处理，最终就可能侵害数据主体的权益。大数据时代，数据被誉为最有价值的资源之一。个人数据满足了公私主体的需要，已经成为人口普查、电子政务和政府数据库建立等公共管理过程中不可或缺的资源，也是大数据产业的发展、数据库营销、个人信用体系和互联网经济等商业模式的关键要素。正确地处理和利用这些数据将有利于提高公共管理水平，营造公正公平的执法环境；基于大量的个人数据的聚合、挖掘，可以提高营销和市场预测效果，为企业带来巨大的利润；个人也可以通过信息技术将散落的个人信息聚集起来，提高自我的决策能力。

但是，个人信息的数据化、规模化处理却存在着各种侵害数据主体权益的风险。从原始社会到信息社会，信息的传播方式发生了质的变化。人们传递信息的方式从最原始的面对面的口口相传，到非接触式的批量数字化方式。信息传递的目的从熟人之间生活需要到陌生人之间的利益关系。随着信息处理的规模化、专业化，个人与个人数据收集者、处理者和使用者之间的关系淡化。在规模处理的过程中，个人数据一直处于流转状态，从数据产生、收集到数据的处理再到数据的利用。数据产生、收集的过程中，个人提交数据的目的、公私主体收集数据的目的、手段、范围等内容，个人通常不清楚。这样容易导致过度、不准确、秘密收集等问题。个人一旦交出了个人数据，意味着个人对自己的数据失去控制。数据处理过程具有隐秘性、复杂性、内部性和永久性等特点。这个公私主体的个人数据处理过程，可能由于缺乏必要的安全控制措施，导致个人数据被盗、被泄露等风险。也可能个人数据合并后，一个人的全貌在数据处理者面前呈现，个人在不知不觉中就已经是一个"透明人"。二次开发和利用、个人数据买卖、数据流转等方式都是风险的来源。传播的便捷性和非可控性等特征必将带来强烈的外部性和不确定性，涉及的当事人更加复杂，产生更多的数据流转关系，从而使得数据主体权益更容易受到侵犯。

个人数据的价值与日俱增，公私主体出于自身利益的考虑每天都在处理着大量的个人数据。信息技术为个人数据的规模化处理提供了前提和保障。从个人数据产生、收集、处理到利用的整个过程中，一般来说，政府和企业操控着个人数据流转的整个过程，而个人缺少对过程的参与和控制，这就使得个人在数据保护方面处于弱势地位。因此，个人数据保护的宗旨是平衡个人同政府、企业之间的数据流转过程中的力量不均及其在数据使用上的利益冲突，维护个人的自由、自主、自治和自我发展的天赋权利。

第二章 个人数据保护的新型权利：个人数据权

权利是法律观念和法律制度的纽带。可是，个人数据权是什么，个人数据权的功能是什么，法律如何承认该权利？在法学研究中，解决同一问题的方法、功能相似的权利才能比较，而不论它的名称是什么。由于社会背景、文化背景、法律体制不同，导致法律术语名称相同、功能不同或者实现相同功能、名称却不同的情况比比皆是。同样都是隐私权，"大陆法系国家认为隐私权是为了保护人格尊严，而美国法则认为隐私权是为了自由"。基于此，有的学者从美国法出发，认为个人数据权来源于隐私权理论；有的学者从德国法出发，认为个人数据权来自人格权理论；还有的学者提出个人数据权源自合同法中的财产权理论。

在德国，隐私权与个人数据自决权一样，都没有明文规定，一般可以认为是从法院发展和继承下来的特别人格权，他们的上位概念都是一般人格权。与德国不同，个人信息隐私权在美国被视为"隐私权"概念集合中的子集，隐私权类似于德国法上一般人格权的功能。即便各国对个人数据权的命名不同，但是依其而实现的功能基本相似。德国的个人数据自决权和美国的个人信息隐私权都比较接近于本书所说的"个人数据权"。之所以说比较接近，是因为本书是立足于我国的社会、文化、历史，从我国的法律基础和法治环境出发，对个人数据权做出阐释的。我国个人数据保护，既不应采用隐私权、也不应采用人格权，更不能采用财产所有权。"应摒弃隐私权、人格权或所有权等单一模式，建构以个人数据权为核心的个人数据保护体系。"

第一节 个人数据权保护的理论基础

个人数据权保护的法学理论有三个主要来源：隐私权说、人格权说和财产权说。值得一提的是无论隐私权理论、人格权理论，还是财产权理论，它们自身也在发展。发展的过程中，不断地将新的社会现象放入其中，从而扩展了原有的功能范围。

隐私权说发端于美国，是自由主义思想影响的产物。隐私为个人与政府划定范围，公法领域建立在契约基础上，私法领域则为个人确定了自主范围。同时，强调自主是人的自然权利。从独处权说到个人信息控制权说的扩张路径，为信息隐私权的生成奠定了理论基础。人格权说在欧洲大陆法系国家获得了长足的发展。该理论深受康德理论的影响，人的尊严是最高的价值追求。人是自己的主人，如果被当作客体对待，将失去人格尊严，获得人格尊严的基础是自主和自由。德国人格权理论开始于具体人格权，逐渐产生了一般人格权。因为大小人口普查案，促使德国宪法关注个人数据保护问题，促成德国宪法法院承认个人数据自决权的一般人格权地位。随着个人数据商业价值的与日俱增，学者们提出个人数据财产权保护理论。波斯纳主张社会应当确认数据主体的数据财产权，这样有助于提高个人数据的交易效率。反对个人数据财产权的学者指出，如果个人数据财产化，将降低人的尊严，加速个人数据滥用风险。

一、隐私权理论

提起个人数据保护，一般人也会马上想到隐私权。其实，隐私权理论只是一个年轻的、发展中的理论。隐私权概念最早在19世纪末提出，距今也就一百多年。"隐私的不同分支来自同一个根系，产生于同一片土地。"这个根系的沃土就是美国，其在国际上占据先驱地位。在英国，"虽然布兰代斯和沃伦依据英国普通法判例，效仿美国法创设隐私权，可是英国立法上至今未承认存在一般隐私权"。而法国、德国等其他大部分欧洲大陆法系国家，跟随着美国的脚步，陆续承认了隐私权的法律地位。但是这些国家对隐私权的理解显然与美国不同，至少比美国所认可的隐私权的范围要狭窄得多。大陆法系国家的隐私限于私生活的秘密，将姓名、肖像等人格要素排除于隐私权制度之外。学者们将这种理论恰当地称为"领域理论"隐私观。在众多的欧洲大陆法系国家中，法国很早就承认隐私权的法律地位，所以有一种说法"世界上最重视隐私的国家莫过于法国"。虽然，美欧都叫隐私权，但是美欧法律确立的隐私权含义存在巨大的差异。这也就解释了为什么美国将个人数据保护法称为隐私权法，而欧洲各国却称为个人数据保护法。在美国法律语境中，个人数据的讨论就等同讨论隐私权。因此，下面主要以美国为中心研究隐私权理论的发展脉络。

（一）隐私权缘起自由价值

自由的价值核心在于自主，没有自主，就无法实现自由，先哲们也常常将这两种价值混同使用。美国的法律制度受到天赋人权的价值影响，隐私权制度也是从自由延伸而来的。

格劳秀斯以道德与法律的区分，将权利划为"自然的"和"自主的"，"自然的"指"天赋"权利，而法律就是要实现"自主的"权利。斯宾诺莎指出，每个人生而就有自由，自由的监护人只能是他自己，人心和思想不能完全交与他人支配，因为任何人都不愿意将自由的思考让出去。

洛克强调，自主"是一种完美无缺的自由状态，是自然法内的，按照自己觉得合适的方法，决定自己的行动、处理自己的财产与人身"。这种"自主"有消极与积极两种形态。所谓消极自由指主体仅以自主、自为的方式就能实现的自由，只需国家不干涉。积极自由是指借助国家的积极行为方能实现的自由。消极自由是自由权的本体，积极自由是特殊态的自由权，积极自由仅仅是消极自由的实现形式之一罢了。皮埃尔·勒鲁指出："使人自由，就是让人存生。换言之，自由给人表现自己的可能。无自由等于虚无及死亡，不自由就是不许生存。"卢梭认为，虽然人生而自由，但却无不置于枷锁之中。皮特拉克是欧洲人文主义的鼻祖，他认为，面对世界且存于他治的状态，个人可以通过取得自主权而超越他治。他治与自主是硬币的两面，自主的理想基于他治的否定性观念之中，他治的恐惧来源于对自主的渴望。

受洛克、卢梭和孟德斯鸠等学者的影响，杰弗逊在《独立宣言》中提及包括自由在内的天赋权利。在洛克为了人权而分权的理论指导下，美国引入了隐私权理论。"美国的隐私权理论就是在自由主义思想影响下的产物，是以个人主义为分析进路，强调政治和法律安排上防范公权力侵犯人权的制度，个人获得对抗国家和社会的权利。"隐私为个人与政府划定范围，公法领域建立在契约基础上，私法领域则为个人的自主范围。"除非个人违反契约，否则自由主义将会保障个人自由地选择他的生活，这也说明了排除外在干预的'自主'是位于自由主义的核心位置。"

（二）从独处权理论到个人信息控制权理论

1. 独处权理论

1887 年，最早提出隐私权概念的是库利（Cooley）法官，他认为隐私权是"独处而不受外界干扰的权利"。1890 年，《哈佛法律评论》上发表了名为《论隐私权》的文章后，隐私权概念在全球的法制史中扬帆起航。文章指出"当今，享受生活的权利对于人而言非常重要，生活的权利也就是不受干涉之权利……新的科技及其应用，使人们意识到对生活保护的必要"。人人都应该有权决定，"自己的思想、观点和情感与他人分享的程度……任何情况下，他都应该拥有决定关于他的一切，是否公之于众的权利"。

2. 有限接近理论

有限接近理论认为每个人都渴望隐匿一些信息，并希望与他人有差别，就此点来看该理论与独处而不受外界侵扰权有些相似。有限接近不同于孤独。孤独是一种与世隔绝、远离他人、独自一人的状态。虽然孤独是有限接近和独处而不受外界干扰的要素之一，但这些理论的范围远比孤独宽泛。高德金认为，所谓的有限接近，是指任何人有权将自己的事务留给自己，并自行决定在什么程度上受到公众关注和讨论。有限接近理论的代表人物嘉伟森认为，有限接近理论有独立且不可稀释的三个元素：秘密、匿名、孤独。隐私是对他人接近自己的限制，是赋予个人遵从自己的意愿，在个人不愿意时，保护个人的身体不受接近或者不被接触，也保证关于个人信息的非接触性。如果他人对特定个人处于零接触或者完全无法接近的状态（无法接触个人身体、领域和信息），此时他享有完整的隐私权。有学者指出该理论的缺陷：虽然这个理论看似完美，但是它如同独处权理论一样，过于宽泛且模糊。该理论未说明哪些接近会涉及隐私，也没有确定怎样程度和范围的接近是对隐私的侵害。

3. 秘密理论

个人信息的保密是一种维持有限接近的方式，因此学者们将秘密理论看作有限接近理论的一个重要的分支。秘密理论是有限接近理论更加细化和狭义的解释，只有当之前的个人信息是信息主体隐匿的，而在未得到信息主体同意时就被揭露了，这样才被认定为侵害隐私。帕伦特教授赞同秘密理论，认为隐私为无涉于公共领域的事务、未被记录在档的个人信息不被他人知晓的状态。个人信息指人们不愿向外人透露的信息。

如果个人信息可以称为个人隐私则需满足未被记录在档的限制。如：报纸、法庭记录、财产证明、政府档案等对公众公开，任何人都可以查阅的文件属于公共财产，不包含在个人信息隐私的范围内。学者们批评该理论存在缺陷：数据主体想要保密的对象可能只是普通大众，而不是自己信赖的朋友。根据该理论，一旦告诉了朋友，个人信息实际上就失去了隐私性了。如果信息被记录了，还是需要保密怎么办，该理论无法解释。在信息时代，我们很难做到自己的信息完全保密，可能在不自觉的情况下暴露了自己的信息。根据这个理论来看，信息时代我们将不再有隐私。

4. 个人信息控制权理论

学者艾伦·威斯汀（Alan Westin）将隐私权视为对个人信息的控制，他表示："隐私权是个人、团体、机构决定关于自己的信息在何时、如何传递给其他人以及传递到什么程度的权利。""个人信息控制权理论的要点在于，个人有权控制其个人信息的传播范围。一条信息是不是隐私并非绝对的，而取决于数据主体对该信息在一定传播范围是否有保密的合理期待。""个人信息控制权的好处，是使隐私范围的确定变得更灵活、更宽泛。但这一理论强调信息公开的相对性。它还是不能使已经彻底公开的信息仍然作为隐私接受保护。"

个人信息控制权理论也存在一些缺陷。首先，该理论将除了信息以外的其他数据类型排除在隐私侵害之外。例如：排除了对身体、生育和其他私法领域的私人事务自主权，造成隐私权范围的缩水。其次，个人信息通常产生于社会交往过程，而不仅是数据主体独立生产的，数据主体很难独享信息控制权。再次，个人信息控制理论也没有明确到底哪类信息可以控制、如何控制和可以控制的范围。这恐怕会让人无所适从。最后，信息处理过程中，各主体之间存在既有权力、知识水平、数据处理能力的差异，如果忽视了这个前提，一味强调数据主体的控制权，将致使对个人数据隐私权的狭隘理解。

总之，有限接近是从信息披露的角度诠释隐私，个人信息控制权说利用传统的隐私理论来论证个人信息保护。相对于其他隐私权理论，个人信息控制权说更加明确，它阐述了个人信息保护的原因、目的和方法。在信息流转过程中，正是由于信息被过度地、不合理、不正当地收集、使用和传播，个人对信息缺乏控制权，对信息流转缺乏参与能力，才导致信息隐私问题产生。美国隐私权理论从独处权发展到个人信息控制权，从而为个人信息隐私权保护找到了理论依据。个人信息控制权说，将控制信息权利解释为对隐私的侵害，这样自然将个人信息保护问题纳入了隐私权保护范畴内，为个人信息隐私权找到了法学理论依据。

（三）自下而上的个人信息隐私权生成

美国法首次承认隐私权的存在可以追溯到 1905 年，在帕韦西奇（Pavesich）诉新英格兰人寿保险有限公司（New English Life Insurance Co., Ltd）一案中，法官认为擅自利用他人的照片做广告，侵犯了他人的隐私权。即便个人为了融入社会而放弃个别自然权利，也并不意味着放弃全部，也可以主张自己的隐私权。

1960 年，美国法学家威廉·普罗瑟（William L.Prosser）将隐私权进行了系统化处理。他通过 300 多个案例，归纳整理出四种侵犯隐私权的行为类型，具体包括：侵犯原告独处的行为或介入私人事务；公开揭露导致原告遭受误解；曝光令人难堪的事实；使用他人姓名、肖像等为被告谋取利益。在博伊德（Boyed）以及西尔弗曼（Silverman）案中，美国的最高法院对第四修正案进行了解释：公民在自己家就可以拥有免受不合理入侵（包括政府）的权利。这项权利揭示了自由与安全受宪法保障的本质。为确保隐私权，禁止任何形式的不合理搜查，若非特别授权，警察不得以任何理由入侵公民居所。隐私权最初是普通法中涉及侵权行为法的一项权利，这是一种私法权利。个人享有私生活信息不受公开，私人领域不受干涉的权利，即所谓的独处权利。随着时代的变迁，个人私生活信息日益暴露在各种各样的强势团体（包括媒体、公益性事业单位、行政主体）面前，其遭受侵害的风险也日益增加，这促使隐私权逐步从私法权利演变成为一种宪法权利。

1965 年，在格里斯沃尔德（Griswold）诉康涅狄格州（Connecticut）一案中，美国最高法院首次明确隐私权是一项基本的人权。在该案中，道格拉斯大法官宣判禁止避孕的州法律无效，理由是它侵犯了个人的隐私权，并指出联邦宪法修正案中蕴含着隐私权应受保障、不受政府侵害的"阴影地带"，这一宣判正式宣告隐私权是受宪法保障的权利。虽然该案例中的"阴影理论"广受非议，但该案却使隐私权上升成为宪法权利。自该案开始，隐私权的概念逐步扩展至安乐死、婚姻隐私权、信息隐私权、堕胎隐私权等。

1967 年，学者威斯丁消极主张隐私权进行扩展，首次提及具有积极性意义的个人数据自决权。

1973 年，信息公开实践准则要求记录个人数据的系统必须以公开形式存在；个人有权得知自己的哪些信息被记录，被用于何处；个人有权防止自己的数据被使用，或未经许可被公开；个人有权调整或修改个人数据记录；任何组织生成、保存、使用或传播个人数据，必须保证数据的可靠性，并应当采取有效措施防止数据的不当使用。从某种意义上讲，该准则赋予个人更广泛的自主权，扩大了隐私权的保护范围，这在美国联邦以及各州的立法上都有体现。

1977 年，有关隐私权是否可以限制政府数据库对个人信息收集与处理的讨论开始出现。韦伦（Whalen）诉罗（Roe）案中，为了防止药物的滥用，纽约州的法律要求医生和病人必须建立档案。原告认为该法律已经侵犯了宪法保护的隐私权。最高法院依据第四修正案，对此进行了解释，并认定：此案在宪法隐私权释义范围之内，承认纽约州政府在收集、处理信息时涉及了宪法规定的隐私权，虽然原告主张档案信息可能泄露从而影响名誉，或导致医生与病人因不敢用某种特殊药品贻误病情，然而却忽视了决定权仍在病人以及医生手里的事实，也没有确切的证据指向原告所指认的状况；另外，避免档案信息外泄是公共收集主体的义务，也没有证据能够证明这些信息有泄露的风险，因此认定该法合宪。虽然，韦伦案在宪法上承认个人数据属于隐私范畴，但对个人数据隐私权的保护仍主要采取联邦成文法的形式，对是否纳入宪法保护还存在一定的争议。这与美国宪法对隐私权的保护方式有关，它往往是消极应对。之后，美国在个人数据隐私保护方面的发展主要有两个方面：一方面，法院采用案例来衡量政府在收集、处理、利用个人数据时是否合乎宪法；另一方面，在一些敏感性问题上，制定了特别的隐私保护法。

1987 年，从拉斯姆森（Rasmussen）诉南佛罗里达血液服务中心（South Florida Blood Service）一案中我们可以清晰地看出，美国的隐私权保护已经从传统的隐私权扩展到了个人信息隐私权。在该案中，州最高法院经过权衡后认为："联邦最高法院在近期案件中已经指出隐私权应至少包括两种权利：保护个人信息不被泄露的权利；做出重要决定时的自决权利。说明联邦法院对隐私权方面的保护已然扩大到要避免泄露个人信息的程度。"因此，尽管原告声称只要有献血者的地址和名单，就能得到他们需要的信息，并用于人身损害的赔偿诉讼。但是法院认为原告可以通过其他渠道去维护他们的权利，不一定需要献血者相关信息，这可能构成隐私权的侵害。两相权衡，法院认为披露或禁止披露是对不同权利的保护，无法两者兼顾，遂决定保护更重要的献血者的个人信息隐私权。

1995 年，美国的信息基础设施特别工作组（IITF）中的个人隐私小组在报告中定义隐私权为：个人对控制自身信息扩散范围的自决权，在该范围内，主体可以收集、处理、披露以及利用经自己确认的信息。

1996 年，美国在《隐私权与 NII》中提出三个隐私权保护的一般性原则：不应该对个人信息作不适当的改变或者销毁；个人信息的保存必须准确、实时、完整并与最初的使用目的相符合；在个人信息的取得、公开和使用过程中应充分考虑信息主体的意愿。信息使用者应该坚持：充分评估对个人隐私产生的冲击；并应仅限于搜集计划中所需的资料；收集者必须提供一些信息；提供及不提供资料可能的后果；若非出于迫切的公益性考量，使用者不能超范围使用信息资料。针对信息提供方的权利一般包括：获得搜集的目的、何时何地使用、保存信息的方法和是否提供资料产生的后果、更正、补救等知情权；个人有权维护隐私；当个人信息被不适当地使用或公开的情况下，个人应该有适当的补救方法。

二、人格权理论

人类是有意识和情感的动物，除了有满足物质生活的需要外，也有满足精神生活的需要。正如保罗·鲁比尔（Paul Roubier）所说："人格正在向财产夺回桂冠。"随着社会的进步和时代的更迭，社会结构不断分化，人类的利益需求正朝着复杂化、多元化的趋势发展。信息科技实现了人类活动时时记录的可能，人类还是"各种信息组成的集合，是一种信息的存在"。信息技术拓展了人类活动的场域，塑造了人类存在的第二意义域网络空间。因此，"传统的人格利益不仅表现为物理世界的人身体之上，而且还表现为与物理生物体分离的网络世界的个人信息之上"；新的权利产生通常是由于权利客体强力扩张而引起的，人格权的客体从传统的人身之上的利益扩展到"数字化人"之上。毫无疑问，传统的人格权理论对个人数据权这种新型权利有着广泛的指导意义。作为大陆法系的一员，中国的法律与德国的法律有着天然的联系，研究德国法律的解决方案，对于研究我国法律体系的衔接性大有裨益。

在德国，就像最初的隐私权一样，个人数据自决权并没有法律上的明文规定，其确立都是从法院的判例中演化而来。德国个人数据自决权的发展之路：起于隐私，但未止于隐私，并通过法院判决逐渐确立了与隐私权一样的特别人格权——个人数据自决权，它们的上位概念是一般人格权。人格权理论自身也在发展，逐渐形成了从具体人格权到一般人格权的法律体系。一般人格权的产生和发展，也标志着德国人格权制度的成熟和完善。

1949 年以前的德国法除部分具体的人格权，如姓名权受到民法保护之外，其他人格权受到侵害都无法救济。直到《德国基本法》制定后，一般人格权理论中才开始确立了隐私权的救济地位。德国的个人数据自决权的发展路径比较特殊。尽管德国 1990 年就有了民法典，但是并没有隐私权的地位。直到宪法一般人格权和司法判决确定了个人数据自决权的法律地位，才带动了民法上的隐私权确认。随着实践和学者的研究不断深入，人格权的范围在不断扩充，产生了更宽泛的个人数据自决权。个人数据自决权通常被称为信息自决权，在 1971 年由德国学者威廉·施泰因米勒（Wilhelm Steinmüller）及贝恩德·鲁特贝克（Bernd Lutterbeck）首次发表。1997 年巴斯顿 - 沃格特（Baston-Vogt）指出其权利应该包括名誉、隐私、信息自主。

（一）人格权基础之人的尊严

每个人都享有人的尊严，这一观念来自自然法传统，并得到所有现代法治国家的确认，是现代法秩序的哲学基础。宗教和康德对欧美人格权的理论发展起到关键性作用。基督教传统在促进人格权发展中发挥着巨大的作用。康德提出了人格的概念，并将人格视为人的尊严和自由发展的权利。

康德认为，动物听任需要和本能的摆布；如果一个人只为规律所统率，而不受冲动、自私的欲望和嗜欲所支配，那么他是自由的。通过认识心中的道德规律，人则能够抵制其他感觉上的嗜欲，所有这些嗜欲都是追求自私的快乐。康德的人格尊严内涵包括两个层面：第一，人本身就是自己的主人，人不能成为手段和工具；如果一个人被当作客体对待，人将失去人格尊严。第二，人的尊严基础是人的自主、自治，每个人都应当有自主决定行动方式、做出行动的权利，并与其他人一样享有自由，其主要表现为人对其行为的自我决定、自我负责。人只服从自己，国家公权力措施及其他人都不得触犯人的自我价值，才能保持其自身的独立性，这样的人才享有人格尊严。这与后世的一般人格权理论已经较为类似了。由于康德等先哲的影响，大陆法系国家，尤其是德国，在人格权理论的研究上不断深入，另外，判例对人格权理论的发展也做出了巨大的贡献。

公法学者迪特玛·弗德腾认为：尊严、人的自我目的性和自治三者共同构建了人的尊严结构。

"'人的尊严'成为法律制度的指导思想和出发点，是个人确保其自由、独立身份的护身符，也体现了人的权利、义务、责任的统一。由'人的尊严'思想可以衍生出法的主体性原理。"人的尊严消极说，是从个案中尊严是否受侵害的角度来评价人性尊严的。德国宪法法院多次引用迪利希德提出的"客体公式"理论。他认为，凡是具体的个人被贬抑为客体、成为手段或者随意替代的物，就是对人性尊严的侵害。当一个人被贬为物体、手段或者被计量时，他的自治、自决和精神可能被轻视，甚至忽略，易成为他治的客体。为维护人性尊严，进一步要求自我决定、自我负责的个人拥有实现自由的基本权。在原宪法基本法草案中，"国家系因人民意愿而存在，非人民为国家之意愿而存在"，当公共利益或国家利益与人民利益相冲突，以人的利益为优先。人性尊严为核心之宪政秩序，即采用个人主义的人性观，国家系为个人福利而存在，个人不得作为国家达成目的的手段。人是目的，而非手段。

在现代的法律体系中，人的尊严是通过多种具体权利来维护的。维护人性尊严与尊重人格自由发展都是自由民主宪政核心价值。在德国，个人数据自决权的发展也是以隐私权为起点发展而来，但是与美国隐私权理论不同，德国更加强调隐私权的工具性价值，唯有保障个人生活私密领域免于他人侵扰及个人数据的自主控制，才能实现人性尊严、个人主体性的维护及人格发展的完整。人的尊严是根本性的、终极性的价值，它需要通过具体权利来实现。隐私权是人格尊严在私领域的体现，是人格尊严的必要条件。隐私权的目的性价值是人格尊严，也是实现人格尊严的过程中的工具性价值，在实现目的性价值的过程中，其自身也获得了发展。德国个人数据自决权是在隐私权的工具性价值和目的性价值相互制约、相互作用的过程中发展而来，逐渐形成了与隐私权一样的特别人格权。

（二）人格权理论发展与个人数据自决权

在大陆法系国家，个人数据保护的理论发展过程与美国不同。美国沿着隐私权理论的发展路径，逐渐将个人数据权确定为隐私权的子集。作为大陆法系的德国，隐私权与个人数据自决权一样，都没有明文规定，而是从司法实践中发展和继承下来的特别人格权，他们的上位概念都是一般人格权。"民法上或宪法上并无所谓隐私的概念，与美国法上隐私权功能相似的是德国判例学说中的私领域或私人性。"德国的个人数据权的形成路径，是在人格权自身的发展中产生的，可以说，个人数据权只是人格权理论发展的附属物。要了解个人数据权的理论发展脉络，必须从人格权发展的历程来理解。

1. 人格权发展与隐私人格权认可

19世纪末，德国法院将隐私权保护问题，看作侵犯荣誉权、财产权，认为可以用反侮辱法处理。真正奠定了隐私人格权地位的是《德国民法》第823条，学者们认为该条中"其他权利"的设置，不但加强了隐私权的财产救济，而且还不必吸纳更多的新权利。

虽然《德国民法典》中承认了人格权，但是一直没有宪法上的一般人格权。"直到第二次世界大战以后，社会经济变化和所谓人权运动，促使德国法院根据战后基本法的规定发展出一般人格权的概念。"从纳粹时代的反省中产生的《德国基本法》，大多来自魏玛时代的民主经验。在惨痛的历史中汲取了经验，《德国基本法》将人格尊严和人的自由放在开篇的第 1 条和第 2 条。这两条奠定了宪法中一般人格权的基础。宪法上的一般人格权是指宪法上未列明的人格权（特别人格权）的总称。《德国基本法》对民法的其他权利进行漏洞填补，将原本模糊的其他权利自然地扩展到人格权。通过其他权利创设了一般人格权，也就是保障人之个性自由发展的一般人格权利。一般人格权利成为"口袋权利"，通过判例不断地扩大口袋中的内容。

1952 年的莱斯布里夫（Leserbrief）案件，是德国一般人格权产生的契机。D 出版公司在其周刊上发表了一篇名为《（哈尔马·沙赫特博士）和他的公司》的文章。文章声称作为前任帝国银行行长和经济部长的沙赫特博士（Dr. Schacht），利用其在第二次世界大战中的影响力，开设了银行。沙赫特博士（Dr. Schacht）认为该文章对其名誉和事业有影响，委托 M 律师处理此事，M 律师给 D 出版公司发了一封要求更正的函件。D 出版公司对函件进行删减后刊登在读者来信栏目里。M 律师因而起诉 D 出版公司侵权，最终三审法院判决 M 律师胜诉。三审法院认为：人格权保护与著作权保护不是相互依存的。人格权作为一种具有绝对效力的、针对个人人格权益保护的权利已经被一致承认。任何一次言论都是思维的固定，都是人格的表达。公众是否能够知悉，只有言论者自己有权决定。如果说未经允许而发表私人言论，是对人们普遍具有的个人私密领域的强行干预。如果对言论改动后擅自公布，这是对表达言论者的人格侵害。这种不为表达言论者认可的改动，可能呈现出一个错误的人格形象。该案对欧洲其他国家的人格权法治建设也起到重大的影响。自本案之后，人格权被确定为一般人格权，掀起了欧洲人格权研究的高潮，也促使人格权范围的扩张。随后 1958 年骑士案中，德国联邦最高法院认为侵害特别人格权（隐私权），依据《民法典》第 253 条和《宪法》第 1 条可以请求获得金钱上的赔偿。而在

1961 年审理的高丽人参案中，德国最高法院确认了公开他人隐私为侵权行为。

可以说，德国的人格权发展路径为：民法上的"其他权利"、一般人格权至特别人格权。现如今如此庞大的特别人格权体系多是源自于一般人格权。当顺应社会发展而生的新型人格要素出现时，一般人格权便可发挥其解释、补充等功能对其进行保护。当现实案例和权利需求共同累积到一定程度时，一个理性的国家便会调整其现有的特别人格权制度，发挥一般人格权的创设功能，从而创设新型特别人格权以作合理的、全面地规范保护新型人格要素之用。一般人格权的形成，为特别权利的产生创造了条件，也成为个人数据自决权获得法律和文化上认可的条件，包括个人数据自决权和隐私权在内的权利已经成为普遍承认的特别人格权。于是在 1970 年，德国黑森州开创了以《个人数据保护法》命名的国内个人数据立法保护的先河。随后，1977 年的《德国联邦数据保护法》正式制定生效。

2. 法院判决中生成个人数据自决权

第二次世界大战中，IBM 德国分公司带着新技术"打孔卡检索机"，直接参与德国的人口普查工作，在新技术的帮助下，希特勒迅速查明了 60 万德国犹太人的身份、家史及三代的情况，迅速和准确地把他们送入了集中营。与此同时，大西洋彼岸的美国政府非法利用户籍数据跟踪和调查美籍日裔。所以，人们对人口普查、建立超级数据库等政府收集个人数据的行为特别敏感，德国公众对于人口普查一直感到惶恐不安。标志着德国的个人数据自决权产生的案件正是大小人口普查案。

大小人口普查案促使德国宪法关注个人数据保护问题。德国宪法法院在人口普查案中承认个人数据自决权的一般人格权的地位。在 1983 年做出了一个开创性的判决，德国联邦宪法法院确认了"个人数据自决权"。德国个人数据自决权的确认，带动了整个欧洲将个人数据自决权认定为一项基本人权。欧盟成员国签订的人权条约也承认该项权利。例如，《欧盟基本权利宪章》第 8 条规定：每一个人都有权保护自己的个人数据。这些数据必须是为了特定目的，并征得数据相关个人的同意或在其他法律规定下进行公平的处理。每一个人都有权获取所收集的与之有关的数据，并且有权予以更正。这些规则的遵守情况应当受独立机构的管理。从此个人数据自决权保护的价值理念在世界各国被确定下来，个人数据自决权成为法律所认可的权利，并成为一种法律所保护的新型权利。但是，个人数据自决权的发展并不是一蹴而就、突然产生的，其发端于各国不同的法律实践、历史背景和社会需要。纵观世界的风云变化，个人数据自决权利产生和发展存在着必然性和规律性。与此同时，德国在制定个人数据保护法方面也走到了世界前列，宪法已经确定了个人数据自决权的地位。

德梅（De May）案中，"并未以精神痛苦作为判决依据。而最重要的理由是入侵贬低人性，是对人性尊严的伤害，妇女分娩不愿被一般人看到不是希望求得情绪上的平静，而是希望维护其个性及尊严，即使其隐私受到侵害而蒙受精神上的痛楚，也是由于人性尊严受创的结果"。在格里斯沃尔德（Griswold）诉康涅狄格州（Connecticut）案和罗（Roe）诉韦德（Wade）案中，主审大法官认为，重大事务不受国家侵扰的决定权不应该被放入到隐私权保护框架之内，这个权利更倾向于叫作个人自主决定权。如果将自主决定视为隐私权，容易使自主决定权受到传统隐私权的物理空间及信息控制的想法所影响，从而过分局限于对领域的保护，尤其是家庭领域。同时可能会过分强调信息的流通，而忽视了信息流转的其他环节，可能不利于自主决定权的发展。随着法院判例的增多、学者们研究的深入，德国法中个人数据自决权从隐私权中脱离出来，成为一项独立的权利。

三、财产权理论

个人数据财产化有两个含义：第一，承认个人数据权是一种新型的人格权。但是，当滥用个人数据的行为发生后，运用侵权法和合同法的条款对个人数据人格权进行财产性救济。第二，认为个人数据权就是个人数据财产权，应当运用财产权保护模式。当滥用个人数据的行为发生后，侵犯了个人数据财产权，从而给予救济。本书要讨论的是第二种类型。个人数据财产权是数据主体对与自己有关数据的商业价值进行支配的一种新型财产权，它仅在个人数据商业化利用的背景中生长。也就是说，个人数据财产权是私法关系下的产物，体现在个人数据被商业化利用过程中。

个人信息数字化呈现，个人数据被便捷、低成本地收集、处理、加工和使用，从而使其产生了的商业价值。既然个人数据有商业价值，已然成为商品在市场上进行流通，那么何不承认个人数据的财产价值，将个人数据以财产权加以保护呢？美国和欧洲学者们对个人数据财产保护理论进行了大量的研究。有学者主张依据法经济学中的产权理论，将个人数据的所有权分配给个人，提高个人对资料的支配力，运用市场机制自动调节个人数据资源的流转，用价格机制调节企业原有的低成本高效益的个人数据交易模式，从而维持适当的个人数据隐私保护水平。也有反对个人数据财产权保护的，认为在个人数据财产权的性质界定、财产权的分配结构的实施上，未必能够达到预期的效果。

（一）人格权中的财产利益认同

1.财产权与人格权融合趋势

19 世纪以来，仅以财产权为中心的时代已经过去，人们越来越重视财产以外的精神利益，法律逐渐将人权也列入权利清单中。这种趋势与西方的"个人主义"之思想须臾不可分割。人是法律的目的，而不是手段，人的发展和文明是最高的法律价值。正如学者提出的："有形财产仅为手段，为何只有破坏手段始为侵权，而手段追求的目的本身，其侵害却不能为之侵权？"有学者从财产权性质的扩张，来说明人们开始关心人格利益的趋势。200 年前，詹姆斯·麦迪逊提出，财产涵盖了一个人对之赋予价值并拥有权利的任何东西，以及为任何其他个人带来与此相类似的利益的所有东西……在后一种含义上，一个人的观点以及对观点的自由表达就是他的财产……他的人身安全对他而言是最为珍贵的财产。财产不仅与物质财产有关联，同时与权利财产相关联，即与一个人以生命和自由为起点的、个人能够主张权利的所有东西相关联。

2.人格权经济利益的承认

随着科技进步和商业活动的频繁，有些人格权展现出经济价值。物质性人格权和精神性人格权的分类，也是在特定的经济环境中产生的。精神性人格权是指不以具体的物质性实体为标的而以抽象的精神价值为标的的人格权，如姓名权、肖像权、名誉权、隐私权。因为其无须负载于自然人的人身之上，展现出脱离物理载体的特性，可以像商品一样交易、流转。此时，出现了影星、歌星等名人与商家因人格权滥用的诉讼案例。案件的争议在于商业广告、商品上的姓名、肖像等人格权是否能获得经济利益，最后通过法律赋予人格权主体"公开权"，解决了这个难题，同时宣布法律上承认行使人格权也可以享受经济利益的权利。

（二）个人数据财产化之争

1. 支持个人数据财产化的观点

有学者认为隐私权和人格权对个人数据保护存在缺陷与不足，克服这种不足的方式就是运用财产权保护。任何一种法律保护的方式都不是完美的。我们不能指望一种人格权保护模式解决所有的问题。如果给个人更多的选择权，将克服单一模式的缺陷。通常来说，法律保护个人数据隐私权的方法有三种方式，第一种实质性规制，即法律确定隐私的保护界限。第二种程序性规制，法律规定解决隐私问题的法定程序（预防性隐私规制）。第三种协议性规制，即法律促成数据主体和数据处理者之间达成协议。财产制度鼓励用户利用财产权的方式来保护数据主体的适当许可权。数据主体运用一定的技术，可以创制许可。如果数据主体没有许可数据处理者利用，使用就是侵犯隐私。财产保护是我们在确定和实施保护时所采取的一种传统做法，不容小觑。学者们用市场自治理论和制度经济学理论来证明个人数据财产化的必要性和可行性。

第一，市场自治理论。个人数据财产化理论可追溯到个人信息控制权理论。随着个人数据商业价值的激增，个人数据的市场潜力越来越大。与此同时，数据主体在数据商品流通中处于边缘化，几乎被排除在自己数据的交易过程之外。市场交易中数据主体的缺失，导致个人数据的市场价格过低，从而加剧了对数据主体的侵害。

威斯丁主张将传统的财产权与侵权责任制度结合起来，限制个人数据使用行为。财产法中灵活的公共和私人领域的设置，有利于个人数据权利的行使。米勒也指出最简便的隐私保障方式莫过于将个人数据看成一种财产，那么数据主体就获得了所有权、控制权等一系列法定权利。如果不将个人数据财产权交给个人，实际上个人数据市场的观念就只是数据处理者的观念。如果将个人数据财产权给了商家，商家可以肆无忌惮，法律很难对商家擅自收集、利用个人数据的行为做出评价，那么个人充其量也就只能获得"一定的精神补偿"。威廉·麦克格弗兰提出一种采用财产制度保护个人数据权的策略，同样可以起到保护个人数据隐私的目的，而且很少遭受非议。这种策略是网站通过个人隐私权保护综合解决方案（Platform for Privacy Preference，P3P）协议提出一个要约，用户接受要约则视为合同成立。这种方式既可以保护个人数据隐私权，又不会增加数据处理者的成本。

第二，制度经济学的支持。波斯纳法官运用交易成本理论得出个人数据隐私应当受到法律保护的结论。"假如窃听和其他监控形式都被法律允许，那么人们在通信、交流过程中需要更加小心并付出更多成本，此时对于社会来说是无效率的。"人们付出成本去隐藏的信息，对他人来说是有价值的，因此他人愿意付出成本去挖掘。但是，隐私和窥探是一种中间环节而非最终产物。承认个人数据财产权，将有利于促使数据处理者更有效地收集、处理、利用个人数据，避免无效率的数据处理行为产生的社会资源的浪费，而社会资源的浪费可能导致成本转嫁给消费者。

2. 反对个人数据财产化理论

白富德从隐私的价值方面分析指出：个人信息财产权只注重隐私对数据主体的私人价值，不利于个人信息的社会利益发挥。著名的隐私专家索罗伍教授认为，市场机制保护个人信息隐私存在内在的矛盾。一方面，市场机制运行要求个人信息财产化和公私主体在市场面前是平等的地位；另一方面，公私主体在个人信息市场交易中并不平等。市场机制本身并不能解决自身的问题。白格拉伍认为，利用物权制度来保护个人信息隐私权很难起到应有的保护成效，原因是个人信息权的行使往往依赖于其他权利，不是一个绝对独立行使的权利。我国学者认为，个人数据财产化遇到的最大的困难，是长期以来人们强调个人数据是基本人权。人格尊严指公民所应有的最基本的社会地位和受他人最基本的尊重，是一种自尊和他尊的统一，是自我主观认知和他人的态度的集合。没有基本的人权，就没有进入社会的资格，如果将基本权利让渡无疑是回归兽类。如果将其作为个人数据财产权加以保护，便会与传统的人格权理论相背离，而且可能危害信息自由、言论自由的权利。

个人数据财产权在学者们正反两方观点的碰撞中不断前行，促使双方相互妥协和让步。如施瓦兹曾极力反对美国以市场机制保护个人信息隐私的做法，而主张学习欧盟法采取全面的保护个人数据的制度。后来，他改变了立场，主张在个人数据保护上应当充分发挥财产制度和市场制度的作用。

第二节　个人数据权的意蕴

欧盟指令为数据主体创设了具体的权利，但是没有直接提出"个人数据权"概念。日本《个人信息保护法》中没有直接出现任何权利，只是对数据处理者行为进行规范。学者们关于是否为数据主体创设权利，一直存在两种对立的观点。第一种观点认为，个人数据权保护的是公民既有权利免受信息时代的新威胁。第二种观点则认为，个人数据权保护的是公民在信息时代的新权利。

"新的权利或权力能否出现，归根结底取决于生产活动能否产生物质财富增加，从而提供新的利益实体和实现利益要求的可能性。""随着我国大数据产业、网络经济、文化和社会的发展及法律的深化，个人数据权确实可以为数据主体带来新的利益。因此，第二种观点拥有越来越多的支持者。"不管立法从规制数据处理者入手，还是保护数据主体入手，个人数据保护始终是在数据处理者和数据主体之间进行的一种利益分配。如果在法律中，只是规定了数据处理者义务，而不为数据主体创设权利，这明显违背权利和义务对等原则。欲使个人利益获得更好的保护，最直接的办法就是为数据主体确立"个人数据权"。

个人数据权的主体是通过数据可以直接或者间接容易识别出的自然人，包括生者和死者，但不含法人、团体、家庭等群体，并且是我国的公民，不包括居住在我国的外国人。个人数据作为一种信息，很难由数据主体来控制。个人数据权是人格权的一种派生权利，不同于传统的隐私权，还具有财产权的性质，因此是一项独立新型权利。

个人数据权给予数据主体支配与自己相关的数据的权利，支配个人数据收集、存储、加工、更正、删除、利用等信息化处理的权利。其权利内容大体上包括个人数据知情权、个人数据保密权、数据查询权、数据更正权、数据封存权、数据删除权和个人数据报酬请求权。

一、个人数据权的内涵

（一）个人数据权的定义

在美国法中，个人数据权叫作信息隐私权（the right of information privacy），是指个人具有其数据的控制与处理的权利（the control and handling of personal data）。信息隐私权并非局限于不让他人取得我们的个人讯息，还应该包括我们自己控制个人讯息的使用与流向。还有学者认为，信息隐私权的意义在于"在没有通知当事人并获得其书面同意之前，个人数据持有者不可以将当事人为特定目的所提供的个人数据用在另一个目的上"。还有的学者认为"个人不仅是个人数据产出的最初来源，也是其正确性、完整性的最后查核者，以及该个人数据使用范围的参与决定者"。由此，以规避私事公开为目的，消极性不受干扰的独处权，转变成控制自身信息的积极性权利，这种理论最终成为现代个人数据保护制度最重要理论之一。

美国的个人数据权是基于个人信息控制权理论而来，不适合我国。我国学者针对本国情况，提出了个人数据权的定义。个人数据权是指数据主体依法对其个人数据处理所享有的支配、控制，并排除他人侵害的权利。

笔者认为：个人数据处理自由支配权是规定或隐含在法律规范中、实现于法律关系中的，自由支配和控制个人数据处理行为所获得利益的一种手段。这种建立在个人数据之上的专门的"个人数据处理自由支配权"，简称"个人数据权"。个人数据权是对个人数据"信息化处理"的支配和控制，而非对"个人数据"的支配、控制。个人数据作为一种信息，很难由个人数据主体来控制，他只是有权控制和支配"个人数据的信息化处理"，正如不可能阻止别人叫你的名字，无法控制别人观察你的容貌，不能删除掉所有小型文本文件（Cookies）记录下的个人数据。

（二）个人数据权的主体

获得个人数据权主体资格的条件有三点：第一，主体的自然条件。一般法律认可的权利主体有自然人、法人、非法人团体或者协会、死去的人、胎儿等。瑞典和冰岛将死去的自然人认定为数据保护法承认的权利主体。意大利的法律规定的权利主体不仅有自然人，还有法人和非法人团体。我国香港《个人资料（隐私）条例》第 486 章指出，本条例不适用于法人，适用于收集、持有、处理或使用个人信息（用户信息）的任何人。韩国《公共机关个人信息保护法》第二条第二款规定，信息主体系指利用处理信息识别的、作为该信息之主体为在世的当事人。第二，个人与数据具有对应关系。作为客体的个人数据对应的数据主体，一般就是个人数据权的主体。数据与个人之间通过确认、直接识别、间接识别的方式建立了联系，此时的个人能够被法律所保护。关于个人数据的可识别性的表述各国家存在差异。日本《个人信息保护法》所称个人数据是指与生存着的个人有关的信息中因包含有姓名、出生年月以及其他内容而可以识别出特定个人的部分（包含可以较容易识别的其他信息）。第三，权利主体的地域范围和自然范围双重限制条件。比如美国《隐私权法》第一条二款规定个人指合众国的公民或合法获准永久居留的外国人。在世的自然人是个人数据权的主体，这点毫无争议，所有的国家都肯定这点。因个人数据法保护的目的是尊重个人，保证其人格发展的自律性与完整性，并赋予当事人依法行使查阅、更正或删除自己个人数据的权利，这样的权利需要在世的自然人才能完成。但是，个人数据权除了具有积极查阅、更正等权能外，还具有隐匿、保存的消极性权利。死者的个人数据是物权与人类尊严所构建的二元权利结构模型，死者的个人数据具备人性要素，并非死者的人格权残存，而是以全人类为权利主体之人性尊严，对死者个人数据处理的自律，来自人类对于人类本质及人类尊严的尊重。保存、隐匿、尊重死者遗留的个人数据也是为了维护正常的社会秩序和尊重善良民风。另外，死者的个人数据有财产权的性质，但不具有传统财产的独占性及排他性特点，如遗传基因、继承财产等数据就具有公共物品的性质。因此，保护死者数据，也就是要保障与死者有密切关系的生者权益。

有学者认为，个人数据的主体既包括自然人，也包括由自然人组成的家庭。

这个观点应该源于隐私观念。说到隐私，有句比较经典的话："风能进、雨能进，国王不能进。"从这话中可以看出，家庭属于传统的私域范畴。个人数据的某些部分属于数据主体的个人或家庭隐私，对这样的个人数据进行收集、处理等可能影响到私生活的秘密与安宁。家庭包含于隐私权中，是一种群体隐私。家庭信息也就是信息隐私的一部分。可是，个人数据并不必然代表着隐私，因此没有必要将家庭作为个人数据的主体，这样容易造成概念上的混淆。有人认为个人数据权的主体应该包括外国人，原因是个人数据的无国界传播性。"但个人数据保护法是国内法，不应该将外国人作为个人数据权主体，可以通过其他涉外条款来保护外国人的个人数据。"

1980 年经合组织《关于隐私保护与个人数据跨境流动的指导方针》的解释备忘录中，持肯定法人观点的国家认为：首先，个人的数据保护的本质与企业的数据保护相似。其次，要在个人与非个人的数据之间划分出一道界限非常困难。比如：一个小公司数据可能就涉及单个所有人的个人信息。最后，有些商业企业、组织或团体可能有也可能没有法律上的人格，如果他们的数据遭到侵害，可能无法受到保护。但是笔者认为，法人不适宜作为个人数据权的主体，原因如下：第一，符合大部分国家立法惯例。之所以将法人、非法人等社会组织排除在外，因为从全球个人数据立法来看，个人数据只限于自然人个人，除了阿根廷等极少数国家。个人数据保护法也适用于法人数据保护这种情况非常少见，不具有普遍性。第二，法人及其他组织并无人格保护的问题，而只涉及商业秘密。第三，个人数据保护的权利属性是人权，其最核心目的是对"人"的人文主义关怀，主要保护的是人的精神和人格利益。法人更多涉及的是财产利益，而没有这种精神利益。第四，纳入个人数据保护行列的数据，需要在有关部门进行登记、备案，随时接受检查。法人的商业秘密可能在履行法定义务时就受到了破坏。第五，大部分法人信息与社会公共利益密切相关，应当依法强制公开，只有小部分商业秘密不能公开。这与个人数据保护的初衷相悖。第六，法人经营中的公平竞争性保障与法人是否享有数据权无关。

数据主体资格的另一个条件是特定识别性。其中，间接识别属于不确定的法律概念，间接识别的尺度很难把握。间接识别是指保有该数据的公务或非公务机关仅以此数据不能直接识别，需与其他数据对照、组合、联结方能识别个人。

间接识别的重点在于能否认定个人数据是属于某个人的。倘若可以判断个人数据是哪个人的，即具有个人识别性。若不能判断个人数据是哪个人的，则不具有个人识别性、不具有数据主体的对应性。因为一般社会大众及当事人的亲属或有地缘、工作、交往关系的人，所掌握的当事人其他信息量差异甚大，致使组合、对比相关数据而得以识别、推知出特定个人的能力也不同。为了明确数据与数据主体之间的特定关系，减少间接识别在司法判决中可能出现的麻烦，笔者认为在识别性的前面加上一个限定词"容易"较为合适。

笔者认为，我国个人数据权的主体是通过数据可以直接或者间接容易识别出的，包括在世的自然人、死者，但不含法人、团体、家庭等群体，并且是我国的公民，不包括居住在我国的外国人。

（三）个人数据权客体

权利客体是权利主体之间发生权利和义务关系的中介，也是权利、义务的影响、作用及所指的对象。个人数据"满足成为权利客体的三个最低限度的条件：对主体有用、可以被主体控制并且是可以与主体分离的'自在之物'，因此个人数据是个人数据权客体"。个人数据除了满足最低限度的个人数据权客体条件外，它自身还具有一些特殊的性质，这些特性与个人数据权的法律认可之间有着紧密的联系。

1.个人数据何以成为权利客体

个人数据作为数据的次级概念，其特性与数据有相似之处。两者是特殊和一般的关系，是种与属的关系。个人数据具有数据的一般特征：客观性、无限性和异步性。郑成思理解的数据（信息）的特征与周庆山相差不多。作为数据的子项，个人数据既有一般数据的特征，也有特殊性，其中最重要的一点就是与主体之间的关联性。个人数据包括两个关键词，个人和数据，是修饰与被修饰的短语，即个人的数据，具体来看有以下几个特点：

第一，与个人的关联性。个人指的是自然人，一般以出生为依据。法人、非法人或者其他社会组织不属于个人范畴。数据通过直接确认和间接地处理分析后，可以确定其对应的自然人——唯一指向某一具体的自然人。通过姓名、身份证号码、照片、指纹、声音、社会保险号码等标识性数据可以直接识别出自然人。同样，通过对非标识性的数据进行处理、整合、比对、连接等也可以间接地识别出对应的自然人。例如，一位女士在网上匿名发了一张自己网购的新鞋。网友们通过对鞋子的包装、品牌、鞋架高度、居室环境、发帖时间等数据的深入分析，最终将鞋子的主人定位为某央视主持人。

第二，自然人主观动机的行动表征。行动的动机来源于大脑的支配，行为反映出人的动机，行为是外在于人的意识而存在的，相对于人的意识而言具有可视性、可测量性和可分离性。通过对人的行为分析，能够对人的目的性有所了解。人的行为除了具有反映动机的机能以外，也具有一定的偶然性、阶段性。一个行为所承载的人的目的性可能有限，不完全可靠，而大量行为数据对动机的判断可靠性明显增强。每个人生活在社会中，"行为"是必不可少、无处不在的，人只要活着就有"行为"。行为每天、每时都在发生，但是以往这些行为不能够时刻被记录下来，更不能被汇集和分析，所以行为无法成为有效的数据。互联网时代的到来，形成了人类活动的第二空间，这个空间中的行为可以被时时记录。将所有在网络空间中的个人行为数据记录聚合起来，运用大数据分析处理技术，将可能发现个人的行为动机和意识形态等抽象主观世界。将几亿甚至几十亿个人的行为数据进行汇集，运用大数据处理技术，将可能发现人类共有的主观世界的规律性知识。

第三，可形成数据化人格。借助于信息技术手段，通过对个人数据整合、编辑、匹配或数据处理，可能获得意想不到的信息。可处理的个人数据范围实际上是无限制的。个人信息数据库的经验已经毋庸置疑地表明，"通过将某信息与其他信息组合、编辑"会对信息的价值产生重要影响。将碎片化数据联结起来，排除数据噪声，此时信息就呈现了新的意义，个人的完整的数据化图景也就产生了。

第四，本体和载体的可分离性。即便数据与自然人本体有关，但是个人数据具有独立性，一旦进入流通领域后，总是要化为符号、记号、波等形式，这样它就脱离了数据主体，成了独立的客体。个人数据的本体与载体的可分离性，在于信息处理技术的广泛应用。信息数据化表达，使得个人数据独立于本体进入计算机语言中，个人数据被处理、再现和支配成为可能。文字、声音、图像等个人数据都可以按照一定的编码规则转化成一定的数字形式，存储于磁盘、光盘等媒介中，便于保存和利用。信息处理技术实现了个人数据从本体到载体的过程，也使得本体失去了对载体的控制能力。

第五，个人数据的数据库存在方式。将数以万计的个人数据汇总，形成可以被计算机处理的数据库。个人数据量越多、数据内容越广泛，共同的主体特征越容易被发掘出来。将具有共同特征的个人数据汇编起来，这样数据库的市场价值就显现出来了。越细致化的个人数据库加工、开发能力，数据库的价值增值的空间越大。比如，医院的新生儿数据库对于许多商家就非常有价值。保险产品、婴幼儿用品、玩具等商家可以利用数据库进行精准营销。在此数据库中，单个新生儿数据的商业价值有限，而大量数据聚合，其经济价值潜力无限。人们逐渐意识到个人数据的数据库存在形式的价值潜力无限，个人数据库产业的蓬勃发展，产业的发展带动了个人数据聚合和发掘水平的提高，进而产生了更多的个人数据库。如果用聚沙成塔来比喻，个人数据仅为沙粒，数据库才是有价值的塔。

第六，可复制和易传递性。可复制性是可以利用信息技术将个人数据刻录于光盘、磁盘等介质上的属性。在互联网出现之前，复制的质量以及复制成本的高昂，使得一个人一天能复制的数量非常有限。然而，随着计算机技术的发展，个人数据复制成本大幅度降低，复制速度可能只需几秒钟，为个人数据开发利用和广泛传播创造了条件。个人数据的流动本身就是一个复制的过程，复制是维护计算机正常运转的必然要求，也是实现技术的创新不可或缺的条件。复制越来越难以被个人控制，并且可复制的数据可以轻松在全球范围内被访问和下载。个人数据的价值在于传递性。个人数据传递依赖于软件、图片、数字、符号等载体，并伴随着对个人数据的收集、存储、处理和转换。个人数据不是物质、量子，也不是能量，可是它的传递过程一定存在物质及量子的转换或转移，伴有能量运动及耗散。

第七，无限量性。记录个人数据突破了技术限制，原则上数据量可以达到无穷量级，从而形成个人数据的集聚效应。个人数据经过处理、传播或利用后会产生新的数据，个人数据是越用越多的特殊品。个人数据在数量上是无限的，无法穷尽的。人活着总是有行为，借助计算机技术就可以记录下个人的行为数据，所以理论上说，人每时每刻都在生产数据，因而个人数据的生产量是无限的。

在现实的世界中，个人的行为不可能也不应该被时时刻刻地记载。在网络社会中，个人行为将非常容易被记载，生成个人数据。特别是随着互联网的普及，在网人数和在网时间增加幅度显著，使生成个人数据的基础条件更加完备。

2. 个人数据的法律定义

各国家或者地区立法例为个人数据进行了定义。欧洲理事会通过的《有关个人数据自动化处理的个人保护协定》规定，个人数据指与已识别或可识别的个人（数据主体）相关的任何信息；《OECD 关于隐私保护和个人数据跨疆界流动的指导原则的建议书》规定，个人数据指与确定的和可以确定的个人相关的任何信息。保加利亚《个人数据保护法》指出，个人数据指的是涉及自然人的身体状况、心理状况、精神状况、家庭状况、经济状况、文化教育状况与社会背景的信息。奥地利《联邦个人数据保护法》指出数据（个人数据）是与已识别或可识别的数据所有人有关的信息；对管理员、处理员或传输接受者来说，该数据就"仅仅是间接个人性的"。比利时《关于个人数据处理的隐私权利保护法》的个人数据是指与某个确定的或者可以识别的自然人相关的任何信息。数据主体是指，通过身份证号码或者一个或多个物理的、生理的、心理的、经济的、文化的、社会的特征，可以对其直接或者间接地进行识别的自然人。冰岛《有关个人数据的保护法》规定，个人数据是任何与已识别或可识别的自然人相关的信息，即可以直接或间接地追溯到特定个人（包括在世的和去世的人）的信息。匈牙利《个人数据保护与公共利益公开法》中个人数据是指，任何与特定的自然人（因此被称作数据主体）有关的数据以及从这些数据中所得出的与他或她有关的结论。只要数据主体能通过这些数据被识别，它就保持了个人的特征。意大利《有关个人和其他主体的个人数据处理的保护法》中个人数据是指与特定的或能够被识别的自然人或法人、团体、协会有关的信息，即使这种识别是通过参考包括个人身份证号码在内的其他信息而间接完成的。数据主体是指作为个人数据主体的任何自然人、法人、团体或协会。荷兰《个人数据保护法》的个人数据是指涉及个人的已被识别或可被识别的任何资料。葡萄牙《个人数据保护法》的个人数据指在不考虑所涉媒介类型的情况下，与已识别或可识别的自然人（数据主体）相关的任何类型的信息。可识别是指可以直接或间接地被识别，特别是以指示性信息为参考，或是以个人特定的自然、生理、心理、经济、文化或社会身份相关的一个或若干个因素为参考。"数据主体的同意"指根据特定和明确的自由表达的个人意志，数据主体对处理有关自身的个人数据表示赞同。瑞典《个人数据法》的个人数据指直接或间接地与在世的自然人有关的各种信息。

1995年俄罗斯《联邦信息、信息化和信息保护法》，公民信息（个人数据）是能够识别公民个体生活事实、事件和状态的知识；信息是关于人、物、事实、事件、现象和过程的与表现形式无关的知识。美国《隐私权法》的个人信息指由特定机关保管的有关个人情况的单项、集合或组合信息，包括但不限于姓名、身份证号码、代号及其教育背景、金融交易、医疗病史、犯罪前科、工作履历，或其他属于该个人的特定身份标记，如指纹、声纹或照片。加拿大《个人数据保护法》的个人数据指有关可识别个人的、可以以任何形式记录的信息，若没有一般性限制，这些信息包括：种族、民族、肤色、信仰、年龄；教育、医疗、刑事记录；个人观点或见解；死去20年以上的个人数据等11个方面的数据。阿根廷《个人数据保护法》的个人数据指与特定或可确定的自然人或法人有关的任何信息。日本《个人信息保护法》的个人数据系指与生存着的个人有关的信息中，包含的姓名、出生年月以及其他内容而可以识别出特定个人的部分。韩国《公共机关个人信息保护法》的个人数据系指与生存着的个人有关的信息中，可以利用该信息中所包含的姓名、居民登记号码等事项识别该个人的信息（包含虽然仅仅利用该信息并不能够识别出特定个人，但将其同其他信息结合则能较容易识别出特定个人的信息）。信息主体系指利用处理信息识别的、作为该信息之主体的当事人。

各国及地区对个人数据的法律定义有的采用概括式，有的采用列举式，但是总的来看，个人数据的定义都与信息处理技术有关，也就是说，法律中认可的个人数据权客体是能够被计算机识别的个人信息，而不是全部的与个人有关的信息本身。

（四）个人数据法益

权利背后是利益，为什么要赋予数据主体自主决定"个人数据处理"行为的权利？目的就是要保护个人利益。这个利益到底是什么利益呢？美国法认为保护信息隐私利益，德国法认为保护人格利益，还有学者认为保护数据财产利益。理论来源于实践，并且实践也有一个变化的过程。美国法从隐私权理论发展到信息隐私权理论。德国法从人格权发展到个人数据自决权、数字化人格权。即便没有国家将个人数据财产权直接入法，但是学者们仍然认为应保护个人数据权内含的财产利益。

个人数据保护的核心是个人利益，这是人类在信息时代，提出的新请求、要求或期望。个人数据利益保护应采用个人数据权的模式。因此，个人数据保护法应当为个人创设权利，即个人数据权。"个人数据权模式对个人数据利益的保护方法是赋予本人在其个人数据的控制、处理和利用中的决定权，并排除他人非法干预。"个人数据法益是指在对个人数据处理的过程中，可能产生侵害数据主体的利益总和。

个人数据权拓展了传统的独处的权利，也包含了更复杂的利益综合体，这个利益综合体可以被确切地称为隐私利益和个人自由利益。事实上，个人数据权是一种新型的权利，其之所以被称为新型是因为其包含的利益不是单一的利益，也不是传统法益所能涵盖的。个人数据权保护的是因为收集、处理和利用个人数据的行为，导致数据主体被侵害的全部利益。这个利益综合体中，不仅包含传统意义上的隐私利益、个人自由利益等人格利益，还包含财产利益。个人数据利益既是精神利益，又是物质利益。数据主体对个人数据的准确、完整和隐秘享有不受侵害的利益，具体表现在以下几方面：

1. 精神上的安宁

个人数据权法律保护是以促进个人数据利用和保护个人数据法益为目的，但两者不可偏废。因此个人数据权包含隐私权的合理保障范围，但并不是无上限的绝对的保护，而是着重于私人的生活私密领域，有不受到他人无端侵扰及拥有个人数据自主控制的合理期待。个人数据隐私利益关注个人的私领域、内心世界和精神层面的自主权，保证个人拥有足够的空间。如果个人情况、活动规律、偏好，甚至所有的思想，都被数据化，被信息技术挖掘和处理，个人的日常生活可能在数据库的帮助下被重新构建，个人的一切因而无所遁形，这样的生活对多数人而言无疑是一场噩梦。另外，信息社会快速变迁，因为个人数据的不当处理利用，而发生的个人数据外泄、贩卖个人数据的情形屡见不鲜。

个人私生活不时受到侵扰，人们的生活不得宁静而恐慌不安，人们免于恐慌的自由被破坏了，自然造成社会大众对个人数据的收集、处理和利用的反感和不信任。故为使社会大众得以安心享受科技带来的便利，必须制定数据收集、处理的规范，以预防对人民合理期待的隐私过度侵害之发生。

2. 人之尊严及自主决定

个人自由和尊严的核心在于个人自主，不受他人的操控及支配。自由的真正含义在于自己的思想、偏好、价值取向完全属于自己。个人数据权是主体决定自己的数据是否公布于众、是否被处理的关键。特别是隐私数据，它是维护人之尊严的防御墙，是个人独处和对抗外力干预的屏障。通过个人数据，很容易窥探一个人内心的东西，产生对其自我存在的严重侵害。脱去了内心的外在保护壳，现实人好像被暴露在光天化日之下，甚至遭到他人的嘲笑或羞辱。一个人的数据如果可以被任意地监视、干涉、获取，他就无法对自己的事情保持最终的决定权，势必听命于获得其个人数据的人，这样势必丧失其作为独立个体的地位。"个人数据处理可能剥夺个人决策或者行动自由的权利。当有人对你的想法和你将要做的事比你自己还清楚，当每一行为都可能在精确的行为模式下被准确地预测，哪些行为是自主做出的，哪些行为是被人诱导的，将变得界限模糊。"

3. 人格不被操控

在数字化空间中，散落的数据，被汇集成描述真实个人的信息，这些经过处理的虚拟存在可能是我们真实的写照，但也可能与我们的实际情况有出入。在数据库中的个人形象被重新塑造和操纵，形成的"数据化人格"与现实人可能是对立的，也可能会扭曲现实人的形象。数据主体在根本不知道的情况下，可能已经受到了伤害。例如，根据美国微软公司的调查，75%的美国招聘人员和人力资源专家称，会对应聘者进行网络搜索，其中70%遭拒的应聘者都是因为网络上的不良信息。

4. 经济利益不遭受损失

个人的银行账号和密码、游戏账号和密码、信用卡账号和密码、股票的账号和密码、充值卡账号、QQ币、转账记录等包含了个人金融财产方面的数据。

很多人都有过这样的经历，邮箱被提醒曾经在异地登录，存在风险，建议修改密码。QQ被盗或者被人非法侵入，查看了QQ的财富信息。更有甚者，信用卡明明在身边，却被人盗刷。这些现象的背后，说明了个人数据中存在大量的财产信息。信息财产价值体现在信息的流转过程中，没有信息的流动，信息就失去了价值。而这些包含了大量的个人财产数据的信息在流转过程中，可能被泄露。一旦泄露，个人的经济利益可能受到巨大损害。如果将个人数据权给予数据主体，那么将降低个人财产数据泄露的可能性，从而保障数据主体的经济利益。

二、个人数据权的参数表

经过了四十几年的发展，已经有66个国家和地区颁布了《个人数据保护法》。结合普通法和多国的司法实践，笔者认为个人数据权是法律所认可和保护的在个人数据收集、处理和利用过程中产生的权利。个人数据的存在形式多表现为数据集合的形态，而不是零散的个人数据状态。欧洲以赋予个人数据自决权利为旨趣，而美国以赋予个人信息隐私权利为旨趣，两者的调整范围不尽相同。欧盟成员国法中，个人数据自决权利包括收集目的知情权利、数据公开权利、数据获取权利、数据修改权利、数据删除权利、数据封锁权利。美国法中，个人隐私权利包括目的知情权利、数据获取权利、数据修改权利。笔者认为个人数据权参数中至少包括以下几个：

（一）个人数据知情同意权

个人数据知情权反映的人格权属性，在各项权利中居于核心位置。在《隐私保护与个人数据资料跨境流通指导原则》中规定，对资料的收集、利用必须经过本人同意。

（二）个人数据查阅权

个人数据查阅权是指数据主体查看与自己有关数据的收集、存储及其他处理的权利。在我国台湾地区，查阅权为请求查看、阅览，还有要求复印的权利。个人数据查阅权被叫作"个人数据保护的大宪章"，因为只有知道自己的数据被处理的情况，才能行使其他的权利，如删除权、更正权等。一般来说，个人数据查阅权的行使不受时间的限制，没有诉讼时效和除斥期间的硬性规范。个人数据查阅权赋予数据主体的查询范围包括：收录自己数据的数据库名称、个人数据的具体项目、保有个人数据的法律依据、如何利用、可能传输的途径和方法等。

（三）个人数据更正权

个人数据更正权是数据主体对已存储个人数据的改变；对其中不真实的或者有瑕疵的信息，要求获得更新、完善、纠错的权利。个人数据是否准确无误、完整或者最新状态，对数据主体以及数据处理者来说，都十分重要。个人数据更正有两种情况：第一种是数据处理者或者数据控制者根据掌握的个人信息随时更新，保证个人数据最新状态。第二种是数据主体主动提出行使更正权，在数据主体要求更正个人数据时，数据主体要负责举证，证明与自己有关的数据存在瑕疵、不真实或者不是最新的。更正个人数据的方法包括：变更、删除、补充三种。变更是指对个人数据中错误的、存在瑕疵的内容进行改变。删除是指从数据处理者的数据库中删掉那些错误的、过时的数据。补充是指追加记录、完善个人数据使它处于最新、准确无误、完整的状态。另一方面，数据控制者应当建立定期审查个人数据保留的必要机制，执行限时制度，确保个人数据的保留时间最为合理。

（四）个人数据封存权

个人数据封存权（又叫个人数据阻滞权）是指数据主体请求数据处理者或者数据控制者，暂时停止个人数据处理或者利用行为的权利。在德国《联邦数据保护法》中要求标明已存储的个人数据，以便限制其处理和使用，这里的标明是指用特定符号标明。怎样标明、何时标明等具体操作方式在法律中没有硬性规定。因为个人数据封锁权的行使显然与个人数据处理技术相关，数据处理者或者数据控制者根据他们的个人数据处理的水平和能力，按照数据主体的要求，达到停止处理、利用的效果即可，不论履行个人数据封存义务的方式如何，或到底使用什么符号。

（五）个人数据删除权

个人数据删除权是指法律允许数据主体请求删除与自己有关的数据的权利。在《2012 年欧盟草案》中，欧盟委员会特别提出这个权利，并将个人数据删除权形象地称为"被遗忘权"。"被遗忘权"是指数据主体要求数据处理者或者数据控制者彻底删除数据库中的有关自己的数据，从而使自己被遗忘。个人数据删除权不仅指数据主体有权要求数据处理者、控制者删除其直接控制的个人数据，还有权要求数据控制者删除由第三方转载或者复制的全部个人数据。

第三节　个人数据权的性质

个人数据权既是一个宪法性权利，也是一个民事性权利。个人数据权在大陆法系国家被普遍地接受，并且在立法中被视为基本权利。我国学者也支持个人数据权是一项宪法性权利，并认为《宪法》第 38 条规定的"人格尊严"为个人数据权提供了宪法依据。个人数据权不同于传统的隐私权、人格权和财产权，它是大数据背景下产生的新型权利。大数据时代，个人数据处理行为必不可少，个人数据权不是要阻止个人数据处理，而是要保障个人在信息时代不被数据化，维护个人行动自由，保障个人更好地参与社会生活，从而使个人自愿提供真实的数据，促进个人数据更好地流动。

个人数据权不同于隐私权，它不强调客观上的隐匿和隐藏，而强调自主支配的权利。隐私需要自己当心，不要轻易曝光；个人数据权则是要数据处理者当心，不要在使用时对个人造成伤害。我国的隐私权概念来源于"阴私"，后改为隐私，是指隐藏个人身体和日常私生活的权利。虽然，中外学者都说"隐私"，但是我国隐私强调客观的外在特征，而国外强调主观因素。另外，将零散的个人信息收集、处理、匹配之后，一个人的数据化人格瞬间就形成了，成为现实人的网络代号，数据处理者常常根据"数字化人格"来评价现实人，依此做出决策。显然"数字化人格"已经远远超出了传统人格权的意义范围。

我国法律确认的姓名权、肖像权、名誉权等具体人格权对个人数据的保护也十分有限。现实中，个人数据具备稀缺性、有价值等商品属性，个人数据买卖是经常的事情。除此之外，与个人有关的财产数据很容易导致数据主体的财产损失，体现了较强的财产性质。因此，个人数据权具有宪法上的基本权利及侵权法上的民事权利的双重属性，是具有人格权、财产权等多重性质的新型权利。个人数据权，"从性质上讲是人格权的一种派生权利，但它在客体、内容、行使方式等方面有别于传统的隐私权，也不同于传统人格权，发挥着这些权利不可替代的作用，是一项独立的新型权利"。

一、兼具宪法权利和民事权利

（一）宪法权利

从我国的实践来看，应当将个人数据权的宪法性质加以确立。许多学者也赞成个人数据权成为我国宪法权利，并且进行了证成。各国立法的实践也反映出个人数据权的宪法权性质。欧洲的立法实践中明确提出，个人数据权保护基本权利、自由，特别是隐私权。美国保护个人数据权最主要的法律是《隐私权法》，所以很多学者认为美国法个人数据保护的权利是个人信息隐私权。1974年《隐私权法》被并入《美国法典》第五编，"政府组织与雇员卷"第552a节"个人信息记录"。从这样的一个安排来看，美国法认为个人数据保护法是对政府处理个人数据的规范，防止因为对个人数据信息化处理的国家公权力侵犯个人利益。

从现实需要来看，随着信息技术水平的提升，我国政府行政过程中，对个人数据处理活动愈加频繁，在推动整个国家走上信息高速公路的同时，国家公权力处理个人数据对数据主体产生的侵犯不容忽视。比如，为了社会的治安和稳定，身份证的使用范围越来越广泛：乘坐交通工具、购买电话卡、办理银行卡、住宿、营业登记、学籍注册等等，可以说我们的日常生活离不开身份证的使用。利用身份证的任何信息都会在公安机关的数据库留下痕迹，可是由于公安机关数据库管理问题，个人的身份信息泄露未能完全避免。林来梵教授用二重规范解释我国《宪法》第38条的"人格尊严"的意义，为个人数据权成为基本权利提供了宪法依据，也赋予个人约束公权力处理个人数据的权利，为个人对抗公权力提供了宪法保障。

学者们从不同角度来分析，个人数据权成为基本权利的意义所在。宪法虽未明文列举出权利，但是基于人格尊严及保障人格完整发展，个人生活私的领域不轻易被他人侵扰的角度看，自主支配个人数据乃是不可或缺的基本权利。个人数据权是宪法上的基本权利，起初是从宪法上对人的尊严保护推导而来，但是，个人数据权宪法意义有所流变，越来越体现为与信息交流相关的具体权利中的一项基本权利和自由。个人数据权保证公民公平地发表意见、不受限制地交流，这些都是宪法的基础性功能。维护个人对个人数据信息化的控制权，是信息时代人格尊严和独立的具体表现，是个人经济权利的基本保障，是个人作为社会和经济生活的主体而非客体的必然要求。这项权利应具有宪法保护的基本人权地位。

（二）民事权利

1980 年经合组织《关于隐私保护与个人数据跨境流动的指导方针》的解释备忘录中指出，当时广泛讨论的主要是对侵犯传统隐私的防范，但与隐私相联系的其他的权利保护需求也越来越多。新的趋势促使作为"独处的权利"的隐私逐步扩展，确认一些更为复杂和综合的利益，或许可以更准确地表述为"隐私和个人自由"。这里反映出美国对于个人数据权性质的理解。美国没有全面的针对私人领域的个人数据保护法，主要采用私法主体自律、市场自治模式来保护个人数据权。学者们认为美国将个人数据保护视为私人事务，可以通过商业途径来调整，所以在美国信息隐私权更多地表现为民事权利。梅迪库斯曾指出："近几年，对数据保护在加强，可能有点过分，但是也正体现出发展特别人格权的趋势。""在我国《民法典》起草中，三个版本的草案中无一例外地将个人数据的规定放到隐私权章节。"可见，我国学者倾向个人数据民法保护的观点。私法对于个人数据的保护应当创设一项特别人格权，即个人数据权。不仅是法律对个人数据的结论性保护，也是对现实的自然人权利诉求的正当性回应。个人数据权是数据主体对其个人数据所享有的支配并排除他人干涉的权利，"是以保障人格权为核心，包括消极面的个人数据不受侵犯和积极面的个人数据自我决定"，是一项特别人格权。"个人数据权的出现，不是要保障自然人在信息时代独处的权利,而要保障个人在信息时代安全地参与社会生活,使个人可以维持行动、语言乃至思维的自由,并防止个人被透明化、数据化或者物化。"个人数据权的确定,不仅有利于全面保障信息主体的人格权和财产权,而且还可以以法定私权的地位限制公权力的扩张,维护民事主体的私利。

二、人格权和财产权双重属性及新形态

(一)隐私权的升级版

对于个人信息是否属于隐私权的客体并没有形成共识。几乎所有的国家和地区保护个人数据都是以保护隐私为起点,但是并没有局限于"隐私权"。即便是隐私权理论发达的美国,也是在"让我独处"的传统隐私权概念升级后,提出了个人对自己信息的参控权,才将个人信息隐私权装进了隐私权口袋。在1974年美国将《隐私权法》编入到"政府组织与雇员卷",以"个人信息记录"命名。可见,美国也不认为个人数据权就等同于传统的隐私权。

1.隐私权与个人数据权关注视角不同

自隐私权成为独立的法律概念以来,一直困扰着学者和法官们。毫无疑问,隐私权具有文化、历史的相对性。

1989年版的《辞海》将隐私案件称为"阴私案件",内容只涉男女之间的私生活、奸情等涉及淫秽的案件。如遮掩恋爱细节、隐藏夫妻性生活以及损害名誉的私人过往或者其他私情和私事。隐私是指与公共生活没有关系的私事,或者不愿意让别人知道、干涉的个人的事情,是公民身体、日常私人生活的那些不愿公之于众的情况。《中国人权百科全书》中将隐私定义为:"隐私也就是秘密,是指没有公开的、合法性的事实情况和状态,一旦主体公开则意味着失去隐私。"中外学者理解的隐私都含有"私生活或信息的秘密性",但表述侧重点不同。我国学者强调外在特征,比如私生活的安宁、秘密与自由等,并以"与社会利益无关"为判断依据。美国则不怎么强调私生活的属性要求,而强调主观感受,注重主体对于隐私的看法。个人数据权出发点为数据主体对有关自己数据的信息化处理的自主支配性。该权利旨在赋予数据主体对自己数据处理的自由决定权，关注个人的主观方面。因此，我国的个人数据权不适于用隐私权保护。

2. 隐私权与个人数据权的范畴不同

个人数据权范畴不同于个人信息隐私权。很多个人数据并不涉及个人隐私，如公开数据和非敏感性数据。在一定条件下，法律对个人数据进行的全面保护，不限于个人的隐私数据部分。

大陆法系国家对于个人数据保护采用一般人格权为其法律基础，而大陆法系学界及实践中，均承认隐私权为具体人格权中的一种精神人格权。虽然两种权利都是人格权，但是权利的侧重点不同。隐私权要求数据主体自身要小心，不要曝光，这样就不会受侵犯；个人数据权保护的目标是鼓励数据主体交出个人数据，从而加强个人数据的流动，提高经济管理效率。因此要求数据处理者合理地使用个人数据，不能对数据主体造成伤害。隐私权保护个人隐私利益，个人数据权不仅要保护数据主体的权利，还要平衡个人数据保护和利用之间的关系。隐私权是以个人信息（数据）隐藏、不被使用为出发点形成的权利。个人数据权则是以个人数据使用为基础，为数据处理者确定"数据处理规范"而生成的权利。隐私权保护侧重于事后的损害赔偿制度设计，而个人数据权更多关注事前的预防制度的建立，比如公民的信用打分，只能依据个人数据权而非个人信息隐私权。

隐私权与个人数据权不是泾渭分明的，两者存在交集。侵犯隐私权涉及侵犯个人决策、个人领域和个人数据。三个方面有重合和交叉的地方，核心还是侵犯个人数据。一部分个人决策本身就是个人决策信息。侵犯个人领域目的可能就是窥探个人数据。比如记者躲在名人的情人房间外，拍摄其做饭的照片。记者不是为了进入情人的房间，而是要将情人的私人照片曝光。隐私信息也是一种个人数据，侵犯隐私信息权利的同时，也侵犯了个人数据权利。但是，侵犯个人数据权利，并不必然侵犯隐私。隐私信息集归属于个人数据集，是个人数据集的子集。子集的范畴大小不是恒定不变的，与数据主体的主观意愿直接相关。不同自然人对隐私的价值认同感不同。比如个人数据集中的电话号码，有的人认为电话号码是隐私，有的人认为电话号码不是隐私。如果电话号码未经数据主体同意，数据处理者将它们散播出去，则侵犯了个人数据权，但并不一定是侵犯隐私权。

（二）一种新型的人格权

1. 传统人格权的不适

在我国，法律意义上的人格为独立民事主体的权利能力，即人格是民事主体的资格要素。"人格权是存于权利人人格之上的权利。"人格权侧重于消极性的、免受侵害的性质，义务主体只要不作为即可。个人数据保护法要给个人许多权利，"这些权利应当是具体的人格权"。个人数据权要求权利相对人采取积极的行为方能满足权利要求。在我国现有的法制中，单独具体的人格权不能保护个人数据权的要求，或者说保护不周、欠缺逻辑。

个人数据作为一种精神性人格要素，展现人格自由、平等、尊严等特质。很难找到合适的制度全面保护个人数据，即便是覆盖人格要素较丰富的隐私权，它也不能够适用于所有的个人数据保护问题。更别说姓名权、肖像权等相对单一的人格权利。我国现有的法律制度无法全面保护个人数据权。有学者指出："通过一般人格权来保护个人数据，确实因为一般人格权的模糊性可以涵盖全部的个人数据，但是它必然是无法明确权利内容和范围的。"

2. 新型人格形态"数字化人格"

美国学者首先提出了数字化人格概念。在网络空间中将个人数据收集、汇集、共享，已经成为一种新的认知方式。在线生存，每个点击行为都是可以记录的，当这些行为数据及标表性数据累积到一定程度，实际上勾画出与实际人格相似的数字人格，被用来作为这个人的代号。数字化人格受到个人数据处理水平的限制，具有较强的技术依赖性，因此有人说"数字化人格"是强加给数据主体的人格。齐爱民认为，数字化人格就是利用个人数据处理技术，将一个人的在网形象勾勒出来，仅凭借个人数据就建立的人格。孙平认为，"如果将这些数据库融合在一起，一个人的数字化人格全貌跃然于电脑之上"。

人格的新形态"数字化人格"的危险性在于可能将现实人"物化"。个人在信息时代的"数字化生存"不再是个人自主的生存，而变成了关于个人的"数据生存"。正如迪利希德所说的，如果将人作为客体，人的尊严将不复存在。当面对新形态的"数字化人格"时，个人能否，或者是否应该拥有自主性权利？

如果一个人有权自主决定其自然人格，他是否也有类似的建立其数字人格的控制权？似乎现有的法律制度中，还没有哪个权利可以为这种新型人格形态给出解决方案。

（三）一种新型的财产权

经处理后的个人数据具有价值，而且经常被交易，这是不争的事实。但是，个人数据的归属问题在我国法律上并没有明确。因而我国贵阳大数据交易所开展的个人数据商品交易活动，引起了广泛的关注。各国的个人数据保护法一般强调个人数据人格权性质，但是很少提及财产权问题。欧盟倾向于否认个人数据财产权存在。美国承认个人数据可以销售，但对是否存在个人数据财产权，也是语焉不详。俄罗斯立法保护文件数据，将数据作为财产权的客体，但是没有明确个人数据财产权概念。我国在个人数据权保护制度设计时，一定要清楚地认识到个人数据权的财产性质，否则我们的个人数据保护法将失去科学性。个人数据保护法就是要在保护个人权利和促进个人数据流动两者之间达成平衡，而促进个人数据流动的重要目的之一就是实现个人数据的财产价值。

1. 个人数据处理为数据主体带来经济利益

很多情况下，个人数据承载着经济价值。人们提供给商家个人数据，换来了抽奖机会和小礼物；社交网络工具上加个关注，为商家提供个人数据，交换到赠品；将个人数据提供给物流公司，节约了个人的时间，带来了方便；在网络上进行聊天，留下了个人数据，换来了沟通的便捷，节约话费成本；网络购物，获得了物美价廉的商品。通过以上事实可以发现，数据在交易中表现为经济价值，个人有时用个人数据交换了相应的服务，也获得了经济利益。在类似的情形中，数据的价值体现在财产利益上。

各国对待个人数据处理过程中产生的经济利益的态度不同，从学者们对"购买同意"制度的理解中可见一斑。数据收集者采用隐性的经济补偿，以赠送小礼物等条件换取客户数据，就是常说的"购买同意"。欧盟认为"购买同意"没有明示收集的目的，违反了真实的同意原则。美国承认以经济代价换取数据的实践活动的效力，很多学者以构建"购买同意"机制为研究内容。"购买同意"制度赋予消费者不仅可以拒绝接受推销电话的权利，也可以在一定经济补偿的基础上接收特定的推销电话的权利。

2. 商业模式中个人数据财产权体现

个人数据的财产性质日渐显现，推动了商业模式的改变。

许多企业的营销方式，从传统的推销变为定向推销。企业建立自己的网站推介商品。浏览企业网站的个人，可以将个人数据和产品需求填写于网站中，将会获得企业后续的服务。该营销模式中，企业收集、分析个人数据，从而有针对性地进行营销。可见，在企业新的营销模式中，个人数据为企业带来经济利益，体现为企业的财产。

学者们在研究个人数据保护时，将隐私权、个人数据自决权或者一般人格权作为理论基础，而忽视了财产权理论。本书认为，个人数据权是一种新型的权利形式，之所以说它是一种新型权利，是因为个人数据权仅以人格权、隐私权、财产权等传统的、单一的理论都无法诠释出它的价值和内涵。个人数据权不仅具有宪法权利的性质，也具有民事权利的性质。个人数据权不止于传统观点支持的人格属性，同时还具有财产属性，是一种具有新形态的新型权利。

个人数据权区别于传统的人格权（特别是隐私权）和财产权，主要表现在以下几个方面：第一，传统人格权体现为人的尊严和自由等精神利益，而个人数据权通过对个人数据处理的自主支配，可以直接或者间接地享有物质利益。第二，从保护的方式上看，传统的人格权是消极保护，而个人数据权则需要给予其自由的积极性权利。第三，从权利行使方式看，人格权与人的身体不可分割，不能成为交易的客体，而作为个人数据权客体的个人数据则与人身分离，常常成为商品交易的对象。第四，从权利的救济方式看，人格权通常是采取事后救济，没有造成实际的侵害则无法救济。而个人数据权采取的是事前预防及事后救济的双重保障方式。

权利是法律观念和法律制度的纽带。我国法律制度中，个人数据权并未得到明确，这促使我们研究更多的法律制度从而寻找个人数据权的法理基础。个人数据权保护的法学理论有三个主要来源：隐私权说、人格权说、财产权说。隐私权说发端于美国，是在自由主义思想影响下的产物。隐私为个人与政府划定范围，公领域建立在契约基础上，私领域则为个人确定了自主范围。同时，强调自主是人之自然权利。从独处权说到个人信息控制权说的扩张路径，为信息隐私权的生成奠定了理论基础。人格权说在欧盟等大陆法系国家获得了长足的发展。该理论深受康德理论的影响，认为人的尊严是最高的价值追求。人本身就是自己的主人，获得人格尊严的基础是自主和自由，如果人被当作客体对待，就失去了人格尊严。德国人格权理论开始于具体人格权，逐渐产生了一般人格权。随着个人数据的商业价值与日俱增，学者们提出个人数据财产权保护理论。波斯纳主张社会应当将与个人相关的数据财产权给予数据主体，这样有助于提高个人数据的交易效率。但无论是隐私权理论、人格权理论，还是财产权理论，它们自身也在发展。通过自身的发展，不断地将新的社会现象放入其中，从而扩展了原有的功能范围。

个人数据保护的是公民在数据时代的新权利。"新的权利或权力能否出现，归根结底取决于生产活动能否产生物质财富的增加，从而提供新的利益实体和实现利益要求的可能性。"事实表明，随着我国大数据产业、网络经济、文化、社会的发展及法律的深化，个人数据权确实可以为数据主体带来新的利益。不管立法是从规制数据处理者入手，还是保护数据主体入手，个人数据保护始终要在数据处理者和数据主体之间进行一种利益的分配。个人数据权的主体是通过数据可以直接或者间接容易识别出的，包括在世的自然人、死者，但不含法人、团体、家庭等群体，并且是我国的公民，不包括居住在我国的外国人。个人数据作为一种信息，很难由数据主体来控制，数据主体只有权控制和支配"个人数据的信息化处理"。个人数据权是人格权的一种派生权利，不同于传统的隐私权，还具有财产权的性质，因此是一项独立新型权利。

个人数据权给予数据主体掌控与自己相关的数据的权利，支配个人数据收集、存储、加工、更正、删除、利用等信息化处理的权利。其权利内容大体上包括个人数据知情权、个人数据保密权、数据查询权、数据更正权、数据封存权、数据删除权和个人数据报酬请求权。侵犯个人数据权是个人数据处理行为对数据主体的新型侵害，既侵害个人的精神利益，又侵害个人的物质利益；不仅侵害个人的人格利益，还侵害个人的财产利益。个人数据权是"个人数据处理自由支配权"的简称，是规定或隐含在法律规范中，实现于法律关系中的，数据主体自由支配和控制个人数据处理行为所获得利益的一种手段。

第三章　大数据时代个人信息保护面临的典型风险

　　研究大数据的先驱麦肯锡给出这样的定义，大数据是一种规模在获取、存储、管理、分析等方面都大大超出了常规数据库软件工具能力范围的数据集合。具有海量的数据规模、快速的数据流转、多样的数据类型与价值密度低的四大特征。学者维克托·迈尔-舍恩伯格则认为，大数据关注的是所有数据而不是随机样本，它并不注重精确性，而是注重多样与混杂性，它放弃对因果关系的追求，取而代之的是对相关关系的关注。

　　我们所处的时代是一个人人有终端、物物可传感、处处可上网、时时在链接的时代。从科学研究到电子商务、从医疗卫生到社交娱乐，数据信息都呈爆发式增长。

　　人们自己生成并分享了与自己相关的大量信息；同时，也有大量的信息在信息主体没有参与甚至不知情的情况下，通过他人及相关机构生成。我们的搜索历史、位置信息、网页浏览习惯、阅读习惯，休闲爱好、信用信息等，被采集与使用的程度都远远超过我们的想象。互联网公司以前所未有的方式储存、分析用户的个人数据，而它们采集、分析数据的能力也与日俱增。

　　大数据给我们的生活、工作与思维带来了急剧变革。移动互联的发展、手持设备的兴起、智能终端的普及、新型传感的应用都快速渗透到了地球上的每个角落。随着信息技术的发展，新的创新形式——大数据，呈现的是一种信息处理的能力。它能在极短的时间里筛选、分类、访问大量的数据信息。过程涉及数据挖掘、提取、储存、预测分析与对分析结果的应用等。

　　数据信息中潜藏的价值刺激了各路竞争者对数据的挖掘。大数据成为一种新的经济资产，如同货币或黄金。当今的技术可以进行前所未有的数据匹配，反匿名化操作，数据挖掘，这些都归因于广泛存在的数字档案与信息技术的发展。我们向互联网企业提交个人信息换取便利，我们向国家敞开胸怀以获得保护，我们把数据信息储存在云端，我们将个人的点滴生活在社交网络上分享。而个人信息的收集方式、使用目的及影响后果日趋失控。当大数据的技术成为一种革命力量席卷全球时，我们需清醒地认识到个人信息保护面临的严峻挑战。

第一节　网上行为的定位跟踪

早在 1971 年，学者米勒（Authur Miller）就曾谈道："电子计算机将使得预测个体或群体行为的虚拟活动成为可能。"他同时也忧心，在未来，相关的组织机构会利用计算机与信息技术去描绘与影响消费者的行为，操控消费者的行为选择。这样的预言在当今成为现实。

一、行为营销与广告支撑的生态系统

过去，各大公司采用的营销模式都是大众营销。这种营销模式利用的是一般人口统计学信息，在特定的期刊与特定的电视节目中投放广告。随着信息时代的来临，当今的广告公司在投放广告时，非常具有针对性。它们跟踪互联网用户的在线行为，研究消费者的需求、分析消费者的喜好并向消费者投放他们感兴趣的广告。如今，网络广告早已实现使用技术对用户信息进行全方位的精准分析，并根据分析结果，有针对性地向消费者定向投放广告，实现广告的精确营销。这种收集不同人的喜好、行为、特点，并据此投放不同广告的方式就是行为营销。它利用个人过去的行为数据信息与其他人在相似情况下会做出的反应，对目标消费者进行一对一产品、服务的广告推送。学者达文波特（Thomas Davenport）与哈里斯（Jeanne Harris）指出，行为营销在进行分析时，需要充分利用自己掌握的或从第三方得来的信息，进行统计学分析。各商业机构基于对分析结果的判断，再对营销模式进行预测，决定向消费者推送的广告类别。

商业网站建立之初，网络广告就成为互联网经济增长的一个强劲动力。普华永道在 2015 年 6 月发布的《2015—2019 年全球娱乐及媒体行业展望》的报告中预计，全球互联网广告总收益将从 2014 年的 1354.2 亿元增长到 2019 年的

2398.9 亿元。未来五年，互联网广告占中国广告市场的份额会不断攀升，估计将达 39% ~ 48%。另外，有研究也揭示出，在美国，由广告支持的互联网企业为美国提供了数百万个与就业相关的重要职位，其中，每年在互动销售领域就能为美国贡献数十亿美元的经济增长份额。这当中，行为营销贡献巨大。在行为营销基础上搭建起的网络广告市场，不容小觑，将会呈现不断上涨的态势。

在这个广告支撑的生态系统中，参与者众多。有互联网用户、网站、互联网广告商、企业及一系列提供分析或保险类服务或导出共享数据的经济实体。这是一批令人眼花缭乱的公司。总体来看，这些公司包括社交网站、新闻媒体、购物网站及其他在线或离线的产品、服务的销售商。它们从用户处采集的信息不仅供自己使用，也常常转售第三方。这些信息可能会用于有针对性的互联网广告开发也可能用作其他用途。事实上，互联网用户根本无法理解自身信息在市场各个层面中被交易的商品化程度。网络广告自身成为一个能让大数据立足扎根并蓬勃发展的行业。越来越精准的行为营销分析，包含了消费者的地理位置、兴趣爱好与即时需求，而对于针对性强的行为营销广告，有研究表明，广告商愿意为此多支付 60% ~ 200% 的费用。行为营销背后潜藏的巨大商业利益，使得在线广告商无法控制自身的行为，而能从行为营销中获利的网站也不断采用新技术对用户的网上行为进行跟踪。

二、新兴跟踪技术的迅速发展

互联网时代，为了追踪、分析与说服消费者，广告商已经开发出了很多便捷与成熟的营销跟踪技术，在线广告营销伴随着每一个上网浏览网页的用户。广告行业借助不同的技术对用户行为进行追踪。而商业机构还在不断投入大量的资金与技术人员，对新型跟踪技术进行研发。

Cookies 网站服务器在用户的内存或硬盘中保存的用来记录用户浏览的网页地址、网页停留时间、网页上键入的用户名、密码、用户浏览习惯等方面的小型浏览文件。它并非是由本机的浏览器生成，而是当我们浏览网页时，从所浏览的网站发送过来的，用来检测我们在做什么的小型数据包，只不过通过浏览器保存在了本机上。它不仅可以对用户行为进行跟踪，还可以为用户推荐曾经访问的网址，省去用户重新输入网址的麻烦，用户不必重新输入用户名和密码，就能实现登录。

Cookies 引发的最大问题是在用户完全不知情的背景下，对用户行为进行跟踪、记录，这往往会引发第三方（如行为广告商）的介入。广告商在采集到 Cookies 数据后，会有针对性地通过行为营销的方式向用户投放其可能感兴趣的广告，而在线广告商会向网站服务商支付报酬。行为营销的技术通常在用户不知情的情况下使用。因此，这种模式会涉及对用户个人信息的侵犯。

随着信息技术的发展，网站开发人员找到了一种更好的方法——Flash Cookies，用以跟踪用户的网上行为。网站的开发人员认识到，传统的 HTTP 下的 Cookies 并不稳定，用户可能会随时清除掉浏览器中的 HTTP Cookies，或者在浏览器选项中，手动将它设置为禁用模式。加利福尼亚大学伯克利分校的研究人员指出，被用户删除的 HTTP Cookies 可以利用 Flash Cookies 中的信息进行重写，获得重生，这样 HTTP Cookies 里原来保存的数据就会重新呈现在分析者面前。用户所采用的传统禁用或清除浏览器中 Cookies 的方法，无法抗衡网站对用户网上浏览历史的重写、跟踪与记录。

Becons 技术则可以让广告公司实时监控用户浏览网页的行为。监控的内容包括用户如何移动鼠标、打印了哪些信息、检索了哪些信息、在表格中填入了哪些信息。随着营销跟踪技术的不断发展，一些网络服务提供商已经开始使用"深层封包监控技术"监控公司用户在互联网上的行为。

近两年，很多网站与跟踪软件都开始使用 Html5 Canvas Fingerprinting 这项新技术对互联网用户的网上行为进行跟踪。实际上，每一个浏览器都有自己的特征。网站可以检测用户的浏览器版本、操作系统类型、安装的浏览器插件、屏幕分辨率、所在时区、下载的字体及其他信息。而 Canvas 是 Html5 中动态绘图的标签，每一种浏览器会使用不同的图像处理引擎，不同的导出选项，不同的压缩等级，这会使得每一台电脑绘制出的图形有些不同，而这些图案能够用来给用户分配特定编号，这个编号被视为是"指纹"，能够用来识别不同的用户。学者埃克斯利（Peter Eckersley）进一步指出了与浏览器指纹相关的隐私风险，其中服务器端程序可以向浏览器查询相关配置的信息，将特定的计算机识别出来。有学者指出，如果要避免指纹跟踪，人们需要禁用网站的一些关键功能，如 JavaScript 与 Adobe's Flash 技术。

大量的实证研究揭示出互联网广告商不断地使用新的、不为人们熟知的技术跟踪消费者行为，很多跟踪技术对于众多消费者而言，甚至都不曾听闻。各大网站普遍使用的行为跟踪技术，在隐私保护的政策中很少得到披露。即使是反跟踪工具与最强大的信息隐私保护设置，也不能有效且普遍地对它进行制衡。消费者在互联网上对跟踪技术进行防范与选择，往往也达不到效用。新兴跟踪技术的发展，已成了网络信息隐私保护领域的新威胁。纯粹运用市场调节的手段，将损害到消费者践行个人自治的实践与能力，消费者手中的选择权，也将成为一项徒有虚名的权利。此领域需要引入法律干预。

如何从法律规制的路径阻断 Cookies、Flash cookies、beacons、HTML5 Canvas Fingerprinting 等技术对我们的持续跟踪、骚扰，如何披露并告知用户谁是其背后的控制者，并为用户提供是否分享个人信息的选择权，成为摆在我们面前亟待解决的难题。

三、"请勿跟踪"的隐私协议及其局限

"请勿跟踪"实际是用户与网站之间关涉隐私保护的君子协议。此协议下，当用户使用支持"请勿追踪"的浏览器上网时，可授权网站采集自己在网上行为的数据，也可禁止网站采集此类数据。此类数据一般包括用户常访问的网站地址、经常搜索的关键词、个人的偏好、兴趣爱好、购物习惯、表格中键入的内容等。如果互联网用户启用了"请勿追踪"的功能，支持此功能的浏览器会将用户设定禁止追踪的信息随 HTTP 的请求一起发送给网站，由网站进行处理。

"请勿跟踪"的倡议源自 2007 年一个民间隐私保护团体向美国联邦贸易委员会提出的请求。该请求希望美国联邦贸易委员为网络广告商列出一份"请勿跟踪"的列表，要求美国的网络广告商向美国的联邦贸易委员会提交他们的信息，指出他们会在哪些领域利用浏览器的 Cookies 信息，跟踪互联网用户的网上行为。2009 年，索霍安（Christopher Soghoian）和斯塔姆（Sid Stamm）在火狐浏览器中开发出了一款支持"请勿跟踪"协议的插件原型，火狐成为第

一个支持"请勿跟踪"的浏览器。2010 年，美国联邦贸易委员会发出呼吁，其主张需要建立一套有效的系统，让用户控制自己线上的信息隐私。与此相随，微软宣布其发布的 IE9 浏览器将为用户提供一个可以阻止第三方跟踪的技术列表，用来保护用户的隐私信息不被追踪。而 Opera、Safari 浏览器陆续跟进，连以在线广告盈利的谷歌，也在 Chrome 23 中提供了"请勿跟踪"的功能支持。不过，2015 年 4 月，微软在官方博客中表示，随着行业标准的发展，微软正在改变"请勿跟踪"功能的实施方式，为了满足万维网联盟（W3C）制定的全新隐私标准，微软 Windows 快速设置与浏览器不再默认开启"请勿跟踪"的功能，但微软会为客户提供如何打开此功能的引导。

美国的信息法学者在网络跟踪方面做了实证研究，社会学调查的结果显示，大部分美国互联网用户希望"请勿追踪"的提议能阻止网站以及在线广告商跟踪用户在线活动的行为。而功能上，"请勿追踪"的设置，真能保护用户隐私吗？事实上，不能。当用户开启"请勿追踪"的请求时，支持"请勿追踪"功能的浏览器会在其数据传输中添加一个"头信息"（headers），这个"头信息"会向商业网站的服务器表明用户不希望被追踪。如果商业网站遵守"请勿追踪"的协议，则在其接收到用户不愿被追踪的信息后，会自动停止对用户线上信息的采集。但"请勿追踪"仅仅是一个"君子协定"，在技术上并不能对网站的跟踪行为进行阻止。"请勿追踪"提供的只是一种机制，该机制自动在客户端 HTTP 中发送一个请求给服务端，网站可以忽略此机制。如果网站忽略"请勿追踪"的设置，依然我行我素，用户的信息隐私同样没法得到保障。比如，微软 IE10 浏览器默认开启了"请勿追踪"的功能，这触及了许多网站的商业广告利益。有研究员从技术上对微软 IE10 浏览器默认开启的"请勿追踪"功能进行了回应，向 Apache 的 HTTP 服务器源代码加入了补丁。此技术回应能主动忽略 IE10 浏览器默认开启的"请勿跟踪"的字段数据。而这样的技术跟进，会使浏览器默认的"请勿追踪"的功能设置形同虚设。

"请勿追踪"的隐私设置虽然是用户与网站之间的君子协定，但它背后蕴藏的深意是希望赋予用户一种简单易行的方式，由用户来选择允许或禁止对网站的行为追踪，以实现对自身信息的控制。一些浏览器默认阻止第三方 Cookie 对互联网用户网上行为进行追踪、一些则默认允许，同时赋予互联网用户选择权。需注意的是，在接收发出"请勿追踪"信号的网站行为标准上，相关政策已被证明很难达成一致。如前文已阐述的那样，有些网站自觉遵守"请勿追踪"的要求，有些则没有，还有一些表面上敷衍着互联网用户，私下依然进行着追踪。

值得一提的是，2009 年，欧盟在修订《电子隐私指令》（E-Privacy Directive）时，要求网站在使用在线追踪技术时得到用户的授权，除非其使用追踪技术是商家提供服务必需依赖与绝对必要的，如在线购物车功能等。欧盟境内，该指令在贯彻执行上并不统一。当下许多欧盟成员国要求网站在获取 Cookies 时，要得到用户的一次性明确同意，但评论者往往认为，在很多情形下这一要求并未给互联网用户提供有意义的选择权。

事实是，即使是网页浏览器设计为询问用户是否接受或拒绝 Cookie 的模式，它也不能告诉我们，是否在询问用户之前就已违背了信息保护的透明度原则以及信息隐私权的主旨，把用户的个人信息分享给了其他网站。同时，即便 IE10 浏览器默认开启"禁止追踪"功能，没有网站和网页的配合，它也将独木难支。它并未赋予用户是否提交个人数据的选择权。当然，也应看到，虽然现行政策与标准有诸多不完美，但"请勿追踪"的协议仍然展示出，信息保护的倡议者对开发出一项技术，以实现个人对商业机构采集并使用其信息进行控制的不懈努力。

第二节　云计算中的信息安全与隐私顾虑

21 世纪初，高能物理等领域的科学计算需求促使网格技术诞生，就像万维网使全球信息资源实现共享一样，网格技术能够实现全球范围计算机存储能力、CPU 与数据资源的共享，从而使"CPU 与存储资源可以像自来水与电力一样"使用的设想变成现实。网格技术有强大的生命力，但安全问题导致网格技术的商业应用迟迟未能实现，直到近几年，它才通过"云计算"的形式得以面世。

随着云计算服务的广泛采用，网络、系统、应用程序和大量的数据信息都转移至第三方服务商的控制下。云计算的服务模式会创建具有虚拟边界的计算云，以及由用户与云计算服务提供商共享责任的安全模型。这种共享模型给 IT

运维人员带来新的安全管理挑战，也引发了一系列问题。安全管理的治理与实施是否有足够的透明度，云计算中的数据信息是否能得到妥善保护，信息保护与其内在的风险等级是否相称等。这些问题不仅迎面而来，而且已成为阻碍云计算发展的主要障碍，亟待解决。

云计算这个词语本身有多种定义。一份近期的研究显示，云计算有超过22种不同的定义。不论对其如何定义，都离不开五个特性：多重租赁（分享资源）、大规模可扩展性、弹性、随用随附以及自行配置资源。云计算是基于网络层面、主机层面以及应用层面分享资源的业务模式；机构可能已有成百上千的系统，云计算提供了可以扩展到上万个系统的能力，以及大规模扩展带宽与储存空间的能力；用户可以根据需要，快速地增减计算资源，并在其不需要计算资源时把资源释放，供其他用户使用；用户根据他们实际使用的资源和时长情况付费；用户还可以自行配置资源，包括附加系统（运行能力、软件、存储）和网络资源。

普遍认可的云计算服务框架，则可缩写为SPI。这代表云计算提供的三种主要服务：软件即服务（software-as-a-service，SaaS），平台即服务（platform-as-a-service，PaaS），以及基础设施即服务（infrastructure-as-aservice，IaaS）。传统模式的软件服务，是指用户购买软件并将软件装载到自己的硬件上，同时缴纳使用许可费。而在SaaS模式下，用户并不购买软件，而是通过订购或随用付费的模式，使用软件服务。这相当于租赁。用户购买的服务无论从硬件还是软件的角度都是完备的，并由有专长的商家运行维护，定期进行日常升级，用户可以通过任何经授权的设备访问这些服务。而PaaS则将开发环境作为服务提供，开发者使用供应商提供的开发环境的组成部分，创建自己的应用程序并通过供应商的平台提供服务。供应商通常开发工具包与标准及用于分配和支付的渠道，通过提供平台与分发和销售服务得到支付。这样在很低的参与费用下，开发人员就可利用供应商已建立好的客户渠道，快速传播应用程序。IaaS提供了运行应用程序的基础设施，并能按客户需要扩展规模，扩充运行能力。

云计算的部署模式包括三种：公共云、私有云与混合云。这是根据云与企业之间的关系进行的界分。公共云中，安全管理及日常操作划归第三方，由第三方供应商负责公共云服务的产品。相对于私有云而言，公共云服务产品的用户对于物理安全及逻辑安全层面的掌控及监管程度较低。私有云也称内部云，是建立在私有网络上的类似云计算的产品，企业必须购买、建造、管理自己的云计算环境，前期投入较高。私有云企业用户需要对私有云的管理全权负责。而混合云则是由内部及外部供应商构建的混合云计算模式。机构在公共云上运行非核心应用程序，而在私有云上运行其核心程序与内部敏感数据。

随着云计算模式被广泛认可，对云计算安全性的担忧也日渐加深。当成千上万的隐私信息都储存在云端服务器上时，云计算中的主要隐私顾虑有哪些？我们如何防范风险，保护信息安全呢？

一、隐私顾虑对信息保护原则的潜在影响

信息在云计算中会经历生成、使用、传输、变换、存储、归档、销毁这七个阶段。这七个阶段展示的是信息生命的周期。基于云计算模式、机构的性质及云计算中个人信息所处阶段的不同，云计算的影响会有所不同。下面将分析，云计算中信息生命周期里个人信息保护的主要顾虑及其对常见个人信息保护原则的潜在影响。

（一）信息访问对安全原则的影响

云计算最终是否能得到成功运用，最大的挑战在于如何确保云中数据的安全。当敏感的应用与信息传输到云数据中心时，往往会引发很多安全问题。例如，黑客会花费大量的时间与精力，寻找渗透到云中的方法。在云计算基础架构中，如果存在一些致命漏洞，会使得黑客乘虚而入。当成百上千的公司将其数据信息存储在一个大型云计算服务器上时，理论上分析，黑客可以通过一次单一的攻击，获得对庞大信息的控制。黑客攻击造成海量用户数据泄露的事件包括2014年发生的 Dropbox 安全漏洞事件、苹果 iCloud 信息泄露事件等。Dropbox 的安全事件，导致700万用户的账号与密码被黑。黑客一旦掌握了用户的个人验证信息，如账号与密码，就能读取用户的私人数据，同时，也能将这些信息在网络上公开。

安全原则是对个人信息保护的关键要求之一。此原则要求应当采用合理的安全措施对个人信息进行保护，避免数据信息遭受丢失、未经授权的访问、销毁、

使用、篡改或公开等风险。这不禁使人产生疑问，如何防范云服务提供商对自身拥有的访问权限的滥用？相应地，云计算服务商是否有能力为用户提供实时、安全的信息访问控制，并遵从已声明的规定？当个人验证信息存储在云计算中时，如何对个人验证信息进行恰当的访问控制，以保证信息访问的合法性？

（二）信息的存储、归档、销毁对控制原则的影响

当用户使用云计算服务提供商的平台时，可能会出现归属于不同用户的信息同时储存于一个数据服务器上的情况。因此，本来属于一个用户的信息，可能会因为共享技术漏洞，被错误地传递给另一个人，由此引发信息泄露。

传送到云计算中的个人信息能保留多久？云服务提供商保留信息的时间是否超过了规定的时间，从而使得云计算服务提供商可以为达到自己的目的进行数据挖掘与二次使用？

用户如何判断云服务提供商是否对信息保留额外复本？当云服务提供商跨越多个系统和站点复制数据时——这个被视为云计算服务提供商增加信息可用性的优点，在机构、数据所有者试图销毁数据时，转变为挑战。

云计算提供商在数据保留阶段结束后，机构如何确保云服务提供商正确销毁个人验证信息，并确保这些信息不被其他用户利用？如果数据所有者行使权利，要求机构删除其数据，如何确保进入云中的数据所有者的信息被真正销毁？云服务提供商是真正销毁了信息还是使得信息无法被访问？销毁的信息是否在技术上可以被恢复？

事实上，删除一个文件仅是将文件占据的空间（块）标记为可用。数据依然在那块空间并可恢复，直到相应的空间被复写。被删除的文件所占用的磁盘空间必须使用其他数据复写七次以后，这些文件才可能是完全无法恢复的。很多情形下，磁盘及存储介质常常会用于重新存储其他的数据信息。因此，这一般不会对数据删除构成大的问题。但当用户必须归还租用的资源时（如磁盘阵列、服务器）或废弃的系统被取代，或存储介质已达使用寿命时，必须确保曾经储存过的数据信息是不可恢复的。

要实现个人对自身信息的控制，在考虑解决方案时，可以尝试赋予用户储存数据的选择权。另外，用户可以对自己储存在云端的信息进行加密，以阻止

那些未经授权对其信息进行的访问。云中加密能在销毁程序中起到不可或缺的作用。即便用户不清楚信息存放是否安全，也可以通过销毁密钥来销毁加密的数据。因为，此时数据将因为无法解密而处于不可访问的状态。当数据储存在云中时，这将变得对用户非常有利，用户可以在云服务商未参与的条件下销毁加密的数据信息。

（三）信息传输对法律适用与透明度原则的影响

云计算环境下，数据是远程存储与处理的，因此必将产生与此相关的安全威胁。随着用户间共享平台的增长，保护存储于云计算中的数据需求也在增长。云计算是一个动态环境，个人的数据信息可能在单个云计算服务提供商的基础设施内流动，也可能跨越云计算服务提供商的机构边界移动，这会涉及数据向第三方的传输与转移。

通常状态下，用户与云服务提供商在服务标准条款的确定上是没有谈判余地的。这类条款通常都偏向于保护云服务提供商的利益。因此，法律层面上，可以要求信息控制者不断提升信息处理的透明度。当数据信息传输到第三方时，不仅应进行事前披露，还应得到数据所有者同意。用户有权以简单易懂的方式获取此类信息。

另外，数据传输到第三方，可能会跨越国界。数据储存在服务提供商或与服务提供商合作的第三方的服务器上，而服务器可能在世界上的任何地方，因此，使用云计算的用户，往往并不知道数据在特定的时刻位于哪个位置。物理数据储存在哪里、运行在哪里以及在哪里获取数据变得不确定与不透明。这加剧了云中问题的复杂性。用户可以选择云服务商，但由于云计算的动态特性，使得服务器或存储设备的确定变得非常困难。还应看到，在法律管辖范围的确定方面，有些法律是依据数据中心的物理位置，有些是根据数据所有者的位置，还有一些是根据机构的位置来确定的。不同司法管辖区可能会有不同的处理态度，这也常常引发管辖纷争。

这一问题涉及国与国间的政府管辖区，而不同国家的法规冲突使得此问题变得复杂。信息跨境传输时，不仅判断应当适用的隐私条款与法规比较困难，而且信息的跨境传输也很有可能违反当地保护个人信息的法律。

（四）信息的二次使用对目的限制原则的影响

信息使用的目的限制原则是指，个人信息不应被用到信息所有者同意以外以及法律授权以外的其他方面。

云计算将各类用户信息、业务信息储存在一个特定的空间。由于云计算中的数据信息会流动，因此为了保证数据只用于收集的原始目的而不被滥用，需要很强的数据治理措施。当机构创建集中的数据库时，这一点尤为重要，因为将来的应用程序能够轻易地通过功能扩展整合数据，并将数据信息用于未经数据所有者授权的新用途上。

整合多种来源的数据能力，将增加数据滥用的风险。对数据的治理应当要求云服务商对特定类型的行为进行报告，或对特定类型或用户类别的行为进行监测。同时还应看到，云服务商可以有意或无意地篡改用户的数据，甚至删除用户的信息。不仅如此，云服务商还陷入一种无法令用户感到满意的尴尬境地。因为，他们几乎不能保证他们的用户能免受政府的监控。一方面，公共利益团体和活动家常常批评这些公司未能保护他们客户的隐私，另一方面，政府固有的强制权力可以悄悄地强迫他们规避自身部署的任何隐私增强技术，通过云服务商的后门程序，规避加密，获取用户信息。这会严重削弱云服务商对云中信息的控制，损害消费者的信任。

（五）信息的收集处理对问责原则的影响

当机构将数据信息存放在云计算中时，怎样确保并监管云服务提供商提供的服务满足信息保护的要求？当个人信息遭到侵害之时，如何确保云计算服务提供商会通知个人，谁来负责管理侵害个人信息的通告程序。根据云安全联盟的统计数据，如果云计算服务合同中拟定了云服务提供商过失侵害个人信息的责任，合同该如何执行，如何确定是谁的过失？

另外，在云环境中，个人数据安全风险存在于数据生成、使用、传输、变换、存储、归档、销毁的全生命周期中。这涉及政府、信息控制者、信息处理者、信息主体等多方主体参与者。责任主体的多元化使得责任认定难度增加。而越来越多的企业聚集成为共同利益集团，在集团内部进行数据的共享，同一数据需要供给多个主体使用，呈现"多对多"的模式。在这一模式下，由于数据接口的多样性，往往会被多个主体访问和使用，使责任主体难以辨识。

谁应当为云计算中的信息安全与隐私负责，存在相互冲突的意见。有观点认为，当用户将个人信息储存在云端时，他们丧失了对自身敏感信息进行控制的能力。避免信息遭受来自黑客的攻击与内部的威胁，这一责任应落到云服务商身上。也有观点认为，从公众与法律的角度来看，数据安全与信息保护的责任应落到最先收集信息的机构身上。如果个人用户并未直接与云服务商订立协议，而是通过商业机构使用云服务商提供的服务，那即便商业机构没有技术能力确保实现与云服务商之间的合同要求，也应由商业机构来承担责任。商业机构可以转移债务，但不能转移责任。持有此观点的学者认为，数据侵犯具有级联效应，完全依赖第三方来保护个人信息是不负责任的，将导致负面的后果。

一般来讲，信息控制者决定着信息处理的目的与方式，信息控制者应当确保信息的处理、使用、存储与分享满足信息保护的要求，即便这当中存在外包与分包合同关系。这当中，不应排除信息控制者与具体的信息处理者被一同认定为联合的信息控制者，需一同对外承担责任的可能。

现阶段，云计算中的信息保护与其内在的风险等级是不相称的。公共云计算中的基础设施和数据安全的发展远远不如云计算当前业务功能的发展。在安全性较弱而风险性较高的安全形势下，个人信息遭受破坏的风险也非常显著。现阶段，云计算领域缺乏有效保护隐私的法律应对措施，这个情况在短期内不太可能得到解决。云计算中，上述个人信息保护方面存在的顾虑，有些是技术层面需要解决的问题，有些是法律层面需要予以解决的，还有一些问题很难一时找到恰当的解决方案，需要进一步研究与探索。

二、对典型云服务条款与隐私政策的实证分析

上文分析了云计算中信息生命周期里存在的主要问题及对常见信息保护原则的影响。云计算中信息保护的合规要求是怎样的？治理信息适用的法律法规、标准及合同承诺是怎样的？谁对合规性负责？以下，将展开对云服务提供商与商业机构、个人间拟定的云服务协议条款及其列明的隐私政策的分析。从法律

与技术的角度看，深入了解协议条款与隐私政策是非常关键的。因为，许多云服务商采用的是广告支持的商业模式。而有一部分终端用户是"免费"获取云计算服务的。作为"免费"云计算服务的交换，许多用户发现云服务商往往会为其定制有针对性的广告，这使得他们信息保护的期望变得虚幻，而云服务提供商的服务条款协议与隐私政策，在此时，往往成为保护用户隐私的唯一的依据。对云服务协议条款与隐私政策的分析，将有助于我们认识到云计算中，不同服务协议与隐私政策下，个人信息保护存在的差异与面临的共同问题。

1. 当使用云服务的客户是个人而不是机构用户时，个人往往不能及时且有效地跟踪云服务提供商不断变化的服务条款与隐私政策

这源于三方面的原因：首先，服务条款与隐私政策的改变往往是云服务商单方面做出的；其次，当云服务商做出单方面的改变时，是否会将新变化通知个人，其实际的处理操作模式并不明晰；最后，即便个人意识到云服务商服务条款或隐私政策的改变，其要找到最新的包含这些变化的服务条款与隐私政策的文本有时也并不容易。

在对各大云服务提供商隐私条款的分析中，绝大多数云服务商都保留了对服务条款与隐私政策进行单方面更改的权利，包括谷歌、微博、腾讯云、百度云等。一些云服务商并没有阐明，是否会将服务条款与隐私政策做出的更改直接通知到个人，有一些则表明，它们会在做出重大变化时通知用户，还有一些则在条款中拟定，用户有义务去关注服务商的网站，以查明服务商的服务条款与隐私政策是否作出了变更。

2. 云服务商很少对使用其他云服务商提供的平台或基础设施储存与处理用户数据的情境进行披露

当云服务商使用了其他云服务商的平台与基础设施，储存、处理用户的数据信息时，其往往对此会保持缄默。而在不透明的环境下，个人要辨识云服务商是否使用了其他云服务商提供的平台或基础设施非常困难。这当中，SpiderOak 与 OVH 服务商告知用户，它们使用自己的数据中心储存与处理用户信息。而 Dropbox 与 Netflix 用亚马逊网络服务（AWS）提供的云基础设施。这样重要的信息在 Dropbox 与 Netflix 公司的隐私服务条款中却没有载明。同样，

Instagram 使用脸书的平台，Snapchat 使用谷歌应用平台，这些应当披露的重要信息，在风靡全球的应用程序的服务条款或隐私政策中并没有得到披露。

3. 用户将云服务条款或声明中的某一特定内容与具体云服务对应起来是困难的

云服务合同条款与隐私政策有时会分散在不同的政策文件与网页中，而哪一文件或网页中载明的事项属于合同的一部分并不清晰。同时，对于云服务商只拟定一个合同，并将其适用于云计算中所有类别的云服务的做法也不甚妥当。因为，有时会出现协议条款与所提供的特定类别项下的云服务不相关的或不一致的情形。云服务商应规定清楚，哪一类条款适用于哪一类云服务，删除不相关的多余条款。以腾讯云服务所列的服务条款为例，不仅有一个概括性的第一层级的腾讯云服务协议，还有更为细致的云主机服务等级协议，云缓存服务等级协议，云对象存储服务等级协议，云负载均衡服务等级协议，云数据中心间VPN 服务等级协议，云数据库服务等级协议，云存储服务等级协议，云服务市场用户协议 V1.0 及云服务市场服务商接入协议。这样的分类，会使云服务条款更加清晰，企业也更具竞争优势。

4. 云服务商直接与个人订立的服务协议可能与其与商业机构订立的服务协议不同

当云服务商面对的客户是商业机构时，它往往会执行更高的安全标准，对潜在的可能引发安全危机的风险和违反信息保护的行为响应更快，采取的防范与处理措施也更加有效。如 Dropbox 与企业签订的商业协议中"紧急安全情况"的约定，即为例证。在这样的商业协议中，商业机构可能未经终端用户同意，就拥有查阅个人信息、管理个人信息的权利。当个人用户通过商业机构使用云服务商提供的云服务时，云服务商可能会缩短保留用户个人信息的时间，也可能在商业机构的用户终止使用其提供的服务时，为用户输出其个人数据提供便利。

5. 云服务协议往往会对云服务商应承担的保护个人信息的义务与责任做出限制

有时，当用户终止使用一个账户时，可能也无法再查阅其使用该账户期间生成的个人数据信息，但是，个人不仅应享有云服务协议中约定的权利，其也应享有个人信息保护法所赋予的权利，比如信息得到公正合法处理的权利与信息主体查阅信息的权利。即便当服务商是信息处理者而不是信息控制者时，也需要在考虑现有科技水平与技术实施成本的背景下，提供一个与信息处理风险等级相对应的恰当的技术与组织措施以保护个人信息的安全。

排除义务与责任的条款有时也可能会出现在第三方服务商、第三方 App 应用或第三方网站收集与处理个人信息的过程中。此过程可能与云服务商提供的云服务相互交互或融合。在云计算服务提供商的隐私条款中，一般都会规定，用户允许云服务提供商将其采集、储存、处理的信息与其关联第三方共享。而用户对此条款的同意是其使用云端服务的前提。一些云服务商，可能会建议个人仔细阅读与其合作的第三方的隐私政策与服务条款，以明晰第三方会如何处理其个人信息，同时拒绝承担第三方处理信息的责任。虽然，云服务商可能会辩解，要确保所有独立的第三方提供的服务都能达到信息保护的水平会很困难，但无疑，它们可以引导与鼓励第三方遵循信息保护的准则。比如，脸书与第三方签订的"广告准则"（Advertising Guidelines）与脸书的"平台政策"（Platform Policy）。在脸书的平台政策中，脸书要求第三方应用程序的开发者遵守一系列条款，同时，还要求它们应当有自己的隐私保护文件并保留脸书对其隐私条款进行修改的权利。再如，领英（Linkedln）——全球最大的职业社交网站，对第三方使用领英平台收集与使用个人信息的行为施以限制，第三方合作方可以与领英进行协商，拟定一个协议，也可以选择直接遵守领英的《应用程序接口服务与插件条款》。再比如，Tuenti——西班牙最大的个人社交平台，为个人提供技术方面的支持以避免个人信息被第三方进一步处理。个人通过隐私设置，可以使得第三方无法识别个人资料中的电话号码。个人也可通过隐私设置使得第三方无法在社交网站上下载和复制其已在社交网站上公开的图片信息。

以上结论，是对国内外知名的近 20 家云服务商的云服务协议条款与隐私政策进行实证分析后得出的结论。分析立足于不同云服务商的服务协议与隐私政策文本及这些文本在实施过程中对个人信息保护产生的影响，笔者并没有评估个人对隐私保护的实际认知与对隐私设置的实际控制水平，这方面的研究还需进一步推进。

云计算在全球的发展给个人信息的保护提出了重大挑战。云安全联盟列出了排在前面的安全威胁，分别是：不安全的应用程序接口；共享的数据漏洞；

数据丢失、泄露；黑客攻击；内部人员的恶意行为。云中治理需要云计算服务提供商及与之合作的相关机构采用系统的方法，信息保护的程序保障需提前到位，以避免云中信息可能遭遇的潜在威胁。云服务商还需增强透明度，在云中安全与信息保护相关的政策、协议与实践操作层面进行信息披露，特别说明政府及执法机构对用户信息的查阅权限、云服务商是否会对数据进行二次使用、数据的可携带性及数据信息删除程序方面的内容。

云计算中的信息保护与其内在的风险等级是不相称的。在无数跨辖区的法律冲突、国际贸易障碍与长期的政治争端背后，存在的是对个人信息保护的不同态度。而现阶段，我们所能确定的是，法律没能跟上技术的发展。

第三节　行政部门对个人信息的采集与处理

公民个人信息的大规模采集本是一个古老的社会现象。为了征兵、征税，国家往往会对疆域范围内的公民个人信息进行清查并登记造册。如为了征税，英国威廉一世曾在 11 世纪进行了一次人口与财产大普查。专制王权时代，不可能产生个人信息保护的话语。到了近现代，消极政府的理念也限制了政府机构采集、处理、使用个人信息的行为。进入到信息时代，计算机、网络、信息技术迅速发展，政府的权力与职能都较以往大为扩张，政府为了进行有效的社会治理需要在人口普查、民主选举、社会保障、医疗教育、税款征缴、居民身份认证、犯罪控制等方面收集大量公民信息。收集公民个人的信息是国家权力渗进公民生活的重要手段之一。通过对个人信息的采集和处理，"公民生活越来越成为可见的、可计算的、可预期的"。

一、政府巨型数据库对个人信息保护的影响

相比私营机构获得的个人信息，行政机构获得的个人信息具有以下特点：
首先，内容详尽、所涉范围广、真实程度高。

其次，公共行政领域，行政主体对个人信息的收集、处理并不需要获得信息主体的同意。《人口普查条例》与《统计法》都将提供真实、完整的信息作

为公民的一项义务予以要求。

最后，随着社会治理的日趋复杂、各国提升行政管理效能的追求与政府电子政务的飞速发展，政府巨型数据库应运而生。

巨型数据库间的信息共享将对公民个人信息的保护构成巨大威胁。它能比对各部门各自掌握的信息，融合与共享各类专业数据，还能生成一个深度开发的、多层次、多用途、可持续的个人信息数据库。公民的姓名、身份证号、住址、受教育情况、婚姻、工作单位、收入状况、纳税记录、身体健康状况，甚至日常消费、电话上网、违法犯罪、宾馆住宿、医疗记录、公共场所的言谈举止等方面都被记录下来。分散的政府数据库能够将个人信息串联在一起，瞬间拼凑出一张详细、完整的人格图像。公民对自己哪些信息被采集、信息采集的目的、信息将如何被使用、信息是否与其他部门共享、第三方访问权限、信息有没有被商业化利用、是否被泄露、数据库是否安全等问题，都不知情。对政府的行为若不加以约束与限制，个人享有的信息权、隐私权都将面临威胁。一旦巨型数据库不加以严格管理与控制，还极有可能发生大面积的侵权事件。

二、商业数据的政府使用：对数据留存的强行要求

所谓数据留存，是对人们通信活动过程中产生的讯息进行存储。随着近几年国际恐怖势力的甚嚣尘上，已有国家及国际组织开始对数据留存单独进行立法。如2006年，欧盟颁布《欧洲议会和欧盟理事会2006年3月15日关于存留因提供公用电子通信服务或者公共通信网络而产生或处理的数据及修订第2002/58/EC号指令的第2006/24/EC号指令》，英国对《2000年调查权规则法案》（Regulation of Investigatory Powers Act of 2000）进行修正后通过的《2014年数据留存和调查权法案》（The Data Retention and Investigatory Powers Act 2014），等等。

留存制度的框架一般包括三大核心内容：留存主体、留存内容、留存期限。

其一，留存主体。一般是企业与政府机构。政府方面一般是情报执法机构、警察机构。这些部门留存数据的目的是方便公权力大规模监控与侦查犯罪的需要。需要留存数据的企业一般是互联网及电信企业，至于医院、银行、邮政、

图书馆、交通运输企业等，有些国家也会对其做出留存数据的要求。

其二，留存内容。重点留存数据为通信类、身份类、位置类数据。通信类的数据留存的内容包括通信源、通信种类、通信的具体位置及通信时间的起止点。身份类数据留存的内容主要包括用户身份的协议信息、联系信息、账单信息。

其三，留存时间，一般为 4 周到 2 年不等。在留存时间的确定上，各国可能会有差异，时间长短的确定，一般取决于留存的内容、难度、成本及数据留存下来对安全的威胁等因素。

近年来，数据留存在制度价值与企业义务承担两个方面有了新的发展。

首先，数据留存由过去配合侦查与执法的一种辅助手段上升为保障国家安全的一种防范手段，制度价值呈整体抬升之势。

现在数据留存的制度价值与打击恐怖主义、国家安全、公共安全直接挂钩。有些国家在国家安全立法、间谍法、反恐法中加入数据留存制度。如英国 2014 年《数据留存和调查权法案（修正）》、澳大利亚 2014 年《反恐法》；有些国家对原通信法中数据留存制度进行立法修订，加入打击恐怖主义、维护国家安全的目标，如德国 2015 年《数据留存法案》、澳大利亚 2015 年《电信（监控和接入）修正（数据留存）法案》。

其次，立法普遍加重了企业的数据留存义务。

这方面的情况体现在以下三个方面：第一，司法机构的制衡机制被普遍弱化。以前，情息执法机构要想取得留存在企业的数据往往需要向法院、第三方监督机构申请，拿到授权许可后才能采集用户数据。而如今，司法机关的制衡机制不仅被弱化，有些国家甚至直接赋予执法机构采集信息的权利。如澳大利亚 2014 年《反恐法》直接赋予国家警察机构、反恐机构不经司法机构的批准直接获取个人数据的权力。第二，企业的留存义务为强制性的，留存时限相应延长。比如，英国《2000 年调查权规则法案》只要求电信运营商对通讯数据留存 3 个月，而情报机构与警察都可依程序调取。《2014 年数据留存和调查权法案》将留存时间延长到 1 年并对留存制度予以突出强调。第三，原情报执法机构、国家安全机关承担的一部分职责转移到企业。在 2015 年《美国自由法案》中，原中央情报局承担的一部分义务转由电信企业承担。情报机构可随时从企业处获取所需数据。

数据留存会给电信与互联网企业造成困境。首先，国家法律、执法机构强行要求企业对民众数据进行留存，该项职权往往得到法律的授权与保障，拒绝遵守与服从是违法的；其次，在信息爆炸的年代，执行这样的要求，不仅会增大企业储存信息的成本、提升储存难度，企业还需应对信息储存的安全风险，而数据一旦泄露，企业还有诉讼之忧；最后，企业还将遭受隐私保护机构与普通民众的指责，企业的信誉在这当中也会遭受不利影响。

三、跨国监控：欧洲法院《安全港协议》无效案

2013 年 6 月 7 日，《华盛顿邮报》披露，美国联邦调查局与国家安全局通过接入一些网络公司的中心服务器，直接查阅用户数据，实时跟踪用户的聊天记录、视频、音频、照片、文件、电邮等信息，全面监控特定目标及其联系人的日常生活。2013 年 9 月 29 日，《纽约时报》披露的政府文件显示，美国国家安全局从 2010 年 11 月开始，允许情报官利用该局搜集的大量美国公民个人资料，辨识他们的来往对象、特定时间点所在的位置和旅伴等个人信息。这项监视行动通过分析美国人的电话和电子邮件记录，将电话号码和电子邮件串联成一条"联络链"，把大量美国公民的个人隐私暴露在政府面前。2013 年 6 月 6 日，英国《卫报》网站披露，美国最大通信服务提供商之一，Verizon 通信公司每天都需向美国国家安全局提供其系统内所有电话通话的信息，包括通话双方的电话号码、地点、通话时长等。2013 年 9 月 7 日德国《明镜周刊》网站报道称，美国国家安全局内部文件显示，美国情报机构有能力监视安卓系统设备、苹果手机以及曾被认为非常安全的黑莓手机。美国国家安全局通过开发破解程序，可以获取三大智能手机平台的用户数据，其中可包括联系人列表、短信流量和用户位置数据等。美国国家安全局对一款苹果设备进行电脑同步跟踪后，其脚本程序至少可以代理访问苹果手机的 38 项功能。

除对国内民众信息的广泛采集与监控外，信息时代，一国往往会通过互联网公司采集他国公民的数据资料，对他国公民的个人信息进行监控，而欧洲法院判决的《安全港协议》无效案，则是这方面的最好例证。该案直接指向美国

政府所实施的跨国监控的行为，这一行为被视为是侵犯欧洲公民个人信息、隐私，违反基本人权的行为。

2013 年，"棱镜门"事件中，美国前中央情报局雇员斯诺登爆料，谷歌、微软、苹果、脸书等9家互联网公司及一些大型通信服务商与美国情报机构合作，向美国情报机构大规模提供用户资料，方便其肆意追踪，监视民众私人关系与社会活动。随后，奥地利的一名法律系毕业生施雷姆斯向脸书所在地爱尔兰当局提出申诉，控告脸书非法追踪用户数据资料，参与美国情报机构的监控计划。对于施雷姆斯的申请，爱尔兰数据主管部门以欧美之间的《安全港协议》驳回其申诉。

《安全港协议》的出台与欧盟《数据保护指令》第二十五条的规定紧密相连。该条规定要求只有在第三国确保能够为欧盟成员国内欧盟公民的个人数据提供充分程度的保护时，欧盟境内的公司才能将其收集、处理的个人资料转移或传送至第三国。否则，欧盟公民的个人数据不能传输至非欧盟国家。这条规定被称为欧盟的"充分保护"标准。欧盟议会与理事会将权衡判断的权力赋予欧盟委员会，欧盟委员会有权以《数据保护指令》第二十五条的规定为基础，对第三方国家的国内法或承担的国际义务是否满足"充分保护"的标准进行判断。该条规定给美国带来了巨大压力。美国商务部多次与欧盟协商，最终于 1998 年 11 月 4 日发布了《安全港隐私原则》（Safe Harbor Privacy Principles）。该原则紧密向《欧盟个人资料保护指南》靠拢，其规定的隐私保护原则与欧盟甚为相似。2000 年 3 月，美国商务部拟定了《安全港协议》（Safe Harbor Agreement），根据该协议，美国联邦贸易委员会与交通部管辖的组织，可自愿参与到安全港项目中来。该项目坚持行业自律的模式，由参与者承诺遵守安全港原则，负责个人资料管理，对员工进行培训，接受消费者申诉，每过一年都会通过书面方式保证组织会继续遵守美国—欧盟安全港框架的原则。参与者可以对其自身遵守安全港原则的情况进行自我评估，也可聘请第三方机构进行评估。欧盟委员会在 2000 年 7 月做出了"安全港决定"。该决定认为美国的安全港原则遵循了欧盟指令，达到了充分保护的标准。爱尔兰数据主管部门就是以《安全港协议》驳回了施雷姆斯的申诉。

施雷姆斯在其申诉被驳回后将此案辗转上诉至欧盟司法机构。2015 年 10

月 6 日，欧盟最高司法机构——欧洲法院做出关键性判决。欧洲法院认为美国法律允许公权力部门大范围查阅私人电子通信信息内容的做法严重损害到私人生活应得到尊重的基本权利。美国未能对传输到其境内的欧盟公民的个人数据提供有效保护。脸书等公司在欧洲的分支机构应立即停止将收集到的欧盟用户的数据传输至美国，欧美 2000 年签署的《安全港协议》失效。

此案件是网络信息隐私保护的里程碑案件。美国网络科技公司今后把采集到的欧洲公民的数据传输至美国将受限制。欧洲法院的此项判决将严重影响欧美之间的数据传输与商业贸易。过去受《安全港协议》保护的 4500 多家美国科技公司，包括脸书、谷歌、亚马逊等美国互联网巨头，在欧洲采集信息后，将欧洲用户的数据信息传输至美国存储分析的运营模式将受影响。美国企业执行欧洲法院的新规，在安全港协议失效，暂无其他制度能够替代安全港协议之前，只能寻求更为昂贵与繁复的方式处理信息资料。现阶段，如果美国企业执行欧洲法院的判决，需要在基础设施上重新部署，也需要在技术上做出调整。这将会耗费大量的时间与金钱，部分美国企业可能因此撤离欧洲。

第四节　预测性分析引发的歧视与差别对待

2012 年 5 月，联合国"全球脉动计划"发布《大数据开发: 机遇与挑战》报告，阐述了大数据在各个行业领域带来的颠覆式改造与创新，指出大数据成为任何人都无法忽视的革命性力量。这份报告对大数据革命做了详细介绍，尤其关注大数据在全球治理领域的预测、预警功能。报告指出，我们处在一个急剧动荡和变幻的社会环境里，很多时候当确凿的事实出现在新闻头条或治理者案头时，通常已太迟，往往需要花费极为高昂的成本进行补救。大数据技术可以很好地解决这一难题。以联合国脉动计划为例，它利用大数据技术对全球范围内的脸书和 Twitter 等互联网文本信息与数据进行实时分析与监测，并使用语言解密软件对互联网用户进行"情绪分析"，可以很好地对某个特定地区的疾病暴发、动乱、种族冲突、失业率等现象提供早期预警。

与此类似，欧洲媒体监测系统每十分钟刷新一次，每天对全球 4000 个网站的 15 万条新闻进行监测，对即将发生的事情进行预警。美国政府使用的"综合危机早期预警系统"，也使用大数据技术，帮助中央情报局与国防部监测全球稳定情况。

2014 年 10 月，全球创新机构 SecondMuse 与世界银行联合发布了《大数据对发展的作用》（Big Data in Action for Development）报告。该报告指出，大数据不仅意味着潜藏的巨大经济价值，它更是提升国家治理和发展能力的新工具。该报告推荐了五个案例模板：利用手机移动终端监测国家真实失业状况；利用互联网高频、实时监测通货膨胀情况；利用农业大数据解决农业治理困境；利用卫星大数据把握气候特征；利用 Twitter 监测国家民众对于食品价格的情绪和承受力。大数据的预测、预警能力在政府治理、经济治理、公共服务与推进商业创新上都能发挥巨大价值。借助大数据工具，预测与预警可以变得更加敏锐、前瞻与细微。

大数据分析除了能创造巨大的社会价值外，政府和私营部门在数据的分析使用中，也可能给个人带来诸多危害。危害包括有形与无形两方面。有形的危害主要是指财产损失，而无形的危害则是对私人生活与名誉的侵害。需要注意的是，大数据所带来的风险绝不仅仅存在于个人信息保护层面，它还包括对个人与特定群体的歧视与差别对待。这种歧视既有可能产生于非有意的、基于大数据结构与分析方法而产生的结果，也可能源自有意的、掠夺弱势群体利益、进行差别对待的意图。

一、算法、个体评分与歧视

算法是处理数据的一系列步骤与指示。它能筛选信息，寻找数据间的模式与关系，将信息生成类别，帮助进行信息分析。算法的步骤由设计者所拥有的知识、动机、价值判断、思维观念及相关预期等因素所决定。需注意的是，依据算法所得出的结论无法将上述任何一个因素予以呈现。从搜索引擎的结果排序到数据库的内容过滤，都有算法的存在，它们为每个变量分配不同的权重影响因子，并最终生成从预测行为到否定机遇的一切决定。

强大的算法在释放企业持有的信息价值的同时，能够惠及分享个人信息的消费者，但这也可能引发歧视与差别对待。在数据访问路径不断拓展与大数据强大分析能力的助益下，现在的许多产品可以通过不同于法律规范下的传统评级机制对个体进行评分。这些产品试图数字化地对包括消费者购买力、个人在社交网站上影响力等在内的任何可能产生价值的事务进行数字量化。这些评分为市场目的而生，它们同时也能在估计健康程度、预测职业安全等方面发挥作用。而评分体系采纳的数字信息、使用的算法都处于商业机构的控制之下，不为个人所知。透明度的缺乏，使得个人无法获得从他们身上直接采集或经过分析后得到的信息。这对于那些身份被盗用或因为一时疏忽行为选择错误的人而言，尤为不利。因为，这不仅会影响到他们的评分，还会使他们参与经济活动的能力受到限制。对于算法驱动下做出的决策，如何在物价、服务、教育及劳动机会的配置方面引发歧视与区别对待，值得进一步检验分析与思考。

二、隐藏的研究计划、价值判断与思维观念

技术本身并不能自主地决定分析哪个问题，也不能指导我们如何去设置分析的模式、放置数据流，更不能告诉我们，在数据处理与其他值得保护的价值发生冲突时，在何时、什么情况下，限制数据信息的处理是公平与合理的。因此，大数据在特定项目中，在界定研究方向、研究计划与研究范围等实质性与伦理性的参数时，并不能完全取代人们所能发挥的作用。同时，大数据的整个调查研究并不需要被限定在一系列收集的有限数据样本中，去证成或去证伪一个假定的科学研究项目的前提。它的研究计划也不需要非常明确，它进行的是相关关系而非因果关系的分析。从这个角度看，它是强大的。从另一个角度看，私营部门进行的大数据分析并未将透明度作为他们追求的目标。研究的方法、研究的计划及用于研究的数据集都是严格保密且不透明的，人们需要有能证伪的方法。这是它遭遇"信任危机"广受批评的一方面，也是数据分析引发歧视与差别对待的一个重要方面。

信息处理的过程被预先设计成对某种预定模式的识别。在信息被识别之前，数据分析系统就已注入有倾向性的观念与思维意识。信息从来都不单单是信息，即便是对某种特定模式的识别，也含有价值判断的成分。哪种情况属于此种模

式，判断的依据，为什么这种模式是值得注意的，如何对内容进行判断，如何在信息数据集里对原始采集来的数据信息进行合理分类等方面，都会受到价值判断与思维观念的影响。创新从来都不是中立的，技术与产品凝结着开发者的价值取向与一些假定与判断，而用户的价值取向与需求也常常会被纳入考虑。很多技术在设计与改进时，都会有一个特定的目标，设计的产品所包含的特定功能会反映并再现那些人们看重的生活、工作方式与相关信念。在不断向大数据时代迈进的社会中，似乎特定的价值与知识受到了特别的强调与青睐。

大数据的技术可以用于定位有价值的潜在消费者，获得消费者盈余管理与分配风险，但预测性分析中潜藏的设计者的价值判断与思维观念是需要引起人们重视的，这也是数据分析引发歧视与差别对待的一个重要方面。

三、数据分析与利用缺乏正当程序保障

行为与数据采集方面，对主体行为与偏好的数据采集是一个长期以来为社会科学研究所关注的问题。对此问题的关注促进了研究方法的设计往精细化方向发展，以尽量避免分析结果失真。我们看到，对大数据的批评，有一点源自它在采集数据时并未得到信息主体的同意，多数情况下信息主体甚至并不知情。数据的采集、分析、使用不仅脱离了公众监督，而且还使主体受制于预测性分析的判断，再加上大数据的应用过程本身会引导人们的行为与选择偏好，因此，在这样的路径依赖下会导致分析结果并不完全可靠。应该看到，一些非常常见的大数据的应用存在程序与伦理上的不足。当下，由大量商业实体部署并展开的大数据的分析与应用普遍缺乏传统意义上要求的程序与伦理保障。通过大数据分析进行的与人类活动密切相关的研究缺乏控制与监管，也没有一个机构审查委员会能对大数据的分析与应用进行复审。

数据的采集、分析行为，不仅会给私生活带来滋扰，也助长了歧视行为。歧视会导致部分人群被剥夺工作，被拒绝抵押贷款，被拒绝假释，被拒绝接受医疗，等等。比如，在信用贷款领域，公民在是否能取得贷款的机会上应当是平等的，但信贷机构已开始使用大数据的算法去分析、识别并避免将贷款贷给信用评分低的人，同时发布的信贷广告也会非常具有针对性，将会避免信贷评

分低的候选人看到那些有利于他们的信贷信息。

　　大数据在社会特定领域如就业、信贷、保险、医疗、住房、教育、执法等领域的应用，不仅有能力规避现存的反歧视的规定，而且极可能在数据的分析应用中做出对一些社会群体的歧视决策。以美国为例，几十年来，在避免没有正当、合理理由的差别对待方面已经出台过很多禁止性规定。如在房地产领域，禁止人们因为种族、性别、宗教信仰、家庭经济状况、国籍的原因，拒绝出售或者出租房屋。执法者可以去查阅出租或出售者在特定媒体上发布的广告，以审阅是否在语言上有明示的或者是暗示性的歧视性表述。大数据使得房东及地产商能够使用代替具有歧视倾向的词语来避免可能遭遇的歧视审查。因此，立法与监管保障应管理个人信息在以上领域的使用方式。当预测性算法在特定领域与特定情况下被允许使用时，那些帮助做出决策的数据信息也应保持一定的透明度，且在不正确时能得到修正。当个人的权利或应当获得的某些机会受到数据分析决策的影响时，个人应当获得正当程序的保障，不仅有权了解做出决策所依据的信息，而且当信息有误，有权从根本上进行纠正。

第四章 传统个人信息保护框架难以应对时代变化

传统框架以个人信息的定义作为法律保护个人信息的前提与边界，对个人信息的界定一般以身份的"可识别性"为标准。尽管这是一个开放的法律界定，但从 20 世纪 70 年代个人信息保护法诞生之初来看，具有身份"可识别性"的信息较为有限，此种定义方法能满足当时的需要。个人信息保护的基本原则也能为信息保护的具体规则提供有效指引。然而，随着大数据时代的来临，技术变革、信息共享以及数据再识别已使得个人身份可识别信息的范围不断拓展，法律保护边界愈发模糊，准确界定个人信息的保护范围面临诸多困境。失之过窄，无法规制大数据环境下数据利用的风险；失之过宽，无法在公民个人权利的保护与促进技术发展之间做好平衡。而传统信息保护的规制手段，"告知—同意"框架、匿名化、模糊化技术逐渐失去效用。现阶段，尚无很好的办法解决通过技术手段从匿名化、模糊化数据中挖掘用户真实身份的行为，也缺少有效的方法解决"告知—同意"框架有效性不足的问题。数据信息中潜藏的价值已使得政府、企业走在了对个人信息如饥似渴的追逐道路上。通过使用新的方法学，回避现行个人信息保护的方式，信息控制者、信息处理者有效地绕过了现行监管模式，这也毁掉了人们对信息的控制。在经济利益的刺激下，信息保护的基本原则被普遍违反，形同虚设，责任追究难度加大，而已有的法律制度与行业自律模式又远远滞后于信息技术的发展。大数据时代，传统个人信息保护框架难以应对时代挑战。

第一节 法律的制度性缺陷与行业自律的局限

伴随着信息处理方式的数字化发展，人们享受信息技术飞速发展带来的便捷生活的同时，个人信息也面临着潜藏的巨大风险。个人信息处理日益增多，矛盾也越加凸显。早在 1968 年，联合国在庆祝《世界人权宣言》发表 20 周年的会议上，就提出保护公民信息隐私的问题，并得到了发达国家的重视。1980年经济合作与发展组织（OECD）制定了《隐私保护与个人数据跨境流动指导方针》，该方针成为个人数据保护领域第一部重要的国际性质的立法；1981 年，欧洲系列条约第 108 号——《有关个人数据自动化处理之个人保护公约》颁布；1990 年，联合国大会通过《关于计算机处理的个人数据文件指南》。如今，世界上大部分国家都已建立或正在建立个人信息保护制度。

一、欧盟个人数据保护的现状与不足

半个世纪以来，个人信息保护的立法运动已成为全球范围内最令人瞩目的立法运动之一。截至目前，已有 90 多个国家制定了与个人信息保护相关的专门性立法。世界上第一部专门保护个人数据的立法源自 1970 年德国黑森州制定的《黑森州数据法》。而世界上第一部全国性的个人数据保护法是 1973 年《瑞典数据法》，该法要求成立一个专门对个人信息进行保护的机构，未经该机构批准，任何人不得私自处理个人信息。1977 年，德国制定了全国性的《联邦个人数据保护法》（1990 年修订），该法以一般人格权与信息自决权为请求权基础，提供对个人信息的统一保护。确立了信息保护的基本原则、个人信息权基本内容、监督机关、损害赔偿制度。1978 年法国通过了《信息、档案与自由法》，该法规定对个人信息的处理不得损及个人的人格、身份及私生活方面的权利。1981 年冰岛通过了《有关个人数据处理法》。1984 年英国通过了《英国数据保护法》。1988 年爱尔兰通过了《个人数据保护法》。1991 年葡萄牙通过《个人数据保护法》。1992 年比利时通过《个人数据保护法》。1998 年荷兰通过了《个人数据保护法》。

为了统一各成员国法律，1995 年欧盟颁布了《欧洲议会和欧盟理事会 1995年 10 月 24 日关于涉及个人数据处理有关的个人保护以及此类数据自由流动的指令》（以下简称欧盟 1995 年《数据保护指令》）。该指令于 1998 年 10 月 25日生效。指令对个人数据处理的一般原则、司法救济、向第三国转移个人数据、监管机构和执行措施等进行了规定。欧盟要求所有成员国都要制定各自的数据保护法，国内的数据保护法应当囊括该指令的所有要素。该指令颁布后，各国纷纷依照该指令对个人数据保护法进行了修订。1995 年欧盟《数据保护指令》的立法指导思想是要在保护信息处理中个人利益的基础上，兼顾信息的自由流动。该指令成为数据信息保护领域的国际引领。它引入了在后来取得广泛共识的信息处理的原则与概念，比如目的限制原则、数据质量原则等。基于该指令，一个在欧盟范围内数据保护的统一法律框架建立起来，这促进了欧盟成员国内部个人信息保护的跨境政策对话与自由流动的数据内部市场的建立。

应当注意，1995 年欧盟《数据保护指令》出台后，为弥补该指令的不足，2002 年，欧盟又发布了《欧洲议会和欧盟理事会 2002 年 7 月 12 日关于电子通信领域个人数据处理和隐私保护指令》（以下简称《欧盟隐私和电子通信指令》）。该指令在信息的保密性、对业务资料的对待、垃圾电邮与 cookies（储存在用户本地终端上的数据）的处理方面都对 1995 年欧盟《数据保护指令》的不足给予了弥补。该指令适用于欧盟范围内在公共通信网络中提供公共电子通信服务的企业处理个人数据的行为，旨在解决电子通信领域无线电通信、传真、电邮、互联网及其他类似服务中的数据保护问题。

2006 年，欧盟颁布《欧洲议会和欧盟理事会 2006 年 3 月 15 日关于存留因提供公用电子通信服务或者公共通信网络而产生或处理的数据及修订第 2002/58/EC 号指令的第 2006/24/EC 号指令》（以下简称《欧盟数据留存指令》）。该指令以义务性规则为主，旨在为欧盟成员国内公共电子通信服务商处理和留存其商业数据树立准则，并确保此类商业机构所掌握的用户数据信息能被用于侦破影响恶劣的刑事案件与打击危害国家安全的犯罪活动。该指令要求无线电通信企业保留各种数据，包括呼入、呼出的电话号码、通话时长、IP 地址、网络登录、退出时间以及电子邮件的活动细节。这些数据的保留时间由各成员国自主决定，最短不少于 6 个月，最长不超过 24 个月。该指令在欧洲受到的批评最多，设计的初衷是为了预防与处理与恐怖活动相关的犯罪。虽然，欧盟诸多成员国最初都拒绝将该指令转化成国内法，但多数国家还是在 2008 年开始执行该指令。

作为个人信息保护的发祥地，欧洲的个人信息保护经历了如下发展阶段。

第一阶段，集中在 20 世纪 70 年代早期。这一阶段，个人信息保护的立法目的并未着眼于个人信息的保护，而着眼于满足信息控制者处理个人信息的需求，实现信息处理的社会功能。即使这当中有部分个人权利的体现，但追根溯源，其立法本意并非从保护个人信息权利的角度出发，而是从更好地实现信息控制者对个人信息处理需求的角度出发。这从立法文字所使用的相关概念的选择与定位上可见一斑。这一阶段立法措辞使用了一些技术性很强的概念，如资料文档、资料记录等，并未使用信息、隐私等概念。从 20 世纪 70 年代晚期开始，个人信息保护的立法工作进入到发展历程的第二阶段。此一阶段，立法者的立法理念开始转变，立法的重心转移到对个人信息权利的保护上。不过此一阶段，对信息主体的信息权利的保护，往往仅具宣示意义。信息主体很少有机会能真正参与到对自身信息的处理活动中来，其无法实现对个人数据信息的控制。进入到 20 世纪 90 年代，个人信息保护从发展历程上看，迈入第三阶段。此一阶段的立法工作主要围绕第二阶段个人信息保护存在的弊端而展开。立法的直接目的是要保障信息处理活动中，信息主体个人权利的实现，使信息主体享有的权利从字面的宣誓性的权利转化为一项行动中的权利。这一阶段，个人对自身信息的控制性权利得到强化并逐步迈向制度化。步入 20 世纪 90 年代后期，个人信息的立法保护工作进入到第四个发展阶段。此一阶段，立法者认识到，信息主体在个人信息的一系列处理活动中处于劣势地位，因此，为了减少信息主体与信息控制者、信息处理者之间的力量悬殊，立法机构主要从以下两方面加强立法工作：增强信息主体相对于信息控制者、信息处理者的地位；对前两个发展阶段中，立法所倡导的个人权利给予强行法保护。这一时期，部门个人信息保护规范得到了较为充分的发展。

由于信息技术的发展，最近的二十年，与互联网相关的诸多技术已使经济与社会交往全球化。巨大的变化给欧洲带来了两个法律问题：

第一，对于绝大多数欧洲国家来说，他们的法律已有非常久远的历史了。比如，德国的民法典已经有 120 多年历史，奥地利的民法典甚至可以追溯到 18 世纪。纵然欧盟出台了相关指令以应对信息技术的发展，但在指令出台的年代，很多信息技术，比如 web.2.0，很多设备，比如智能手机以及像 Google、亚马逊以及大型社交网站及云计算服务商所提供的服务都还没出现。毫无疑问，这样的传统法律框架不能跟上日新月异的技术发展步伐，信息技术的发展已把法律、指令遥遥抛在身后。这些因素结合在一起，引发了人们对 1995 年欧盟《数据保护指令》能否为个人信息提供充分保护的审视。

第二，虽然欧盟 1995 年《数据保护指令》因其确立的信息处理核心原则得到广泛赞誉，但它的执行效果却受到人们的质疑与批评。同时，欧盟是一个有 28 个主权国的联盟，传统的法律规则一般是在一国主权范围内发生效力，但互联网遍布全球，通过信息技术手段开展的经济、社会活动往往会出现数据跨境的问题。欧盟境内与数据保护相关的指令并不能直接约束 28 个成员国，它需要转化成各国内部的法律才能在一个主权国家的范围内发生效力。查明一个需要规制的问题，把它落实到指令中并转化成国内法，往往会耗时 4 ~ 5 年。立法的周期过长。指令转化为国内法生效后，立法前期讨论中无法预见的新问题又可能出现，而 4 ~ 5 年前立法中认为值得规制的问题或许由于技术的发展，已没必要再予规制。

信息技术领域的立法需要紧跟时代的节拍，加快立法的节奏。考虑到欧盟现行立法的不足与信息技术领域日新月异的发展，欧盟推动了《通用数据保护条例》的出台（2012 年欧委会草案）。公民自由、司法和内政事务委员会（LIBE）在 2013 年 10 月 21 日公布了它的修订文本，欧洲议会在 2014 年 3 月也对外公布了经过一读程序后的修订文本，2016 年 4 月 14 日，欧洲议会投票通过了商讨四年的《通用数据保护条例》，其于 2018 年 5 月 25 日正式生效。

值得一提的是，新条例不再以指令的形式存在，不需经过国内立法转化，经欧洲立法机构同意通过并生效后，便能在全欧盟 28 个国家统一适用。欧盟准备以此种方式应对立法周期过长的弊端。新条例的主要事项集中在推行隐私的默认设置、强化用户知情同意、坚实增加个人信息权内容、加大惩处力度与问责机制、强化监管与救济。须看到，这些规定可能会使欧洲逐渐成为一块过度监管的区域，在提高个人信息保护标准的同时，增加企业的合规成本，阻碍数据商业价值的开发，使得欧洲成为安全但同时在发展 B2C 信息技术商业领域方面没有吸引力的地区，缺乏国际竞争优势。这样的规制会促使欧洲境内的公司调整行为以更好地遵守法律的规定与要求，但在国际对比的层面，会给公司的发展带来负面的影响，特别是与信息处理规制较少的亚洲相比。

二、美国个人信息保护的现状与不足

美国个人信息的保护是建构在隐私权基础上的，其隐私保护的立法分散，以行业自律为主导。立法层面，主要体现在以下方面：1974 年出台的《隐私法案》，该法案是第一部个人隐私保护领域的综合性联邦立法；1974 年出台了《家庭教育权和隐私法案》；1978 年《财务隐私权利法》；1980 年《隐私保护法》；1986 年《电子通信隐私法案》；1988《录像隐私保护法》；1991 年《电话购物消费者保护法》；1994 年《驾驶员隐私保护法》；1998 年《儿童网上隐私保护法》；1999 年《金融服务现代化法》；2003 年《反垃圾邮件法》；2015 年 2 月，美国白宫还公布了修订后的《消费者隐私权法案（草案）》。

美国在个人信息的保护方面，采用了两种方式：一种是立法模式，一种是行业自律模式。虽然上述立法对个人信息的保护提出了要求，但国会的立法仅发挥补充与辅助作用。美国在个人信息保护方面主要采取的是政策性引导下的行业自律模式。行业自律模式由行业规范实现个人信息权利的保护与信息自由流动间的平衡。与欧盟统一立法保护模式所不同的是，美国并没有一部综合性、统领性的保护个人信息的法律，其在个人信息的立法保护方面，往往区分不同事项、不同行业与领域，分别进行保护。行业自律的主要形式包括网络隐私认证计划、行业指引、技术保护与企业自律等。

行业自律模式体现在如下方面：

第一，建议性的行业指引。大多由保护个人信息的自律组织制定，参加组织的成员承诺遵守行业指导性原则。如美国隐私在线联盟，这是一个产业联盟，该联盟成立于 1998 年，同年 6 月，该组织公布了《在线隐私指引》，联盟成员线上采集用户个人信息时，需遵守该指引的要求。美国隐私在线联盟并不监督该指引贯彻执行的情况，对违反该指引的行为也不施以制裁。其公布《在线隐私指引》的意义与作用，仅仅是为联盟成员提供一个参考范本，联盟成员需保证其制定的隐私保护政策的保护力度满足联盟隐私保护指引的要求。

第二，网络隐私认证计划。这是非官方机构发展出的一种自律认证模式。该认证计划通过对达到个人信息保护相应标准的机构颁发隐私认证的模式，督促相关机构加强个人信息的保护。 TRUSTe是这当中较为知名的网络认证组织，它的认证项目由两部分组成，分别为一般网络隐私项目要求（General Web Privacy Program Requirements） 和特别认证项目要求（Specific Seal Program Requirements） 。作为一家独立的非营利组织，此组织的一般网络隐私项目，要求所有经过认证的成员网站都有隐私声明，能为消费者提供对其信息的控制权，有相应的安全措施并配置争议纠纷的投诉解决程序。而特别认证的项目包括儿童隐私认证项目、欧盟安全港认证项目和电子邮件隐私认证项目。此类网络隐私保护的认证组织能给予的最严厉的处罚是取消认证。

美国倚重行业自律模式，是出于对自由政策的传统、快速发展的网络技术、冗长烦琐的立法程序与业已形成的利益分配格局的考量。在信息技术发展日新月异的年代，美国虽然能根据每个行业各自的特点，有针对性地对不同行业的信息采集、处理、利用行为进行规制，但行业自律模式也存在如下方面的明显不足：

第一，缺乏强制力。行业自律规范往往缺乏完善的纠纷解决程序，其投诉与争端解决机制并不完善。当发生争议时，行业自律规范很难作为裁判依据在司法裁判中被直接援引。

第二，普遍性不足。行业自律的前提是企业的自愿参与。以美国在线隐私联盟为例，其成员最多时曾达到80多个，现已缩减至30多个。虽然其中不乏全球顶尖的互联网公司与协会组织，但相较于成千上万的企业而言，在普遍性上仍显不足，大部分企业仍游离于自律规范之外。

第三，合法性质疑。行业制定的自律规范往往会强调行业对个人信息所享有的财产利益，大多数行业与机构往往会主张它们收集、处理、利用的信息资源是属于它们的财产，它们有权以其认为恰当的方式对信息进行处理。而个人信息财产权与机构团体的信息财产权明显相悖。

第四，效果不理想。美国所倚重的行业自律模式并未构建出一个保护个人信息的良好环境。众多企业在隐私治理及安全防范措施的落实方面都存在诸多不足。美国的行业自律模式曾受到来自欧盟1995年《数据保护指令》的挑战。欧盟在《数据保护指令》中要求，所有与欧盟进行贸易的国家，对欧盟公民个人数据的保护，要达到欧盟认定的"充分性"标准，欧盟境内的个人数据信息才能传输到该国境内。美国政府迫于可能中断的数据传输引发的影响美欧贸易的压力，及时推出了"安全港原则"来调和行业自律的不足，使与欧盟有经济往来、涉及信息储存、处理的美国企业，在数据保护方面能够达到1995年欧盟《数据保护指令》的保护标准。可"安全港协议"已于2015年10月6日被欧洲法院宣布为无效。

总体来看，欧洲国家对个人信息的保护往往是通过自上而下的严格立法、对个人信息使用进行限制以及信息主体的明确同意来实现的。欧盟将个人信息的保护视为一项超越了其他权利的基本权利。美国隐私法关注的重点是矫正对消费者隐私产生侵害的行为，在隐私保护与有效率的商业交易之间找寻平衡，通过在特定领域、如金融、医疗、信用体系等领域实施特别规则来管控侵害隐私的风险。美国对与隐私保护范围相关的"个人身份可识别信息"的界定较窄。事实上，美国信息隐私的保护，立法分散，欠缺整体规划，倚重行业自律，很少有能够适用于信息保护全领域的普适规则。这当中存在诸多不足，但这也为产品与服务的创新留下更多的空间。

第二节　保护边界的模糊与范围的扩展

传统认知框架下，借助法律保护个人信息，必须首先明确何谓个人信息，因此，对个人信息的清晰界定便成为通过法律手段对个人信息进行保护的前提与边界。它成为个人信息保护法中的核心概念。就此而言，确定所涉信息是否为个人信息构成个人信息保护法适用的首要前提。在个人信息的定义方面，理论界有三种较具代表性的观点：第一，关联型定义法。此种定义法将所有与个人相关联的信息均认定为个人信息。基于此种认知，个人信息被界定如下："人之内心、身体、身份、地位及其他关于个人之一切事项之事实、判断、评价等之所有信息在内……"第二，隐私权说型定义法。据此，个人信息被界定为："社会中多数所不愿向外透露者（除了对朋友、家人等之外）；或是个人极敏感而不愿他人知道者（如多数人不在意他人知道自己的身高，但有人则对其身高极为敏感，不欲外人知道）。"第三，识别型定义法。此种定义方式将个人信息定义为能直接或间接识别出个人的信息，例如《OECD 个人资料保护指南》第1 条（b）的规定。上述三种定义方式，关联说定义方式失之过宽，隐私权说定义方式失之过窄，而识别型定义模式被较多国家与国际组织采用。

就传统的识别型定义法而言，"识别"构成判定个人信息的核心标准。"可识别性"是个人信息最为重要的特征，包括直接的识别及间接识别。虽然这一法律上的界定足够开放，但在个人信息保护法诞生之初，即 20 世纪 70 年代，除姓名、身份证号码、家庭住址和电话号码之外，能被归入"身份识别性"信息之列的信息种类还相当有限。然而，个人信息的保护范围在不断扩展。针对这一发展趋势及其带来的影响，1995 年欧盟出台的《数据保护指令》在个人信息保护范围的界定方面做出两方面的限定：一是强调数据可识别的可能性，二是强调数据可识别的合理性。基于上述限制，那些需要支出高额费用或克服较大困难才能被识别的信息，不应纳入保护范围，这一限制是从比例原则的角度进行的考量。事实上，《数据保护指令》的这一范围限制是极有必要的，因为它避免了个人信息保护范围不适当的扩大化。

然而，随着互联网技术的迅猛发展，个人信息保护法的适用环境发生重大改变。而大数据的出现，也不断地扩展着个人信息的保护边界。当下，人们可以轻易、便捷地获取网络中大量可资利用的多重数据源，这些来源不同的多重数据，可以通过新兴信息分析技术被有效地关联和聚合起来，人们将非个人信息转化成个人信息，识别出信息主体的能力已大为提升。与数十年前不同，获取信息及从信息中恢复身份属性的成本已不再是一个高不可攀的门槛；相反，随着大数据的蓬勃兴起，此类成本正在急速下降。对于已经进行的匿名化操作，去除掉身份特征的姓名，可通过数据分析，重新恢复数据的身份属性。

鉴于信息技术和大数据正在飞速发展的事实，在如何合理有效推进个人信息保护方面，将不得不面对如下两个难题：倘若固守个人信息保护法的传统思维，严格界定"个人信息"，那么如何规制大数据环境下数据利用的安全风险？倘若扩大个人信息的边界，顺应时代发展的浪潮，那么这一边界止于何处，才能在法律上重新寻获保护公民个人权利与促进技术发展之间新的平衡点？

一、个人信息的现行识别性定义模式

目前，针对个人信息的界定，"个人身份可识别信息"成为识别型定义法普遍采用的概念。对此概念的界定主要包括以下三种模式。分别为：第一，用语反复累赘的定义方式；第二，非公开的定义方式；第三，特殊类型的定义方式。

用语反复累赘的定义方式，如欧盟1995年《数据保护指令》第2(a)条将"个人数据"界定为"已被识别的或者可被识别自然人的任何信息"。美国《视频隐私保护法案》，立法者将"个人身份可识别信息"定义为"可以识别某个具体个人的信息"。此种定义方式的优点是富有弹性与开放性，能够随着技术与时代的发展而变化，但毫无疑问的是，此定义方式也有无法避免的缺点，即事实上这样的定义等于没有给此概念下定义，其根本没有解释清楚何为"个人身份可识别信息"，如何将"个人身份可识别信息"与其他信息进行区分。

而非公开的定义方式，主要是从问题的相反面来对"个人身份可识别信息"进行界定，其并没有对哪些信息属于"个人身份可识别信息"作正面回答。此种定义方式认为，除开公众能获取的信息与统计学信息外，其他个人信息都是"个人身份可识别信息"。此种定义方式并未获得相关立法的认可与支持。事实上数据信息的保密或者公开与其能否用于识别具体的个人之间并无必然联系。比如，一个人的住址与姓名能够清楚地将此人识别出来，但是这两项信息集合在一起，也有可能被视为是公共信息，列入电话簿中。而在该定义下，这样的信息集合属于公共信息，这将会与人们希望法律保护这些信息的愿望相抵触。非公开的定义方式会使得人们的很多隐私利益得不到保护。

而特殊类型的定义方式是一种列举方式，如果某项信息属于定义中列举出的信息，则该信息就属于"个人身份可识别信息"。此种定义方式会导致"个人身份可识别信息"的界定范围过于狭窄。以美国《加利福尼亚州宋贝弗利信用卡法》对"个人身份可识别信息"的界定为例，此类信息仅包括名字和其他类似信息，如驾照号码、金融账户号码、社保号码。但除上述信息，还有很多其他的信息可以识别一个人的身份，如基因信息、指纹、个人敏感的医疗信息等。绝大多数人都会在意此类信息，希望此类信息能够受到重视并得到保护，但是这些信息都不属于《加利福尼亚州宋贝弗利信用卡法》所界定的"个人身份可识别信息"的范畴。

我们看到，上述三种定义方式都存在一些瑕疵。反复累赘的界定方式只是引出应如何定义"个人身份可识别信息"这个问题。非公开的定义方式从"个人身份可识别信息"的反面进行界定，该定义方法关注的是哪些信息属于私人信息，哪些信息属于公共信息。此种定义模式无法解决哪些信息属于"个人身份可识别信息"的问题，它只是解决了如何区分公共信息与私人信息的问题。而特殊类型的定义方式，只是进行一些简单列举，该定义方式并未对"个人身份可识别信息"进行概念界定，也没为我们提供如何界定某类信息是否属于清单中所列项目的方法。个人信息保护的立法界与学术界，都需认真面对并解决"个人身份可识别信息"这一问题。

二、界定个人信息保护范围面临的四重困境

就个人信息保护的范围而言，起决定性作用的乃是"个人身份可识别信息"的内涵。作为个人信息保护领域的核心概念，对其进行定义，面临诸多难题，这些难题主要体现在以下四个方面：首先，网络上，许多人对匿名的认识有着误解。一些人会认为，只要他们没有在网络上使用自己的真实姓名，他们就处于匿名状态，但是，随着静态 IP 的广泛应用，只要电脑与互联网相连接，这个地址就是可识别的。其次，有些信息最初并不属于"个人身份可识别信息"，但可能会在之后变为"个人身份可识别信息"。比如营销人员可能会把不同类型的非"个人身份可识别信息"集合起来，对数据进行融合与交叉验证，技术的发展使得通过此种方式将一些信息与具体的个人联系起来成为可能。再次，技术本身也在不断进步，这会导致"个人身份可识别信息"与"非个人身份可识别信息"之间的界限发生变化。最后，在区分这两类信息时，应当考虑到具体的情境。以下，我们将从"个人身份可识别信息"所面临的这四重困境着手，分别予以分析阐述。

（一）身份的可追踪性与 IP 地址

前文已经述及，不乏有人认为，只要在上网时不使用真实姓名，或在评论

他人社交网站上的内容、博客时，不留下特定的能够识别个人身份的信息，则他们在互联网上的大部分行为都将是匿名的，其他人不会知道他们的真实身份，这就是匿名幻想。表面上看，人们似乎能够隐藏身份，做很多"匿名"的事儿，但事实上，这只是一种不切实际的幻想。互联网上所谓的"匿名"，还不如一块面纱对个人信息隐私的保护。

互联网上的匿名并不意味着事实上的不可追踪性，互联网协议地址即 IP 地址事实上已经在技术上把可追踪性的问题解决了。IP 地址是一种特定的标识物，每一台联网的电脑都会分配得到一个唯一的地址。从拨号上网到静态宽带上网的时代，网络服务商能清楚、准确地将某个具体的人与某个具体的 IP 地址对应起来。当互联网用户采用拨号的方式上网时，用户每一次连接互联网，系统都会随机分配一个 IP 地址，同时，在同一天当中，不同的用户在不同的时间中可能使用同一个 IP 地址，而拨号上网的互联网协议通常不会长时间保存随机分配的 IP 地址记录。因此，在拨号上网的模式下，用户想通过 IP 地址辨识相对方的身份，几乎不太可能。但是，人们现在已经不再使用拨号的方式上网，绝大部分用户都是采用宽带上网的方式，而如果用户没有改变宽带账号或者 DSL，则用户每次浏览网站所使用的 IP 地址都将是不可改变的。当每一 IP 地址都和某一个具体的电脑终端相连接时，通过 IP 地址辨识用户身份的可能性将是非常大的。

在互联网上实现匿名只是人们的一种幻想。当用户浏览网页时，网页管理者一般知道网页浏览者的 IP 地址，虽然 IP 地址并没有与某个具体的个人相联系，但如果第三方一旦知道某个具体的 IP 地址所对应的用户网络协议，第三方就能知晓上网账号的用户身份。有人会认为，在公司或者家里，如果出现共用电脑的情况，会使得 IP 地址无法自动识别用户身份，但事实上，我们是能够通过其他方式来确定谁在某个具体的时间使用了此台电脑的。如家庭成员或公司职员在登录自己邮箱时输入的特定密码。此种方式，能够帮助我们确定谁在特定时间使用了此台电脑。

我们还应看到，当今的技术发展已经使得人们即使没有互联网服务协议的账号信息，通过 IP 地址也能查明网络用户的具体身份。如通过追踪看似匿名，在不同网页下留下的同源数据的方式，就可以分析出互联网用户的身份。有三位科学家在研究中发现了这种识别方式。他们举了这样的例子，当用户浏览不同网页时，不同的网页都留下了用户的 IP 地址信息，同时，用户可能会在某个网站留下自己准确的身份信息。如在进行网络购物时，留下自己准确的收货地址，而通过对某个具体的 IP 地址在不同网页中留下的身份信息进行交叉验证以及将用户的访问模式和已被识别的顾客名单对应起来的方式，用户的 IP 地址与用户的姓名就能对应起来。事实上，在互联网时代，要在网络上实现匿名是一件不太可能的事儿。

（二）数据信息的再识别

在数据信息再识别方面，技术的进步已经使得"个人身份可识别信息"与"非个人身份可识别信息"的两分法面临挑战。因为，信息技术的发展已经使得将不同类别的"非个人身份可识别信息"集合起来，并将此类信息转化为"个人身份可识别信息"的技术变得成熟。计算机科学家斯维尼（Latanya Sweeney）曾作了一项研究，该项研究揭示出将出生日期、邮编、性别这三项内容结合起来，基本可以确定一个人的身份，且成功概率高达 87%。然而，出生日期、邮编、性别这三项信息都不属于"个人身份可识别信息"，不属于让人感到尴尬的信息范畴，也不属于私密信息或敏感信息的范畴。

"非个人身份可识别信息"转化成"个人身份可识别信息"的情况是常见的。两位科学家沙马提科夫（Vitaly Shmatikov）和纳拉亚南（Arvind Narayanan）对在线影视出租服务的分析揭示出，即便人们对公用网络电影的评价以匿名方式进行，具体个人的真实身份还是有可能被识别出来。如 Netflix，这家有名的在线观看电影的网站，为提高该公司电影软件的预测能力，公司网站的电影评价功能向社会公众开放。两位学者指出，只要给用户在网络电影数据库中评价电影的选择，他们就能在 Netflix 系统中识别出此用户的电影评价，即使用户在这个评价系统中采用的是匿名评价方式，他们也能通过该方法确定"匿名"用户的身份。人们的信息被采集得越多，其身份被识别的可能性也就越大。当这些信息集合在一起时，这些信息就能创造出更多的其他信息，想要自己的数据不被识别比较困难。在 Northwestern Memorial Hospital v.Ashcroft 案件中，波斯纳法官已经意识到，那些没有被识别的数据信息能够重新被识别。该案中，政府要求法院颁发传票以便政府取得 45 名堕胎妇女的医疗记录，政府承诺对那些能识别出这些妇女身份的信息进行编辑，用于医疗科学研究，并保证这些妇女的身份不被泄露。波斯纳法官认为，政府即便这样处理，也会侵害病人的隐私。因为如果有人认识这些妇女，且此人善于利用互联网搜索工具，其将会在包含有个人病史的医疗记录中筛选出与她们相关的信息。而搜索工具只是通过数据分析将不同信息联系在一起的工具而已。经过数据分析，将不同类别的信息联系在一起，就能确定出他人的真实身份。学者 Ohm 指出，计算机科学家早已向我们展示出，他们能以令人惊讶的轻松方式，重新识别或去匿名化操作匿名数据中的个人信息。在人们的认知中早已存在一个错误的观念，认为自己在现实生活中拥有的隐私保护与自己想象中拥有的隐私保护一样多，而真实的情形却相去甚远，现实拥有的隐私保护比人们的认知少很多，而监管机构和法学学者对此却少有关注，令人惊讶的去匿名化技术的发展应该得到更多的关注。

（三）技术变革与信息共享带来的难题

1977 年，美国隐私保护研究委员会就已指出，电脑及远程交流技术的运用与发展给个人信息的保存带来的难题，即人们无法参与并掌控自身信息在将来如何被使用的活动。事实上，"个人身份可识别信息"与"非个人身份可识别信息"之间的界限并非固定不变，它们之间的界限受技术的影响很大。一些在现阶段看起来属于非个人身份可识别的信息，在将来可能转变成个人身份可识别信息。另外，个人信息在网络中的广泛存在与离线记录系统的存在，也是导致未被识别的数据能被重新识别的重要原因。

总体来看，一项未能被识别的信息能否转变成可以重新识别的信息，取决于网络公司的行为以及技术的变化。不同的数据间有很多共同的元素，信息的获取变得越来越容易，信息比对与交叉验证等技术的更迭，将使得信息的识别变得更容易。这类网络公司将未被识别的信息与已识别的信息联系在一起，将会变得更为容易。

（四）身份识别与具体情境

判断某项信息是否属于"个人身份可识别信息"是一件复杂的事情。从抽象意义的角度来界定"个人身份可识别信息"是不恰当的。因为，同一种信息在不同的使用环境下，它的性质可能发生变化。比如，通过搜索引擎工具查询得来的信息是匿名的，从抽象层面来看，该信息就属于"非个人身份可识别信息"。然而，我们搜索查询得来的信息是否属于"个人身份可识别信息"，需要结合具体情境来考虑。如果用户启用了联合搜索，进行交叉验证，用户就极有可能识别出搜索对象的身份。网络搜索功能的提高潜移默化地使得人们更容易被识别。因此，对个人身份可识别信息的界定，需要结合该信息所使用的具体环境通盘考量。

大数据时代，随着信息技术的推进，用于个人身份识别的信息越来越多，识别的方法也愈加先进。由此，个人信息保护的边界愈发模糊，保护范围不断扩展，问题也愈发突出。以往并非属于个人信息的数据，可能通过对比与关联识别出个人身份。信息的性质是动态的，无法脱离具体场景对其做抽象界定。已有学者指出，大数据环境下，已经没有绝对意义上的非个人信息。

第三节　规制手段的失灵

一、"告知—同意"框架

"告知—同意"规则被美国联邦贸易委员会认定为线上隐私保护的"最为重要的原则"。在过去十五年里，联邦贸易委员会与白宫将"告知—同意"作为首选的保护消费者线上隐私的机制予以推进。该规则体现的是行业自律模式与个人对信息进行的自我管理与控制。此规则成为个人信息保护的主要规制手段之一，适用范围最广。

虽然得到了部分评论者与政策制定者的赞赏，但"告知—同意"规则同样招致广泛的批评。

（一）普遍应用与评论者的赞赏

"告知—同意"框架下，信息主体有权权衡披露个人信息的利弊，并决定是否同意他人收集、处理、利用其个人信息。此规则要求信息控制者和信息处理者在收集、处理数据前事先告知用户，并得到用户明示或默示的许可同意。事实上，此制度设计的目的是希望实现个人对自身信息的控制。理论上，该制度将个人信息收集与使用的权利交给个人，保留了用户在个人信息领域的自治空间。赞赏"告知—同意"的学者认为，该规则能发挥替代监管的作用，更灵活，易于执行，实施起来成本也低廉。此外，"告知—同意"机制下，只要能取得信息主体对数据使用的同意，就能合法化信息处理的行为。每个个体的隐私倾向不同，一些人把隐私的价值看得轻，他们愿意用隐私交换产品、服务或他们更为看重的信息，而"告知—同意"机制的灵活性能避免武断地为个人信息的保护设置一个整齐划一的标准。"告知—同意"机制的广泛应用避免了公权力对合法商业利益的过度管制。过度监管会扼杀创新、阻碍竞争。该机制强调用户自治，以避免过度监管引发僵硬、刻板的后果。"告知—同意"机制成为采用法律与行政规章对个人信息进行规制外的另一选择。

（二）有效性不足

尽管"告知—同意"机制有上述优势，该规则也面临诸多困境。问题的焦点集中在隐私政策与相关文件的冗长、晦涩、不切实际（如花费高昂，通知范围极广）、用户的认知及产生的不良外部性方面。

第一，隐私政策与文件冗长、晦涩。当互联网用户下载一款应用程序、使用一款移动设备或创建一个网络服务的账户时，界面上会出现与隐私政策相关的提示，用户只能做出同意的意思表示后才能继续使用相应的服务。理想的状态被设想为：用户认真阅读通知，了解通知的法律含意，必要时咨询自己的律师，与其他提供相似服务的互联网服务商协商，判断是否能从他处获得更好的隐私保护，最后一步再权衡是否点击同意的按钮。现实与此却截然相反。研究发现，消费者很少仔细阅读网站的隐私政策。企业的隐私声明往往是用户试图了解企业如何收集、使用、分享其个人信息的重要且唯一的途径。隐私政策与隐私保护声明构成行业自律性的"告知—同意"框架的基础，这一框架的价值与合理性也建构在用户对隐私政策与隐私保护声明阅读并理解其含义的基础上。然而，这些隐私政策对用户而言，冗长、晦涩，网站的隐私保护声明往往也无法满足用户的期望。现阶段，通过技术，改善这些情况的努力并不成功。在"告知—同意"机制下，用户很少阅读企业的隐私政策与隐私声明，其往往对隐私政策与隐私声明中载明的内容毫不知情。对于没有阅读隐私政策与隐私声明的用户而言，他们既不能保护自己，也不能对市场进行监督。即便用户阅读相关的隐私政策、声明与协议，他们事实上也不能对冗长且充满法律行话的文件做出正确理解。用户往往会对网站进行不正确的设想，高估网站保护个人信息的能力与努力。另外，"告知—同意"机制下，单个互联网用户并不具有与服务商协商隐私保护政策与条款的能力。双方谈判力量悬殊。用户只能在接受隐私政策与协议条款后，才能使用服务商提供的产品与服务。服务提供商提供的是一个复杂的要么全盘接受，要么全盘拒绝的条款，这背后还有许多法律专家为其出谋划策。而互联网用户往往只会花几秒钟的时间去处理通知涉及的隐私政策与协议。

第二，"告知—同意"机制的实际操作效果并不尽如人意。因为，这会导致用户有太多的隐私政策与文件需要跟踪与阅读。鉴于用户在一天之内可能会访问数百个网站，读完所有的隐私文件将会非常耗时且代价高昂。用户事实上无法了解每个网站的隐私保护政策与声明。从事法律与政策研究的学者怀疑该机制在实际执行中的效果。技术专家试图通过技术手段解决该机制有效性的问题，并找寻促进线上"告知—同意"机制更好实现的方法。不过目前，技术方法达到的效果有限。更为复杂的是，网上交互行为的多样性使得用户无法控制互联网上个人信息的流动。比如，网站可能与第三方签合同，与第三方共享其采集的数据信息或将数据跟踪、收集、分析的环节外包给第三方处理。网站与第三方之间的此类协议使得个人要想实现对自身信息的控制变得非常困难。实践中，第三方并不会通知用户其将如何分析、使用用户的个人信息，发包方往往对此也缄默不语。在信息二次利用方面，"告知—同意"机制并未获得用户的授权。用户在这种潜在且无休止的信息分享与对信息的二次利用面前，不仅难以实现对当前及未来信息分析、处理、利用行为的把控，而且往往对信息的二次利用行为全然不知。与数据间分享与融合直接相关的是对信息的控制。虽然，有时信息主体经过权衡，认为披露单个的、细碎化的信息无法识别出个体的身份，也不会对其造成任何威胁，但信息主体可能没有意识到，未来这些碎片化的信息可能会被串联在一起,聚合的信息,经过分析可能会揭露出个人的敏感信息。现实中,用户很难理解未来数据聚集产生的效应,很难评估信息融合、泄露的潜在危害,更无法对其进行长期的成本收益分析。还应看到,网站的隐私政策与隐私协议常常包含这样的规定,即网站有随时修改其隐私政策与隐私条款的权利。这意味着用户需要时常检查网站的隐私政策与隐私条款,及时了解网站当前的隐私保护措施。现实中,这样做会造成用户时间、金钱上的沉重负担。网站隐私政策的可塑性彰显了隐私保护承诺的脆弱性。即使用户谨慎地遵循隐私政策及隐私协议条款,他也可能发现,当政策与条款一经单方修订,先前的承诺在今日将不再有效。

第三,负外部性问题。"告知—同意"机制在执行中可能会产生负外部性。比如,有时"告知—同意"的规则在一定程度上给个人信息保护带来了负担。比如,通知的内容中可能隐含这样的约定:服务商有权向第三方分享用户个人信息。用户通常不会收到来自第三方使用其信息的通知,更没有机会拒绝第三方违背信息采集的目的对其信息进行的二次使用。不仅如此,信息主体同意向信息控制者披露、允许其使用的信息可能涉及第三人的隐私。未经第三人同意,披露并允许他方使用这样的信息,可能会对第三人造成侵害。从这个角度看,"告知—同意"机制将关注的焦点集中在个人同意方面,将注定无法考虑到个人隐私决策对社会产生的影响。

作为保护个人信息的一项手段,"告知—同意"框架已被大数据所带来的正面效益所打败。大数据以一种崭新、悄然且出人意料的能力与方式使用信息。这是下一个创新、竞争和生产力的前沿。"告知—同意"机制设计的目的是希望用户能对自己的信息做出有意义的、明智的决策。用户要想实现对自身信息的控制,就应当能理解做出选择会产生的影响,并有能力对是否披露个人信息进行控制。而现实情况却是,个人往往缺乏对信息的足够了解,也不清楚信息披露会引发的结果。同样,在确保个体自身的信息只以其期望的方式使用、披露方面,往往也缺乏有效的制度予以保证。

现阶段,"告知—同意"规则已深深地根植于现有制度与商业实践操作中,该项规则仍然应得到最大程度的遵守。通过努力扩展"告知—同意"机制的广泛适用,赋权个人控制自身信息的模式,能为个人信息的治理带来一些希望,但不能仅依靠这一机制就忽视对其他应运而生的程序与保护措施的重视。除此之外，隐私政策与隐私声明还应以更清楚、更简洁、更规范的样态呈现，便于用户更好地理解与比较。

二、匿名化与模糊化

技术变革与隐私保护间的张力贯穿着整个信息技术的发展史。19 世纪即时拍照技术与报业的发展已开始侵入私人和家庭生活的神圣领域。塞缪尔·沃伦与路易斯·布兰代斯在《隐私权》一文中曾谈到，大量技术装置的出现可能使得密室的悄悄话变成屋顶公告。那个年代以报业、即时拍照为代表的新媒体成为最早披露个人隐私的信息技术，这类隐私泄露需要法律对其进行保护。而 20 世纪 60 年代，大型计算机的出现开始挑战人们传统的隐私观念，在应对这类隐私威胁方面，人们往往会使用密码技术对隐私进行保护。迈入 21 世纪后，随着网络技术的推进与社交媒体的蓬勃发展，个人隐私无处可藏，管理者往往会使用模糊化与匿名化的技术对个人信息进行保护。

匿名化与模糊化技术是指隐藏或模糊数据及数据源。过去，隐私与新技术之间的冲突往往集中在单一的小数据领域，匿名化与模糊化是常用的隐私保护技术。此技术适用于单一且小型的数据源时，保护效果比较理想。通过对数据进行模糊化、匿名化、加密处理，就能有效防止信息泄露。可是，当我们进入大数据时代后，大数据的大规模、多样性与高速性等特征，已使得传统针对小数据的隐私保护方法在大数据时代产生局限。大数据时代，各类数据都被永久性保存。即便对个人敏感信息进行匿名化或模糊化处理，当分析者拥有其他数据源时，也能将各类数据信息汇集在一起，将原来没有联系的数据关联起来。数据挖掘出的各类信息片段能够相互交叉、重组与关联，重新识别出匿名后的个人敏感信息。如基因序列隐含着个人疾病的情况，有研究者对 100000 个志愿者出生日期、性别、邮政编码进行匿名化操作，通过把基因序列数据与公共选民信息相融合，能重新甄别出 84% ~ 87% 的志愿者身份。哈佛大学教授斯维尼的研究也显示出，当我们知道一个人的年龄、居住城市的邮编与这个人的性别时，我们将这三样数据与已公开的数据库进行交叉对比，便能识别出 87%

的人的身份。再比如，美国在线 AOL 公司在 2006 年公布了一个包括 2000 万搜索查询记录，涉及 65.7 万用户的数据库，公布这些记录的目的是希望研究人员从中得出有趣的见解。这个数据库公布之前，美国在线公司对该数据库进行了精心的匿名化处理，用户名称与地址等个人信息都使用了特殊字符进行替代，这样研究分析人员可以将同一个人的所有搜索查询记录联系在一起进行分析，而这些信息经过技术处理后，并不包含任何个人信息。尽管如此，《纽约时报》还是在几天之内通过对"60 岁的单身男性""有益健康的茶叶""科尔本的园丁"搜索记录的综合分析后，发现数据库中 4417749 号用户代表的是来自佐治亚州一位 62 岁的寡妇塞尔玛·阿诺德。当记者找到她家时，这位老人感叹道："天啊！我真没有想到一直有人在监视我的私人生活。"

　　大数据多样性所带来的多源数据融合与数据之间的交叉验证，已使得传统的模糊化与匿名化技术所能发挥的作用有限。而大数据的高速性与大规模性引发的对数据的实时分析已使得传统的加密技术遭遇巨大瓶颈。大数据时代的信息收集技术、新型储存技术与高级分析技术都使得个人信息保护面临更大挑战。

第五章 个人数据保护法的价值实现机理

富勒指出，法学界应重视人际交往的法律观，以及由这项观点自然发展出来的对社会的意义脉络，因为人际交往本身就是法律发展的环境。国家制定法律与人民彼此之间的互动而形成的规范，是人际互动关系的延伸。可见，国家制定法一方面要反映客观的自然发展规律，另一方面也要体现人际交往的需要和意志性。但是法律的意志性绝不是任意或者任性的，它还受客观规律制约。萨维尼强调，当一个国家对社会规则的自然演变视而不见，却致力于把法律原理凝固为一个综合性的概念化体系时，这个自然演化过程就会衰败。因此，分析个人数据保护法的实现原理也应当从两个方面来阐述：法律的客观规律性和法律的意志性。

每一部法律都体现着立法者的一种需要和价值，比如，需要秩序、自由、平等。不同的价值体现在法律对权利的确定、权利的认可形式、法律的目的、法律原则等多方面。这些法律的价值实现与权利界限的确定紧密相连。因此，研究法的价值可以从法律的目的导向、权利界限的协调方式等方面入手，它们是实现法律价值的方法。

法律价值实现与立法的价值导向、立法中的利益衡量方法等法律创制技术须臾不可分割。虽然社会效果的实现情况是一部法律成败的判断标准，但是法律的成败还是要遵循法律自身演化的规律性。立法的选择不能离开法律发展的自身规律性，我们应当在充分认识到法律发展内在规律的基础上，在充分遵从法律自身发展规律的前提下，选择合适的立法策略。个人数据权也就是在社会条件的变化和发展过程中，逐渐形成的利益诉求。原有的法律制度不断扩张，渐次形成了个人数据保护的法律制度体系。

第一节　个人数据法律保护制度的演化逻辑

法律制度没有好坏之分，只是发生的社会条件不同，所处社会发展阶段不同，更重要的是利用法律制度的价值理念不同。"我们有必要把一个制度确定各种权利义务的基本规则，与如何为了某些特定目标而最好地利用这些制度的策略和准则区别开来。"任何一种法律制度都在社会实践活动和社会经验积累的过程中产生、发展、消亡。法律制度不是凭空产生的，它总是在历史制度的基础上，逐渐演化而来，表现出强烈的制度路径依赖性。从法学历史发展的长远观点来看，法律制度变化可以看作是规则支配和自由裁量、形式主义和非形式主义、法规和政策之间不断循环运动的一个环节。社会实践活动往往跟随着社会情境的不断变化而变化，法律所承担的社会角色也随之变化，只有当法律制度与社会情境达到适恰性，才能充分体现法律的价值与意义。法律制度作为一种生产关系的外在表现，其必然受到生产力的影响，而"科学技术是第一生产力"，因此从工业技术到信息技术的发展，影响和约束着法律制度的构建过程。

个人数据保护法具有法律的一般特性，是一种多维事物。"只有把多种维度当作变项，才能对法律进行彻底的研究。我们不应空谈法律与强制、法律与国家、法律与规则或者法律与道德之间必要的联系，而应该考虑这些联系在什么程度上和在什么条件下发生。"个人数据保护法除了包含上述几个一般变项外，还有一个特别的变项——信息技术。法律是社会控制手段之一，它在各种社会控制手段的承认过程中进行选择，选择的结果映射着法律对社会情境的回应。

一、法律制度的路径依赖性

任何法律制度的形成都不是一蹴而就的，总是在社会习惯、文化及普遍认可的价值观等非正式约束的相互作用下，沿着原有的法律制度变迁路径发展而来，我们通常将这种现象称为法律制度的路径依赖性。"路径依赖"承认法律的发展是通过打破过去的模型，不但影响过去解决问题所使用的法律的合法观念，而且影响法律适用领域的范围。路径依赖的假设，没有理想的解决方案，但能够在社会中找到法律角色和其他社会制度之间的一种平衡。

（一）路径依赖的含义

"路径依赖"这个术语被制度经济学者们所运用，该术语可能最早来自诺贝尔经济学奖得主诺思。他承认受到经济史学家保罗·戴维的《克利俄与键盘的经济学》文章启发。文章通过解释打字机键盘奇特的字母排列技术是如何被固定下来，最终提出了技术的渐进式变迁路径中存在的路径依赖现象。诺思认为：路径依赖是在制度环境下，人们过去做出的选择决定了他们现在可能的选择。由于正式与非正式约束之间有着复杂的相互联系，因而处于制度环境中的选择是复杂的。锁入和路径依赖特征在制度上比在技术上表现得更加复杂。雷威（Levi）对路径依赖作过一个很好的比喻：路径依赖好比一棵树，而不是一条路。在同一个树干上，有着许多不同的树杈和更小的树杈。尽管从一支树杈爬到另一支是可能的，但攀登者仍然倾向于选择他一直爬的那一支。锁入在某一特定的情况中通常被描述为路径依赖。路径依赖描述制度的持久性和在制度变革中历史的重要性。路径依赖意味着观念之网、习惯和组织的合力形成了独特的法律制度的内嵌方式。内嵌方式是法律规则内在观念之网、习惯和组织的关联方式，法律系统及其外部法律系统的相关联的方式。

制度分为正式规则和非正式约束。正式规则分为宪法、法律、规章，而非正式约束包括文化、惯习。文化是指由教育与模仿而代代相传，并影响行为的那些知识、价值及其他因素。制度的发展路径是从禁忌、习俗、传统到成文宪法的路径，类似于从不复杂到复杂的形式的演化过程。从不成文的传统到习俗，再到成文法漫长、波折的单向性演进。当复杂的正式规则（包括政治和司法规则、经济规则和契约）形成后，总是会沿着初始的规则方向发展。路径依赖描述了制度的维持和变革的趋势。制度的维持和变革的主体是个人和社会组织。路径一旦被设定在一个特定的进程上，网络外部性、社会组织的学习过程、历史的主观模型，就将强化这一进程。通常认为引起正式法律系统变化的原因是社会习惯或者文化，并且文化涉及无意识的习惯和行为方式的发展过程。它代表性地描述了一个整体的法律系统。

茨威格特（Zweigert）特别强调历史对法律发展的影响，他认为尽管社会和经济状况在很多方面相似，但是在谈到现代法律系统的不同"风格"时，他特意划分出了它们的不同。他认为对于独特风格的贡献第一因素是"历史的发展"、法律思维方式中的传统因素和组织的不同。对于历史原因，通常有独特性和共性，法律系统已经发展出独特的方式。一旦置于特定路径下，它就会继续下去。茨威格特（Zweigert）举了个例子：土地所有权的不同形式被确定下来的过程。德国设立了一个土地登记的公共文件，非土地所有人和预期买家的详细资料都可以查阅。而美国依赖于购买者的代理人来查验买卖合同的订立，但是有一个保险系统保证购买者在订立合同时避免瑕疵。结果就形成了两个完全不同的组织结构、购买土地的程序及律师角色。历史的路径依赖帮助人们理解为什么土地交易结构以这样一种方式构建以及为什么新问题将在一种特殊的框架内解决。

（二）法律制度路径依赖性的实证

法律制度路径依赖于历史、文化、习惯等非正式约束，也受法律制度自身演变的路径形塑。因为历史原因，自由一直是美国人最为看重的价值。隐私权产生于自由价值观之上，是个人保持自主性需求的体现。在隐私权法的变迁中，个人数据保护的法律模式是逐渐形成的，这种制度路径依赖的自然结果包含着历史连续性。

只有200多年历史的美国，其文化和价值观深受英国的影响。在法律上，美国也继承了英国的普通法系传统。但是，青出于蓝而胜于蓝，对于自由主义的价值观，美国人表现出更强烈的渴望和期待，这与美国殖民地历史和启蒙运动密切相关。有数据表明，美国对于自由价值的追求度要高于西方其他国家。有学者对欧洲9个国家调查后发现：高收入者选择自由的人数与低收入者选择自由的人数之间的比值达到1.42。说明高收入者对于自由的追求高于低收入者。在自由和平等的选择中，选择自由与平等的比值：英国为3、荷兰为1.84、比利时为1.77、法国为1.64、丹麦为1.41、爱尔兰为1.21、意大利为0.97、德国为0.95、西班牙为0.92。可见，英国对自由的偏好远高于平等，在列举的欧洲九国中排名第一。另外，美国人的生活水平和收入水平位居世界前列，对于自由的价值追求自然非常高。

在美国，个人数据保护法起源于隐私权，实际上隐私权的提出只是一个偶然。美国学者沃伦和家人在家中举行了一个小型宴会，记者通过非法途径，偷拍了这场宴会并大肆报道。于是沃伦找到还在做律师的布兰代斯，发表了《论隐私权》的文章，他们认为每个人都有享受独处，决定思想、情感、观点在多大程度上与他人分享的权利。从此以后，隐私权的保护逐渐在美国的法律中得以体现，并且不断演化。

起初，普通法所确定的隐私权只是局限在侵权法范畴之内，主要是保护个人私生活不被侵扰。一般来讲，拥有这种隐私权的主体为权贵和名流。沿着普通法的发展路径，名人的肖像公开权率先成为隐私法保护的内容，随后普通人的肖像公开权也纳入到隐私权法中。从"让我独处"逐渐演化为"我决定是否独处、我决定是否公开"，隐私权的范围也在不断扩张，越来越强调个人对自己权利的自主性。

20 世纪 60 年代，随着信息技术飞速发展，个人数据遭到严重的侵害。美国为了更好地应对"信息时代"的新问题，开始着手制定成文法。由于对隐私权产生的"惯性"或者说"惰性"，人们自然而然地将个人数据权纳入隐私权行列。连美国学者自己也承认，"自从隐私权被提出来以后，可能是因为根深蒂固的普遍焦虑，隐私权已经成为主要解释堕胎、避孕、离婚、多样性自由、教育自治、宗教自由等等涉及自主决定权的集合。每年在法律期刊上就相关问题刊登的文章有 150 篇，并且可以不断地找到新的主题，如安乐死等自杀的权利、基因工程、克隆技术、空中监视、吸烟的权利、使用安全座椅权利等等"。从这段话可以看出，在美国隐私权适用范围之广，差不多涵盖了信息时代所有的新问题。仅 1968 年至 1978 年短短 10 年时间，美国国会就制订了六部法律来规范各种数据的取得、存储和传播。

二、法律制度与社会情境的适恰性

我们可以借用帕森斯的社会学理论和卢曼的法社会学理论，阐述法律制度与社会情境为什么要保持适恰性、何以保持适恰性。作为结构功能主义的代表人物，"卢曼的著作里对功能的界定着墨确实不多，而且语焉不详。功能的拉丁字源是指执行、完成之意……根据目的、效能、需要等等所定义出来的功能概念，自然带有规范性执行的要求"，符合卢曼和帕森斯的功能结构主义的理论思想。本书将用利益指代功能的核心内容，利益是目的、效能、需要的外在表现。卢曼和帕森斯的系统演化理论的逻辑起点都是功能分化，即利益分化是社会系统和法律系统变迁的起点。

法律和社会间不是单向度的，而是相互作用的，是共同演化的关系。法律与社会共同演化范式可以表达为：分化、适应的升级、包含与价值的一般性。社会系统总是朝着复杂性发展，复杂性意味着多样性、多元性，从而表现为利益"分化"的趋势。分化的利益，需要由不同的社会子系统来完成。结果是社会系统层级更加分化，引致社会结构的变化，逐渐形成了法律、政治、经济等越来越复杂的功能子域。随着分化现象的出现，就有"适应升级"的概念。新产生的社会子系统总是比未分化的子系统具有更强的化约复杂的能力。因为只有复杂才能化约复杂，新的社会子系统比原来的社会子系统更加复杂，自然也就有更强的"适应升级"能力。法律系统作为从社会系统中分化出的次级系统，它将有能力满足新的功能要求。应当以新的分化功能的"成就"的观点，将法律系统"包容"到社会系统中来，在社会系统功能实现的过程中，分析法律系统的演化情况。换言之，在复杂性中所实现的法制化、组织化、秩序化是社会系统功能分化的过程。法律进化和秩序化需要借助社会系统功能分化，实现自我的生产，它们是功能分化的结果。最后，分化了的社会系统必须提供一种体现并调节不同子系统的新价值。社会系统分化出若干子系统，致使社会结构越来越复杂，我们需要能够实现"价值的一般性"的文化系统，法律系统作为文化系统的次级系统，其应当朝着"价值的一般性"发展。

个人数据保护法与社会系统的共同演化过程，为个人数据保护法与社会情境的适恰性提供了理论支持。数据主体对自己的个人数据利益诉求差异显著，由于个人所处的社会情境不同，呈现明显的利益分化状态。有的人期望获得个人数据财产利益，有的人期望获得个人数据人格利益，也有人期望获得个人数据隐私利益，还有人期望通过个人数据权达到限制国家公权力的目的。个人数据保护法应当朝着"价值的一般性"的方向发展。笔者的理解就是个人数据保护法应当赋予数据主体更多的选择自由，只有在充分自由的前提下，利益诉求迥异的个人，才能实现利益的差异化。

（一）适恰性的实证分析

适恰性是詹姆斯·G.马奇用于分析政治制度而提出的，他认为社会的组织与运行逻辑存在适恰性。制度是相互关联的规则和惯例的集合，依据角色和情境间的彼此关系，这些制度规定了哪些行为是恰当的。这个过程要决定：情境是什么，要实现什么角色，哪种情境下的哪种角色的职责是什么。适恰性逻辑同样可以用来解释法律模式的形成原理。通过将法律的角色和社会情境恰当地联系起来，社会的组织和运行将可能实现有序、稳定等最佳效果。法律模式是法律角色的外在表现，法律模式需要根据社会情境的变化，不断地调整，以达到两者的适恰性。法律模式与社会情境的匹配性，不是结果相合，而是状态的吻合。社会情境总是在变化，需要抱有动态、发展的眼光来看待适恰性逻辑。个人数据保护的法律模式与市场经济发展、利益诉求等社会情境密切相连，以美国为例。

第一，互联网经济市场成熟，居世界领导地位。众所周知，美国在信息硬件和软件方面都处于世界领先地位。硅谷知名风投公司玛丽·米克尔（Mary Meeker）在《2015年互联网趋势报告》中对比了1995年和2014年全球最有价值的企业排行榜，1995年前15家互联网公司，有12家是美国公司，市值总额为143亿美元；2015年前15家互联网公司，有11家是美国公司，市值总额达到1.9万亿美元。在美国的经济社会领域，互联网带来的影响广泛而深远：信息安全、安保和国防、教育和健康、政府、监管和政策思考等方面都受到了影响，对消费者和企业的影响更是达到了100%和75%。美国已经站在了互联网经济发展的制高点，此种情境下，对私人企业要求严格的隐私保护模式，"杀掉这个会下金蛋的鹅"，绝对不符合适恰性逻辑。美国一直以欧盟模式造成企业成本上升为理由，拒绝政策和法律强制力干涉私人企业，而更愿意采用行业自律。

第二，利益分化与美国分散立法。美国人普遍认为，"保持对国家权力的警惕是对自由的最好保护"。美国发展了这样的思想："法律是对权力进行制约的手段。从法律对社会支配程度来看，任何其他国家都比不上美国。"美国的政治总是围绕着对警察及政府官员的怀疑展开。一项美国网络隐私调查也显示，人们关注新闻媒体侵权、商业主体的侵权明显低于关注政府对他们的侵权。其中，关注政府侵权行为最多的就是刑事侦查人员以公共利益为借口，罔顾公民数据隐私。为了适应数据主体在公私领域的利益分化的现实状况，美国采取个人数据权分散立法保护模式。在公领域进行立法保护，1974年问世的美国《隐私权法》，其实只是一部规范行政机关的个人数据处理行为的法律，宗旨是限制国家机关收集、储存和利用个人数据，防止国家权力的滥用，导致侵害数据主体的隐私权。在私领域，采用行业自律为主，立法保护为辅助的法律模式，只在一些需要特别保护的领域进行立法。

第三，利益多元与隐私权的实证方法。安德森教授指出，虽然美国人重视隐私，但也珍惜信息自由、言论自由、评论自由，当两者有冲突时，隐私权往往要退让。法律除了涉及因原告姓名获利等情况，很少追究侵犯隐私的法律责任。究其原因不难发现多元社会的美国在行为规范上有很大的差异。不同的次级社团对于同样的私人事务持有不同的见解。美国是个移民国家，社会结构组成相对比较复杂，不同的社群，不同代人，不同的种族、宗教、社会团体或个人都可能对隐私有很不一样的解释，法官因此很不愿意做出统一适用的标准。结果是：法院面对隐私权问题往往持实证的方法而非规范性的路径。

（二）结构功能主义理论对适恰性的解释

现代社会是极其复杂的系统，功能分化使得社会系统变迁，社会结构发生变化。分化使得社会不断产生次级系统，结果是社会系统变得越来越复杂。法律系统为了应对复杂的社会环境，只能将自身向复杂性趋势发展。因为法律系统是文化系统的子功能域，其功能主要是维持社会系统内部稳定，减少认知期待的偶变性和不确定性。随着社会环境不断趋于复杂性，法律系统自身的生产也趋于复杂性。法律作为社会结构的表征，在社会结构中受到功能实现的限制外，社会结构本身还对社会环境有重要的作用。如此，在法律和社会间存在的是共同演化关系，不是单向度，而是相互作用关系。正因为法律与社会存在着相互作用关系，所以法律与社会情境才有保持适恰性的可能性和必要性。

1.社会结构与功能

帕森斯认为任何系统有三种特征：第一，系统是相对地有结构的，并且"模式变量"和价值模式对系统的结构性质有贡献。第二，系统的生存要求满足某些功能。第三，把握社会领域秩序转型现象需要等级序列概念。帕森斯提出了AGIL模式。该模式认为，任何系统的需要和功能所需的四个先决条件是：适应（A）、达到目的（G）、整合（I）、潜伏或维持（L）。适应指的是这种事实，即任何行动系统应当能够调适外部环境，并使环境适合自己的需要。达到目的指行动系统划分其目标，并调动各种资源满足它们的需求。整合指行动系统为其稳定性和一致性，调节并协调其各个部分的需要。最后，潜伏或维持指一个系统必须提供维持其成员的动机。这四个需要和功能为一个系统运作中必须达到的最低要求。适应和达到目的是指系统与外部环境的互动；整合和维持指的是系统的内部的组织问题。

要实现以上四种功能，行动系统应由四个次级系统组成：有机体系统、人格系统、社会系统和文化系统。有机体系统关联着行动者之生物学内容；人格系统协调行动者的各类习得性需求、要求和行动决策；社会系统协调着社会互动中的群体或者个人，使他们保持在相互关系形式之内；而文化系统则是由规范、价值观、信仰及其他一些与行动相联系的观念构成，是一个具有符号性质的意义模式系统。社会系统至少应包括：经济系统、政治系统。文化系统应包括：法律系统、价值观系统、宗教系统，法律系统属于文化系统的子系统。

卢曼改进了帕森斯社会系统理论中僵化的部分，提出了新功能结构理论。他认为，法律是从社会子系统分化出来的，有自身的成长逻辑。卢曼认为，社会系统不包含个人、也不含人的行为，而是内化在社会子系统之间的沟通中。换言之，社会系统对具体的人保留着"选择性"，因此不能简单地将社会系统还原为具体的人，甚至可以说社会系统没有人。但即便卢曼将社会系统与具体的个人划开了界线，也还是承认社会系统与心理系统之间存在特殊的亲缘关系，存在着共同基础的"意义"域。利益是一种需要和期待，是心理系统的外在表现形式，为行为系统提供目的性指向的功能。用帕森斯的观点来说，利益应当是行动系统赖以存在的目标，通过达成利益目标来动员各种资源。

卢曼指出："一般来说，系统帮助降低它所处环境的复杂性。环境的复杂性为该环境中现实的或潜在的事件数量。复杂性降低指，系统从环境中选择关键的事件，减少应付该环境方式的事件数目。内部系统分化的过程是复杂性予以被控制或过滤的机制。"

帕森斯的观念中只有社会学理论，关于法律理论的较少，尤其是关于进化理论的阐述不多。卢曼的社会学理论是植根于帕森斯的理论之上的，但是不如帕森斯理论那样详尽。可是，卢曼的法律进化理论又弥补了帕森斯研究之不足。本书将两者的观点结合起来，对法律系统与社会情境的适应性做出解释。

2. 法律与社会的共同演化

法律作为社会结构的表征，在社会结构受到功能实现的限制外，社会结构本身还对社会环境有重要作用。如此，在法律和社会间存在的是共同演化关系，不是单向度，而是相互作用关系。法律与社会之间会产生双向的互动关系，与动态变化的社会密切相关。社会的基本趋势为由简单向复杂演化。卢曼认为，现代性含义中复杂性指代变异化及层次化，也表现在系统与环境沟通中的构成单位的多样性，呈现的复杂态。

帕森斯提出了进化变迁范式，其中有四个关键性概念：分化、适应的升级、包含与价值的一般性。笔者认为，将卢曼的复杂性理论与帕森斯的进化变迁范式结合起来，将可能获得法律与社会共同进化的范式。

第一，卢曼指出系统与环境的区别：社会构成系统的环境，而非系统本身。但是环境和系统不是固定的，主要取决于所处的位置。如果将社会整体作为系统，那么有机体、机器和心理就是环境。当代社会是一个极具复杂性的系统，根据马克思主义唯物主义原理，受到社会的影响，心理系统也变得越来越复杂，心理系统的复杂性以利益的多元化、多层化为表征。随着时间的推移，这种利益诉求表现出"分化"的趋势。分化的功能，需要由不同的社会子系统来完成。因此，在功能分化过程中，系统总是在演化中发展出更新的次系统，结果是社会系统越发多层级，引致社会结构的变化，逐渐形成了政治、经济、法律、宗教、家庭、科学及教育等越来越复杂的功能子域。

第二，随着分化的进行，就有"适应升级"的概念。环境总是较系统更为复杂，这是两者的核心差异。为了简化这种环境的复杂性，社会系统被迫不断进行分化，不断地分化出子系统，应对环境的复杂性，因为只有复杂性才能化约复杂性。这意味着，每一个已分化的子系统跟它从其中产生的未分化的子系统相比较，具有更强的化约复杂的能力，自然也就有更强的适应能力。

第三，过程的分化必然包含对专门技术的迫切需要。只有从以"归属"为基础的身份，到以"成就"为基础的身份的转变，才可能适应这种分化。这必须具备对先前被排除的群体的"包含"。这就是现代社会系统形成的新的整合系统。法律系统作为从社会系统中分化出的次级系统，它将有能力满足新的功能要求。虽然法律系统从社会系统中分化出来，成为新的功能子系统，但是，我们不应该用"归属"的视角来看待新的社会系统，从而将法律系统排除出去。应当以满足新的分化功能的"成就"的观点，将法律系统纳入到社会系统中来，在社会系统功能实现的过程中，分析法律系统的演化情况。换言之，在复杂性中所实现的法制化、组织化、秩序化是社会系统功能区分化的过程。法律进化和秩序化则需要借助社会系统功能分化，实现自我的生产，它们是功能分化的结果。

第四，分化的社会系统必须提出，一种体现并调节不同子系统的新价值。社会系统分化出若干子系统，使社会结构越来越复杂，我们需要能够实现"价值的一般性"的文化系统。在该系统中，价值需要被定位在较高的水平以便指导在不同子系统中的活动与功能。法律系统发挥内部整合机制，消除系统中"部分"的"离心"现象、减少不确定性。法律系统的建构，紧密地同社会系统中的偶然性及各种各样有意义的可能性所构成的复杂性相联系。当代社会发展必然会产生复杂的法律系统，人类活动直接或者间接地由法律来形塑。法律如知识，是社会条件中最重要、渗透性最强的东西。法律系统作为一个文化次级系统，它比其他的文化次级系统（比如：宗教系统、道德系统）更容易实现"价值的一般性"。

三、信息技术对相关法律的决定性

信息的获取技术、信息处理技术、信息存储技术、信息传输技术、信息安全技术及信息应用技术都是信息技术的一般组成部分。在法律语境中，信息技术体现在利用程序，完成"数据"的收集、处理、复制、存储的过程中。在信息技术的支持下，人类创造了"第二意义域"，有学者认为波普尔所说的"世界3"，即我们常说的赛博空间、网络空间。有一种观点认为：至今没有一种技术像信息技术一样对人类社会的影响如此之深刻，以至于可以用重塑来形容。笔者也认同这种观点，信息技术拓展了人类活动的范围，帮助人们创造了从世界1到世界2的过渡态——世界3。世界3只在起源上是人造的，但它一旦存在，就开始有自己的生命。通过网络空间，过渡态世界3有了更加形象的呈现。网络空间将重新塑造世界1和世界2的可能或不可能的界限，在这里"既有对可能性的虚拟，更有对不可能的可能的虚拟，现实与非现实也不是绝对的对立关系"，网络空间对人类的认识观、价值观、存在观都将产生深远的影响。何明升认为，"信息技术建构的网络将彻头彻尾地改变生产、生活的各方面。换言之，网络将深度影响人类的思维、观念、道德、习惯、规范等各种形而上的文化系统，还将会永久积淀于人类文明之中"。

信息技术水平决定着信息技术的应用程度。信息技术水平越高，越容易被推广、利用，那么其信息技术规则（代码）也会被推广和扩散，从而其价值观也就得到广泛的传播。从发展的角度来看，我国与网络空间有关的法律也应当以促进信息技术发展为导向。

（一）信息技术规则是网络法的基点

1. 网络空间中的信息技术因缘

信息技术不仅仅是一项技术，它还建构了人类"第二活动域"——网络空间。许茨认为，网络空间不是日常社会的一部分，虽然它是人类社会在当代的形态，但是网络空间是社会生活的一个"有限意义域"，是具有自身独特实在性的社会场域。方骥更是直接指出："网络是一种信息技术，网络是一种文明，网络更是一种生存方式。"换言之，信息技术与网络之间有着密切的关系。

信息技术对于网络具有两方面的意义：一方面，信息技术是网络生存的工具。"网络中的符号存在不是现实生活中的人简单地使用数字符号进行实践的存在，而是现实生活世界中的人在被'网络化'的过程中的创造性存在。"在现实生活中，人类要生存需要学会使用劳动工具；而进入网络空间就需要掌握计算机技术及其他信息技术。同样，在网活动也离不开信息技术的应用。每一活动都是在信息技术的帮助下完成的，不掌握这些基本数据处理、计算机操作等技术，就无法在网络空间中生存。另一方面，在网络空间中，信息技术将给我们带来比现实空间更广泛的控制。信息技术不仅是网络活动必备的工具，而且它通过内嵌在网络空间的信息技术规则，调整和规制着网络行为。这种内嵌的信息技术规则以代码的形式存在于网络空间。劳伦斯·莱斯格将代码视为网络空间中的法律。"网络空间存在对行为的规制，而且规制主要是通过代码施加的。"基于不同的代码规制，形成了网络子空间组织方式、秩序的差异。实践证明，信息技术不仅是一个数字化工具，更可能通过代码作用于网络，为网络秩序的生成提供保障。

2. 相关法律应尊重网络秩序规则

只要你进入到网络空间，就必须要接受代码对你行为的支配，此时代码的控制力也就产生了。诞生在美国的互联网技术，最初盛行于大学校园，如哈佛大学和芝加哥大学。芝加哥大学的互联网接入技术设置为开放制，而哈佛大学的互联网接入技术设置为许可制。如果你想进入芝加哥大学的网络，只需要将你的机器与以太网连接，一旦建立了连接，你可以在互联网中匿名、免费地享受网络资源。哈佛大学的网络接入就比较麻烦，除非你的计算机已经注册登记、实名验证，否则你无法接入到哈佛的以太网中。从这里可以发现，如果你想在网络空间中进行活动，代码将对你的行为自由有所限制。代码对网络行为自由度有影响，行为自由的范围和程度，因为代码不同而不同。

假如，因为某些偶然性事件，一部分人开始选择运用芝加哥大学的接入技术。随着使用者之间相互沟通、学习，芝加哥大学的接入技术的使用者越来越多。渐渐地，人们选择接入网络的行为的偶然性、不一致性将消失，大多数人都会按照芝加哥大学代码规范接入网络，逐渐形成了稳定、统一的接入行为方式。开始时，人们被迫接受芝加哥大学技术代码的规制，但是随着多次的重复性经验的积累，以往的文化、法律、规章、经验及其他有关的信息已经对我们的认知进行了教育和重组，形成了处理类似问题的习惯。实际上，生活中有90%的行动无须思考，只是一种习惯使然。日常生活中，习惯才是支配人们行为的主要力量。当大多数行为人都习惯于接受芝加哥代码的规制时，人们的行为的不一致性、偶然性降低，网络秩序也就产生了。

代码的规制到习惯的约束形成过程，实际上就是哈耶克所说的自发秩序的演化过程。"文明是不断试错、日积月累中艰难达致的结果。也就是说，自发秩序的运行是个体单位依据规则不断的自我调适、日臻完善的进化过程。"代码的规制产生了一种网络空间的自发秩序。该种自发秩序在网络生态中，扮演关键性角色。我们在立法决策时，不应对网络自发秩序的生成视而不见，而应当努力认识和发现产生自发秩序的规则，并将这种规则作为包括个人数据保护法在内的网络立法的基础。尤其，个人数据立法应以促进自发秩序生成为己任，尽量少地干预和破坏这种自生自发秩序，最大限度尊重代码的规制价值。

（二）法律应促进信息技术发展

技术引领着人类社会的发展，改善人类的生存状况，改变人类的社会关系。而法律调整社会关系，依赖于技术。"人类史上，每个具有划时代意义的重大技术进步，没有不使工具产生质的飞跃的，而且也会转化成文化形态、法律形态的演进。"21世纪最先进的信息技术，推动文化变迁，改变社会关系，为法律系统的演化提供依据。反过来，法律的变迁又形塑了信息技术的发展路径。这符合生产力与生产关系的相互促进、相互制约的原理。"法介入社会生活的力度必须以不违反经济发展的要求为限，不管在学理上法学多么努力地实现逻辑自足，但是在现实中还是自觉地采用与社会经济生产方式相适应的表现方式。"如前文的分析，代码为信息技术内嵌在网络中的规则，它与信息技术的发展有直接关系。

1.通过代码的价值观传递

代码不仅是程序员编写出的数字、符号，而且它内含着程序员对于网络秩序的理解和认识，包含着程序员的价值观。不同的代码反映着不同编写者的价值观，这些价值观通过代码的规制性和约束性传递给使用者。也就是说，代码既是信息技术规则，也是一种价值观。信息技术水平决定着代码的应用程度，哪种代码的应用广泛，则其内含的价值观将会被广泛传递。

阿桑奇认为，谷歌、脸书以及其他来自硅谷的公司制造出一种假象，好像他们的服务都是免费的，因此这些大公司得以在用户"自愿"的前提下，将数字化产品代码输送给使用者，潜移默化地将美国价值观变成使用者生活的一部分。长期来看，这造就了一大批随大流的人，争议就消失了。美国价值观和思维方式得到鼓励，并且传播到世界各地。脸书，谷歌之所以有机会将他们的代码输送给使用者，一方面与他们看似免费的商业模式有关，另一方面，也是最重要的方面，他们的信息技术在全球处于领先地位。信息技术发展水平决定着信息技术产品和服务的质量，谁会拒绝物美价廉的商品和服务呢？

2. 以促进信息技术为导向的美国立法

以促进信息技术为价值导向形成了美国个人数据法律制度模式。美国是信息技术革命的领头羊，为了信息技术的快速发展投入了高昂的研发费用，并且也是先进信息技术的获利者。不仅计算机、网络、芯片技术是美国首创，而且其信息技术转化和应用水平一直处于世界领先地位。因此，美国的个人数据保护法始终将促进信息技术发展作为首要的价值导向。正如莫兰指出：市场可能导致平庸和劣质，因为标准化的金钱逻辑发挥着首要作用，但是，市场天生不稳定，这就意味着产品不可能永远重复下去。为了生存和发展，企业必须创新、必须冒险、必须提供新产品。信息技术的创新主体总是来自企业。基于以上的考量，美国允许大部分商业主体不受严格的个人数据保护法的约束，而依赖于行业自律。原则上所有个人数据处理都可以自由进行，除非有足够的理由证明该行为会侵害个人权益。一般情况下，数据处理者不需要征得数据主体的同意。美国个人数据保护法实则只是政府机关处理个人数据的规范法，只有少数特殊的私人企业适用该法。

第二节　个人数据权法律保护的价值导向

安德森指出，无论从市场经济角度或政治的角度观察，公众的态度较易侵犯隐私权。新闻及媒体评论均是人们获得他人信息的渠道。消费者追求的是满足其好奇心的媒体而非重视隐私权的媒体。以美国为代表的一些国家和地区，在面对个人数据保护问题时，越来越倾向于通过限制个人权利，而换取其他利益，特别是社会利益。

实现个人利益需要耗费社会的资源，通过社会利益的保障才能达成个人权利。有人批评"德国私法只是盯着实证主义的解释，却对时代的重大社会秩序的问题闭上眼睛"。杰利恩·达维斯认为，社会利益这种美好愿望本身就包含着这样一种含义，多数人的利益高于个人利益，任何一个公民都应该为全社会的共同利益而放弃个人私利。洛克认为政府没有别的目的，只是为了人们的和平、安全和公众福利。个人生活在社会中，政府维护的社会利益为个人权利实现提供保障。没有一个和平、稳定的社会环境，何谈个人权利。"一种利益想要成为权利，只有依靠一个有效的法律制度通过使用集体的资源来保卫它，并把它作为权利来对待。"因此，个人数据权的实现常常依赖于社会利益，在个人数据保护法制定过程中，应以社会利益优先于个人数据权为价值导向。但是，不同的社会利益，它们的优先程度也有所差别。即便可能需要通过限制个人数据权来保护社会利益，但是这种限制存在一定的"度"，应遵守一些基本原则。美国和欧盟各国的个人数据保护选择了不同的模式，因此产生了不同的结果。发达国家的立法经验分析，对我国个人数据保护法律模式建构有一定的借鉴意义。

一、社会利益优先的可能

人是社会的成员，即便是以人格权为基础的个人数据权，也是社会现实的反应，而不能将其视为仅与所涉个人有关。特别是随着互联网技术的广泛应用，信息技术已经渗透到现实社会的每个领域，并且其发挥的作用越来越大。而信息技术的核心就是数据的处理、存储、复制和传输等技术的应用，社会的发展离不开数据处理技术的应用。

（一）个人数据权具有较强的社会性

人类不可能过着完全与外界隔绝的生活，绝对不受外界的打扰。假如人人都过着与世无争、离群索居、隐居山林的生活，虽然可能是理想的生活状态，但却是人类在自取灭亡。既然人类营造的是群居生活，人与人之间的互动关系必将存在。个人被打扰和打扰别人在所难免，关键是把握打扰的程度和范围。

不同于个人与国家之间的探讨脉络，个人数据隐私的社会意义在于使人与人之间的关系成为可能。一方面，隐私是一项社会控制，例如个人在公众面前要穿衣服，个人在公共场合所谈论的内容要有所节制，这形成了社会对个人的一项要求。它并不涉及个人选择及表达的自由，而是一项社会规范。隐私的第二个社会面向，是限制他人对个人的接触，使得在某一个领域内，个人对自己的行为能自主决定。这种限制接触保证数据主体的人性自主，与他人交往以及个人维持自己生活方式的能力。个人数据隐私不是为了让个人与他人断绝往来，相反地，它使个人与他人的交往以及在群体的发展中能享有足够的空间。隐私具有信息、接触及表达的三个相互关联的意义，所以隐私利益的第三个可能意义是表达隐私，此项隐私利益所保证的是经由语言或行为表达的个人及人性。个人决定继续或改变某项争议活动的能力，塑造个人的人格，应当免于国家干预、压力或强制。个人做出各种取舍的决定是其自由的重要一环，也是个人与他人形成亲密关系、塑造个人人格及价值取向所不可或缺的。

1. 个人数据产生于社会交往

在信息社会，个人既是私人主体，也是社会人。当信息科技迅猛发展时，个人需要社会做的事情更多，个人信息的交流在所难免，这要求个人不能独享个人数据权，因为这样将会对关联的其他社会主体造成直接的约束性。个人与社会的接触离不开个人数据的应用，留下的痕迹也构成了社会的一部分，它"不只是个人偏好，它更是社会结构有效运作的前提……披露数据是自由的、民主的社会存在和发展的根本条件"。例如：美国有一个非常受欢迎的 BBS 社区，人们可以在上面发表各种观点和想法。其中有一个网名为洛克的人，在 BBS 社区上发表了很多真知灼见，受到社区用户的欢迎和爱戴。一天，洛克将所有曾经发表过的观点全部删除，BBS 社区允许删除个人的数据（观点），很多社区里的网友感到非常伤感，似乎他们的美好记忆被毁灭，有一种被掏空的感觉。这个故事表明许多个人数据产生于社群之中，既有个人属性，也具有较强的社会性质。如果过分强调个人权利，可能损害公众的情感，造成对社会利益的侵害。

《信息社会世界首脑会议原则宣言》中提到，"交流是一种基本的社会过程，是人类的基本需要，而且是所有社会组织的基础，它是数据社会的核心所在。每个人无论身在何处，均应有机会参与到信息社会中，任何人都不得被排除在信息社会所带来的福祉之外"。个人数据在交流中产生，是构成社会交往的必要条件。

交流的权利是参与到社会之中，与其他人和组织发生关系。只要你参与到了交流活动里，就不可避免地会泄露个人数据。只是不同的场域，被记录的可能性不同罢了。网络上的交流容易被收集和记录，公共场所的言行可能被偷拍。对个人数据保护受制于其他的权利，其中最重要的是信息自由。不管是从政治还是经济上考虑，个人信息传播自由以及个人数据化自由，都必须得到保障。信息自由是民主社会的基石，个人数据自主权与信息自由两者必将存在冲突。

2. 个人数据是公共产品

从个人数据经济学角度观察，个人数据具有公共产品（public goods）的两个特性：一是个人数据使用上的非对抗性（non-rivalrous），即一个人使用个人数据时并不会剥夺他人的使用；二是个人数据保护上的非排他性（non-excludable），即因个人数据传递成本很低，故个人数据所有者排除他人获取数据的困难程度相当高。因此个人数据所有者必须耗费大量成本来获得个人数据，却无法获得适当的回馈，这样将导致个人数据产品供给降低。

罗兰兹指出个人数据是公共产品，法律应限制获取。他从经济和法律角度，将数据分为四类。他认为法律政策存在两对矛盾：一对是"公共产品与可交易的商品之间的矛盾"；另一对是"获取"与"限制"的矛盾。他将这两对内在的矛盾分别放在两条轴线上，从而分割出了四个象限。然后，他在每一个象限中列出了相应的法律政策。个人数据位于第二象限，也就是说，从个人数据的客体性来看，它是一种公共产品。公共产品的特点为：受益的非排他性、效用的不可分割性和消费的非竞争性。公共产品（public goods）与私人产品相对，是指具有消费或使用上的非竞争性和收益上的非排他性的产品。

3. 个人数据保护是社会问题

有学者用五个法律指标来区分个人问题和社会问题，并认为个人数据权保护是社会问题。纳弗教授从加害行为的发生风险，到加害行为发生后伤害和损害的认定，然后到救济中加害行为的查明，再到补偿中金钱的地位，最后至加害行为的对外影响，以加害行为的发生、救济、补偿和影响为主线，阐述了个人信息隐私权具有较强社会性。

第一，侵害个人数据隐私的风险不可避免，也不可预见。个人对自己的数据实际的控制能力有限，当个人数据被收集那一刻开始，个人就已经失去了数据。个人数据脱域性增加了个人数字化人格错误和扭曲的可能性。在信息技术高度发展的今天，个人数据在数据主体毫不知情的情况下被收集和利用的情况比比皆是，此时数据主体更谈不上预见可能的风险。数据主体一旦交出了个人数据，那么他只能听天由命了。第二，社会问题对个人造成的伤害隐秘性高，不为人所知甚至难于发现。现实生活中，普通人的个人数据被侵害是间接性的，而不是直接的。个人数据常常充当犯罪的手段，不是犯罪的对象，即个人数据对犯罪主体来说只在于过程利益，而不是结果利益。过程利益难以发现，也不容易认定。比如，侵犯个人数据的常见形式是买卖个人数据。购买个人数据不是为了侵犯隐私、扭曲人格，多数时候是为了实现精准营销或者通过诈骗、威胁恐吓方式获得财产权利。因侵犯个人数据造成的伤害到底有多少呢？是否应该结合结果利益获得的情况来认定侵害个人数据权利程度呢？还有一个问题，被买卖的个人数据中，真正产生结果利益的数据之于众多的被买卖的个人数据而言，可能只是区区几个，那么那些已然被买卖但未产生结果利益的个人数据的数据主体到底有没有遭到侵害呢？不论如何回答这些问题，只能说明个人数据隐私的侵害性不易认定。第三，一旦个人数据遭到侵害，因为侵害行为借助于网络，导致查明侵害原因障碍重重。网络的快捷性和隐秘性使侵害行为很容易躲避追查，使得数据的收集、处理、利用行为变得无影无踪、捉摸不定。比如，买卖个人数据行为主体的认定问题，我们很难查出到底个人数据是如何获取的，经过了多少次交易，每次交易个人数据的内容、交易的地点、交易的主体等等。第四，经济的补偿不能弥补个人数据的侵害造成的损害。例如，公安局错误地记录了胡某的信息，将良家妇女记录为吸毒人员长达八年之久，造成她人格的减损、使用身份证的精神恐惧，这些都难于用经济赔偿。第五，侵害个人数据对外部性成本的影响小。个人数据和非法数据处理行为并不会导致"公地悲剧"产生。从数量上来看，不同于有形物品，个人数据不会因为使用的人多而减少。从质量上来看，由于个人数据的滥用，可能导致个人数据质量下降，但是从短期效应来看，没有显著的影响，尤其对于国家来说，收集的个人数据的质量为法律所保障。滥用个人数据造成的损害，国家和企业需要承担的社会成本基本上可以忽略，总之，个人数据权是具有很强的社会性的问题。

4. 劳动产生个人数据价值增值

个人数据价值产生的关键环节在于记录。自然人的社会活动，自古以来从未间断过，但是这些社会活动信息没有利用价值，只是标表和识别个人的符号。自从信息技术出现以后，自然人的社会活动信息被计算机自动记录下来，从而显现其价值。也就是说，个人数据的价值增值从记录开始，但是记录个人数据的工作不是由数据主体完成，一般由数据主体之外的第三方来完成。按照洛克的劳动价值理论，"上帝将世界赐予人类共有，每个人的身体就是其财产，每个人的劳动属于他自己，当一个人把他的劳动掺入到共有的某物时，他便使该物成为他的财产。只要他使任何东西脱离自然所提供的那个东西所处的状态，他就已经在那个东西中掺进他的劳动，加进了他自己的某种东西，因此使它成为他的财产"。洛克主张政府保护人们的财产，他所说的"财产"是指人的生命、自由和地产，即人们在他们身心和物质方面的财产。对洛克的财产论的解释有多种版本，不过至少说明个人的劳动与财产之间存在关联性，劳动才能产生对某物的财产权，证明了劳动是财产权的基础。记录是一种劳动，除数据主体外的个人、企业和国家记录了个人数据，也应当获得相应的财产权利。

（二）个人数据权可克减性

"社会利益向度意味着，权利不可能仅对应某一主体，因此，享受个人权利时，应当负担实现社会利益的必要损失，也应接受社会利益可能侵害个人利益的结果，但是关键点是实现社会利益不能建立在对个人的重大或者彻底损害的上面。"由于个人数据权具有可克减性，这为其受到必要限制提供了可能。可克减性是个人数据权区别于其他人格权的一个重要特征。即使是最初提出个人数据权概念的沃伦也认为个人数据权应该受到限制。

1. 个人数据权性质不同于生命权

在有关人权的国际或区域性条约或公约中，一般将个人数据权规定为可克减的权利。例如，《公民权利和政治权利国际公约》第4条就有相关规定，"在该公约中，权利的克减是处于紧急情况下对公民权的废止、减少，也可适用在权利的限制"。基于个人资料的个人数据权具有一定的人格权属性，但其毕竟不能与生命权、健康权的价值相提并论。生命权、健康权比其他权利有较高的位阶。尤其当个人数据权与社会利益发生冲突时，个人数据权的可克减性，使得它与其他权利或者利益发生冲突时，可以优先保护其他权利。道格拉斯大法官在 Roe 案中指出："受美国宪法第一修正案所保护的自由是绝对的；其他基本权的保障，则受限制。从个人信息隐私来看，除了个人在家中受宪法高度保障外，个人数据权所受到的保障是相对的，往往在与社会公共利益的权衡下，必须退居其次。"

2. 个人数据权的外延和内涵模糊

个人数据权与文化传统有着密切的关系，比如，关于询问别人的年龄、工资等个人信息时，有的国家文化认为这些信息是个人隐私，但在有的国家就不属于隐私。尤其是隐私的边界本来就存在着不确定性，对隐私的保护在于维持人们对隐私的合理期待。个人数据权是一种期待权利，侵犯个人数据权的结果很难预测，结果无价值论体现了人文主义关怀，慎重用刑。从人性来看，与造成的利益侵害的可能性比较，理性人更倾向于惩戒那些已经产生不当利益的行为。不同的国家、不同的地域和人群以及在不同的时期，对个人数据权利的内容界定可能是不一样的。

3. 个人数据权利和义务的可分离

在中国受教育权是个人的基本权利，但是同时法律上也规定个人不得放弃受教育权。换言之，受教育权既为个人权利，也为个人的义务。而个人数据权不是这种性质的权利，它为个人赋予了权利，没有施加义务。个人数据的主体是自然人，自然人享有对个人数据的处分权，只要个人愿意，应当允许他放弃。正如密尔所说，对于正常的行为能力人，"只有必须对社会负责的那部分"，才能被限制。在仅仅与自己有关的部分，他具有绝对的自主性。在身和心方面，个人乃是最高主权者。因此，自由限制只是在伤害他人的行为中，而不涉及伤害自我的行为。个人数据权的性质如同密尔说的自由权一样，个人是自己数据的真正主人，个人可以选择保留个人数据权，也可以选择放弃个人数据权，法律上并未将不得放弃个人数据权作为义务条款而明确化。即便是为个人数据权提供最为严格保护的德国，也没有在法律中明确规定不得放弃个人数据权。

二、社会利益对个人数据权的限制

在世界各国的立法上，我们常见到基于社会利益的衡量，立法者以法律授权国家机关一定作为的方式，对人民基本权进行限制。如《德国基本法》第2条第1款规定，每个人均有自由发展其人格之权利，但以该权利之行使不侵害其他人权利，不违反宪政规范与习惯法为限。我国《宪法》第五十一条规定，中华人民共和国公民在行使自由和权利的时候，不得损害国家的、社会的、集体的权利和其他公民的合法的自由和权利。个人权利与社会利益经常存在冲突和矛盾，因此个人权利的保障和社会利益的维护两者之间需要协调，只有正确处理好个人权利和社会利益的关系，法律系统才能运行良好，取得应有的效果。

个人数据权具有横跨公私两域的复合性特征。虽然公民个人数据隐私是当事人的私益，但是在某种情形下关乎国家安全等公益。从现实上看，个人数据权保护的黄金时期宣告暂时中止，天平越来越偏于对个人数据权的限制一面，因为社会暴力、世界恐怖事件时常发生，个人数据权有让位的趋势。英国的数据保护委员会声称，保护个人数据权不仅在设定一项个人权利，而是旨在构建一个平衡个人、个人数据使用者和社会整体权利的法律框架。

（一）有冲突就有限制

利益冲突是普遍存在的法律现象。美国社会学家科塞对冲突持乐观的态度，他指出："冲突经常充当社会关系的整合器。通过冲突，互相发泄敌意和发表不同的意见，可以维护多元利益关系的作用。冲突还是一个激发器，它激发新的规范、规则和制度的建立，从而充当了利益双方社会化的代理者。"科塞甚至认为，在社会生活中若无冲突的存在将是一种极不正常的现象，只有存在冲突的社会才具有生命力。对于法律而言，说到底就是为了解决权利冲突，"任何一项法律的制定，都必然涉及或多或少的利害关系，有些人得到法律的利益，有些人则失去法律的利益"。平衡利益冲突也是立法理念的基础，也是法律制定和存在的重要依据。

利益冲突是产生权利限制的原因。从法理学的视野、权利本位的角度上看，权利为法律之力加上利益。所有权社会化是个人数据权限制的外在动因，利益平衡则是个人数据权限制的内在原理。私权与社会利益的平衡是个人数据权限制产生的必然，无论利益平衡是产生个人数据权利限制的原因还是目的。但是，有一点可以肯定，利益平衡的原因离不开冲突。

在现代社会，之所以对个人数据权作必要的限制，主要原因在于个人数据权利与社会利益之间表现出冲突和矛盾。社会利益的问题涉及国家权利、公共安全、国防权利、公共管理、环境保护、舆论监督等，国家权利本身会涉及社会利益，比如民主政治需对公务员加强舆论监督、新闻媒体行使新闻自由权、社会民众使知情权可能会侵害公务员的信息隐私。此时，新闻自由权与知情权维护的是社会利益，公职人员的个人数据权应当受到限制。披露特定隐私或者对其个人生活中不检点的行为进行适当的批评都属合法行为。

包括个人数据保护法在内的信息产权制度的核心是促进社会的发展。信息产权不是对创造信息的报酬，而是对信息技术创新的激励，其终极目的是公共利益。个人生存权利依赖于国家提供的公共安全、公共治安、公共福利、公共社会保障等公共服务项目。社会利益与个人权利之间存在一定的冲突和矛盾，个人让渡一部分的个人权利换取社会利益在所难免。

（二）限制权利是为了更好地保护权利

"社会利益概念最普遍运用的领域涉及人民的基本权利。一方面，对基本权利的保障是国家公共利益所必需，保障人民基本权利皆可认为合乎公益之需求。但另一方面，对于限制人民基本权利，也必须是基于公益方可以为之。"换言之，无论如何，个人数据权等基本权利被法律保护时，都受到社会利益的限制。唯有在该界限内之基本权利，才被法律保护，同时，"保障该范围内之基本权利，才是社会利益所需"。基于此种观点，社会利益既是基本权利的限制原因和条件，也具有基本权利保障的意义。保护个人数据权这种基本权利，不仅保护的是个人利益，还涉及民主政治、人的尊严、自由发展等社会利益。

权利限制原理的精神实质，即限制权利的目的不在于取消权利，而在于实现权利；不在于削减和缩小权利，而在于扩大权利。权利的限制不是目的，而是实现权利、扩大权利和达成其他价值目标的手段。没有法律的地方，就没有自由，并非人人想怎样就怎样才是自由。限制个人权利的目的不是废除或限制自由，而是要保护和扩大自由。如果自由不加以限制，那么任何人都会成为滥用权利的潜在受害者。无限制的自由还可能导致，因滥用权利而严重破坏社会秩序的极端权力，从而毁灭自由。美国素来以自由标榜，美国宪法第一修正案规定，国会不得制定剥夺言论自由或出版自由的法律。但事实上，美国的言论自由并不是绝对的权利。1927 年霍姆斯大法官的同事布兰代斯，在审判惠特尼诉加利福尼亚州案件中指出：自由表达的权利、教育权利和集会权利，当然是基本的权利，它们不可否定或剥夺。但是，虽然自由的表达和集会的权利是基本的权利，它们在本质上不是绝对的。如果提出的特殊限制是为了保护国家免受毁灭或避免政治、经济和道德上的严重损害，就有理由限制它们的行使。

绝对权利论，在防止国家权力随意干涉人们的权利行为时，具有积极的意义，但导致植根于现实生活的"活法"无法生存。在现实的社会生活背景下，权利的冲突无法避免。个体权利之间的冲突称之为横向权利冲突，如公民之间、法人之间、公民与法人之间的权利冲突；个体权利与整体权利之间的冲突称之为纵向权利冲突，如国家权利、社会整体权利与公民之间的权利冲突等。横向权利冲突有：一些人的个人数据权要获得尊重，就必须限制另一些人对其隐私的公开和发表意见的权利；个人数据权与他人的言论自由权有冲突；个人数据隐私权与他人的知情权有冲突。纵向冲突有：捍卫个人数据隐私权，可能妨害了新闻媒体的自由创作权；国家收集和利用个人数据的权利和个人数据隐私权之间存在冲突。权利的冲突不可避免，但维持权利的内在体系和谐及外在秩序稳定同样重要。如果不处理好权利的内在冲突和矛盾，法律的内在体系和外在秩序将无法实现，导致法律流于形式，很难有效调节社会关系。

（三）个人数据权的内外混合限制理念

国内学者在谈到权利的限制时，经常将权利的限制分为内部限制和外部限制两个类型。"分类的依据根据权利价值而定，对权利的限制主要来自两个方面：一方面是权利相互之间的限制（内部限制），即一个权利对另一个权利的限制。另一方面是实现秩序、福利及良俗美德所必需的限制（外部限制）。"还有很多学者也对权利进行了类似的分类。实际上，虽然国内和国外学者都研究权利限制理论，但是研究的侧重点不同。国内学者愿意从权利限制的方式、类别、价值的角度谈，而国外学者更愿意从实在法与自然法的角度来分析。

1. 内在限制理论和外在限制理论的优缺点

内在限制认为，限制来自权利本身的性质，以法律规制为基础，权利依法仅享有一个确定的、唯一的内容，故而权利本身必含限制。谬勒认为，没有一个基本权是受到无界限保护的。根据其权利的特性，而产生独特且真正的内部限制。谬勒以基本权对于宪法秩序的从属性，以及由此所得出的一个不受限制的基本权的不可能性，而创立这种基本权利特性的保留，即基本权是透过宪法创设而成为权利的。因此，基本权从属于（宪法）法秩序体系，权利界限的决定和内容的决定本质上所指的就应该是同一件事。内在限制理论强调权利的法定性，没有实在法也就不存在权利。由于宪法秩序具有社会属性，其他法定权都从属于宪法秩序。因此没有不受限制的权利，权利被法律规制的同时，也确定了权利唯一的内容、范围、内涵和外延，权利本身就内含着义务。这种内在限制理论将"权利的构成"与"权利的限制"合二为一，权利因其自身的性质、宪法秩序的从属性，是有着自然边界和固定范围的，所以当我们确定了权利是什么时就同时确定了权利的界限。

内在理论认为，权利的限制不是权利之外对权利的限制，而是权利的自我限制，是整体权利对个别权利的限制。因此，社会利益不是外在于个人权利的利益，只是权利的自我限缩，这样它就不存在社会利益高于个人利益的危险。但是，内在理论混淆了权利的构成和权利的限制的概念，造成理论上的复杂和混乱。同时，权利自从进入到法律体系中，始终都圈定在宪法的框架下，已经有了一个固定的范围。但是，这个固定的范围是通过宪法秩序而建立在社会属性上的有限性。"在法学层面上，权利固定范围的确定没有法律的权利条款可以依赖，它已经超出了法学的研究范围，是一个社会学问题。从这个意义上，将固定范围作为法学层面上的权利构成要件是不妥当的。"

外在理论认为权利限制乃是权力之外对权利的限制。德国学者科恩指出，权利是一种先于国家和法律而存在的固有事物，本质反映出的权利边界，国家法律可以在权利外部设置限制。权利限制意味着权利和限制两个方面，权利与限制之间存在关系，但不是必然联系。只有当权利之间存在冲突或者权利与社会利益之间存在冲突，而又要求他们必须和谐相处时，权利和限制才发生相互关系。法律条文中，既能找到保护个人权利的依据，也能获得社会利益保护的理由。

在外在理论的逻辑中，权利开始时是没有界限、没有边界的，存在无限的可能性。当立法、司法、执法时，我们需要通过权衡权利与权利之间、权利与社会利益之间的冲突如何协调问题，确定哪些人应当在多大范围内享受权利，谁的权利应当被支持，从而设定了权利界限。在外在理论中，社会利益和个人权利划分明确，不易混淆。但是，社会利益和个人权利常常被放在对立的位置上。社会利益是外在于个人利益的利益，又是限制个人利益的理由，这样容易造成社会利益与个人利益的冲突加剧，可能容易造成社会利益对个人权利的过分限制。

2. 个人数据权采用内外混合限制的正当性

第一，个人数据权法定主义观念

个人数据权是自然权利的主张，它的理论基础是人格尊严。该概念最初是伦理上、哲学上及宗教上的概念，随着时间的推移，慢慢演化成了政治上和法律上的术语。"人格尊严是指以单个的具体的人为主体，个人具有先在于国家、社会存在的，生而就有的至高无上的内在价值或者尊严。"无论个人的性别、年龄、出身，也不论他的身心是否有缺陷，每个人都应该平等地享有人格尊严。如果人失去了尊严，人就不能为人了。人格尊严是每个人应当享有的权利，法治国家不是创造尊严，但是可以保障尊严。即使法律条文中没有明文规定，在立法、司法、执法过程中，应当通过利益衡量等方式，为数据主体提供全面的人权保护。个人数据权法定主义则认为，个人数据权是一种由制订法赋予的权利，除了制定法外，任何人都不能为数据主体创设特定的权利。除了法律明文规定的权利外，数据主体不能享有权利。

个人数据权是一种新型的权利，它具有多元性、不确定性、广泛性等特征，并且不仅具有人权性质，还具有财产权性质。仅将个人数据权作为人权来看待，恐怕失之偏颇。如果不通过法律上的明确规定，个人数据权的范围、内容，会因为不同立法者、法官、执法人员的理解不同，产生现实适用过程中的混乱和不一致。结果可能导致，个人数据权成为一种"虚无缥缈"的权利，可以随意被解释和理解。因此，本书认为个人数据权的法定主义观念应该被推崇，只有法律明文规定的权利才应当被保障，除法律明文规定外，数据主体不享有其他的权利。

权利限制的内在理论不承认先于法律而存在的自然权利，认为法律规制就是权利边界的基础，而权利限制的外在理论则认为权利是一种先于国家、先于法律而存在的固有事物。"在权利限制问题上，如果人们持自然权利立场，就会主张采用外在理论；而如果人们主张权利法定主义，则会采用内在理论。"笔者认为，从这点上出发，个人数据权应采用内在限制理念。

第二，采用社会本位兼顾个人本位的个人数据权保护法

个人数据权保护法可以适用社会本位兼顾个人本位理论观。在权利限制理论问题上，如果人们坚持个人主义立场，则会倾向于外在限制理论。如果人们更多关注社会本位，则倾向于内在理论。也就是说，个人数据权保护法采用社会本位兼顾个人本位理论，其实支持了个人数据权保护法的内外混合限制理论。

个人数据保护法的核心始终不能离开为个人创设权利的前提。个人数据之所以需要立法保护，原因是个人数据与数据主体之间存在着表现与被表现的关系，以及高度的关联性。如果个人数据不与数据主体存在关系，个人数据保护法也就没有存在的价值和理由了。个人数据权保护法怎么都不可能绕开个人作为分析的基点和研究基础。以个人为研究起点的方法即为个人主义方法论。哈姆林认为，在方法论上的个人主义包括三项基本命题：第一，人是个体社会、政治和经济生活中唯一的能动的参与者；第二，个人在进行决策时，以自身利益作为行事的出发点，除非受到外界强制力的约束；第三，没有人能够像自己一样了解自己的利益和需求。因此，个人主义是以个人本体状态作为真正的实在，否认非个人的整体实在性，是将个人作为基本分析单位的方法。

法律为数据主体创设个人数据权，其主要是基于社会利益的考虑，而不是主要维护个人的利益。个人数据权不同于隐私权，隐私权的目的是为个人创设权利，保障个人的私人空间、私人安宁和私人事务不受外界的干扰，特别是防

御国家对个人的侵害。个人数据权的目的在于调整个人数据流动和个人数据保护的失衡状态，促进个人数据正常流动、正常使用。贝赞松认为个人数据权应具有社会意义，认为个人数据权的积极意义在于经由禁止隐私公开促进个人与他人亲密的交往而发展自我的个性。在此社会脉络下，隐私权不应该停留在一组禁止公开的规定，而是对每一个接触、处理私人数据者施加保护义务。

从这点来看，个人数据保护法的成功，有赖于每个信息使用者，几乎可能是整个社会的成员，清楚个人数据权保护观念。法律在此处的意义，不是贯彻主权者的一组强制规范，而是增添其全民参与、全民教育意义。贝赞松的观点，与德国个人数据保护法权威西米蒂斯教授的看法似乎殊途同归。个人数据保护法的发展是一个学习过程，还有个隐含的共同点，即一个审视个人数据权的视角。他们都认为个人数据权的法律保护应在整个社会的立场之上，从整个社会系统来看待。个人数据权是否能够实现，关键还是在于社会其他成员之间是否能建立起一种共同的信任感，因此，个人数据保护法的价值导向应当是建立全民的信任观，鼓励公民自愿将个人数据投入流通领域。

第三节　个人数据权与社会利益的协调

个人数据权保护基于对权利的衡量而认同以下理念，即"每个人都是社会的一员，因此纵使是人格、隐私领域实际上也具有社会关联"。也就是说，个人数据权不仅强调个人数据与数据主体的人格尊严、人格自由、财产价值密切相关，还强调实现个人数据权所具有的共同性、公共性和集体性的社会性价值，认为个人数据对于数据主体的社会交往目的的实现、个人数据的自由流通、政治经济的发展以及法律制度的构建不可或缺。个人数据权就实质而言，就是要界定个人事务与社会利益（他人权利）之间的关系，法律基于维护个人尊严和个人自由等方面考虑，需要保护个人隐私，但是法律也需要从维护社会利益角度对隐私权的保护做出必要的限制。

目前在对个人数据保护问题的立法必要性和数据主体所享有的权利范围及其种类、国家在保护过程中所承担的职责、为此所提供的行政或司法措施方面，已经没有太大的争议，但对于个人数据保护过程中如何在立法、执行层面协调各种类型的权利和权利冲突，如何在维护当事人，对个人数据所享有的各种权利和自由，以及社会对个人数据的正当合理利用之间求得平衡，仍然是法律理论和实务中需要进一步深入探讨的问题。

个人数据权与社会利益的协调机制，依赖于法的价值选择，法的价值选择标准一般体现在法律原则中。法的价值选择标准不是一成不变的，其依赖于不同的社会基础。"在国家、社会处于衣食窘境时，将经济发展列入最优的社会利益选择标准，可以赞同。"当国家富庶之时，生存权、人性尊严的利益应当高于经济发展利益。这两种做法都比较绝对化、简单、机械。现代法对社会的调整方式，在传统的公法和私法的调整基础上，更多地运用法律上的政策性平衡，协调社会各种权利关系，通过权利、法、权力关系来完成。法律的政策性平衡不是以简单的主张为特性，而是以折中和妥协的平衡态度为特征的，具体表现为西方法律社会或社会本位的法律政策平衡原理。法律是由一系列原则和具体规范所组成的和谐整体。原则是一种高度抽象性的规范，并以要求在可能的限度内得到最佳应用为特征；而规则却是一种抽象程度最低的规范，并以一种"全有全无"的方式加以适用。无论是原则或规则都具有直接适用的法律效力。考虑到本书主要是为探寻个人数据保护过程中的权利冲突问题，故主要对个人数据保护过程中所应适用的一般平衡原则进行分析。

一、平衡冲突的原则

法律从根本上说是调整权利关系的工具，权利调节或再分配是法律的一大职能。法律公平与否，取决于权利平衡与否。法律不能只考虑国家利益，也不能只考虑个人利益。我国社会权利多元化格局基本形成，但调整权利冲突的规则经常缺位、滞后，需要进行法律方法的创新，引入利益衡量方法。"就我们的自由而言，不是一个简单确定的平衡点。"比如关于宗教信仰及政治立场，存在一种极端情况，此时正确的平衡会保障个人坚持其信仰的自由，并拒绝社会以及诸如政府部门或商业企业等特定机构干预这种自由。另外一种极端情况是，国家安全以及社会中法律和秩序的维护可能要求，当社会权利的价值远高于个人权利时，打破这种平衡。这两个极端之间，范围很广。

在个人数据权保护中，个人权利和社会利益可能产生冲突，从而需要以解决个人自由冲突的方式应对此种冲突。个人数据保护中，社会利益没有权利主体，只有义务主体，如果处理不好社会利益和个人权利之间的关系，很容易造成以社会利益的名义，过度限制个人权利。不但没有保障社会利益，还伤害了个人权利。因此，为了避免或者减少社会利益对个人权利的过分限制和不当限制，法律制定过程中，要遵循以下几个原则：

（一）社会利益法定原则

社会利益作为对个人基本权利进行限制的主要依据，也是牺牲个人基本权利所要达到的目的。当一种利益的达成需要以另一种利益的减损为前提时，必须对所依赖或者所要达成的目的进行明确的判断，以防止滥用"社会利益"损害个人的基本权利。所以，作为限制个人基本权利的依据或者目的，社会利益应当在法律上明确界定、细化，保障社会利益的真正实现，最大限度地减少对个人基本权利的损害。

社会利益的价值位阶高于个人权利，对个人权利构成强烈的限制，当两个权利产生冲突时，社会利益优于个人权利。社会利益概念本身是不确定的，可以把社会利益比作一个弹力球，它的伸缩性较强。如果不对社会利益进行明确的法律上的界定，恐怕社会利益会任意扩张，造成对个人权利的不当限制。另外一种可能是应当受到法律保护的社会利益没有在法律中得到明确而详细的界定，导致社会利益出现偏差，使得社会利益无法实现。因此，在立法中详细和具体地界定社会利益将有助于社会利益的恰当实现。

（二）最小伤害原则

当个人数据权与社会利益发生冲突时，个人数据权一般需要让位。但是，这并不意味着任何时候，数据主体的权利都必须无条件让位。这取决于社会利益对个人权利的影响程度。一般应把握的原则是使用最轻微的侵害手段，尽可能少地侵害个人权利。

有些国家在法律中明确表明，当社会利益或者其他主体与个人数据权有冲突时，以个人利益最小伤害为权衡的原则。比如，《德国联邦数据保护法》第 4 条第 2 项第 3 款规定，若从数据主体处收集数据会付出不合理的成本，并且此类个人数据收集不会侵害数据主体重大合法利益，则不需要征得数据主体的同意。其第 13 条第 2 项第 8 款规定，收集此类数据是科学研究的需要，并且此项科学研究的利益明显大于该数据主体排除此类数据收集的所得利益，而且该项科学研究的目的不能通过其他渠道达到，或通过其他渠道须付出不合理的成本。这样的情形可以收集个人的特殊数据。

（三）差异优位原则

数据主体与其他私主体之间发生冲突后，首先要确定哪一种价值需要得到优先肯定和保护。例如，生命权、健康权高于个人数据权，娱乐权低于个人数据权，财产权低于个人数据权，等等；然后，需要确定对优先的价值保护到何种程度，对不处于优先地位的权利及价值如何平衡；最后，对数据主体利益与其他主体利益之间进行利益衡量，取损害最小的方案。

当个人权利与社会利益有冲突时，不能绝对优先社会利益，而放弃个人权利。不同的社会利益，其优先的程度不一样。在不同的时期，优先的程度也不一样。狄骥认为除了政府必须履行的三项职责，即国家防御、维持国内安全与秩序和司法外，公共服务的范围还在不断地扩大。教育、国际经济交流、邮政、运输等任何因与社会团结的实现与促进不可分割，而必须由政府加以规范和控制的活动，就是公共服务，其具有非政府干预，不能保障的特征。法律秩序是保护社会利益的直接首要手段。社会利益中有三类被认为是 19 世纪法律所认可的，包括国家安全、国家对外防御和刑事侦查，数量最多的是国家安全。

各国际组织和国家的立法中，对社会利益的差异优位原则也有规定。《欧盟数据保护指令》第 43 条规定，社会利益的第一位阶包括国家主权、国家安全和国家防御；第二位阶包括公共安全、重要的经济和金融权利、刑事调查和防止犯罪领域内的监视、监察或者管理工作。欧盟名为"第 19 条"的非政府组织，在 1999 年提出了"三步测试法"的不公开数据立法原则，为其他国家和地区的立法提供了蓝本。政府文件的公开和不公开同时构成情报自由法的主要内容，是同一事物的两个侧面，从他们提供的标准中可以看到社会利益的差异优位原则的适用。"三步测试法"规定：（1）拒绝披露信息必须有法律规定的合法目的；（2）公开信息一定会对合法目的产生实质性损害；（3）公开信息对合法目的的损害一定大于不公开该信息的社会利益。

第一条的合法性目的有：国家安全、国防和国际关系；公共安全；对犯罪活动的预防、调查和指控；个人隐私和其他合法私人权利；商业和其他经济权利；诉讼程序当事人平等；政府当局执行的检查、控制和监督；国家的经济、金融和汇率政策；公共机构在准备内部事务期间在内部或在机构间产生的秘密。第二条，对合法目的的实质性损害原则。规定不公开信息是因为公开这些信息会对合法目的产生实质性的损害。这就意味着，仅仅因为信息和合法目的有关就拒绝提供未必一定恰当，只有在公开这些信息会对合法目的造成真实和严重的损害时，不公开这些信息才合法合理。例如，国防军事活动产生的相关信息，包括购买军需物资，不能因为这些信息和国防有关，就明确规定不公开这些信息。第三条，利益衡量原则。对公开信息所获得的利益和不公开信息所保护的权利进行衡量，两害相权取其轻，以此来判断特定信息是否应当公开，这就是所谓的权利衡量原则。

（四）法律保留原则

现代民主法治国家权力分立制度下，处理法律权利、行政权力、私力救济之间的关系、实现依法治国价值以及统一法律的功能是法律保留原则的理论基础。法律保留原则主要是划定行政权力和法律权利界限的原则。法律保留原则是指立法过程中，明确行政权力不可以介入法律的事宜。简单说，法律保留原则的核心，要求立法规范应当最少制定原则性规范条款，尽量细化和明确法律条款，实现行政机关的法定权限。

社会利益的实现由行政机关代为行使，如若法律大而空泛地规定社会利益的条款，行政权力容易借模糊规定，破坏法律保留事宜作出行政规范。法律保留原则是法律的优位原则的实现和依法治国理念的基础。尤其在法治观念相对比较薄弱，法律优位原则实施欠缺的情况下，我国立法的法律保留原则具有深远的意义，对立法提出了更加严峻的挑战。

（五）比例性原则

在公权力和个人基本权利之间存在冲突时，限制个人基本权利必须符合比例性原则。比例性原则不是说在立法时确定保护各利益的比例是多少，而是要说明一种利益衡量的思想，一般体现为合理性原则、适当性原则。由于现代化国家行政任务的广泛且普遍，各部门在职务分配上不可避免地具有相当程度的抽象性，因此该项适当性的要求较为宽松。合理性要求的满足，无法从立法上一次性确立标准，更多的是需要相关机构执法中具体问题具体分析。但是，立法时可以就合理性要求而设计一些准则性的内容，以防止公权力滥用职权。宪法中基本权利限制的合理性要求至少涉及两组法律上的关系：实现权力行使目的与所采取手段之间的关系以及公民基本权利受损与公共利益需要之间的关系。比例性原则有三个条件：第一，行政机关限制公民权利是压倒性的社会公共利益；第二，行政机关采取的手段和其要实现的目标必须紧密相连；第三，行政机关采取的措施对公民权利的损害最小。

（六）社会相当原则

根据德国威尔泽尔的观点：社会生活是变动而非静态的，在社会生活中只有对行动自由加以限制才能形成社会共同生活。但如果法律对所有的权利侵害行为都认定为客观违法而加以禁止，则社会生活就会停滞。因此，应当在历史所形成的国民共同秩序内，将具有机能作用的行为排除于不法概念之外，并将此种不脱逸社会生活上的常见行为称为社会相当行为。换言之，行为若符合历史所形成的社会伦理秩序，其社会效益将得到最大化体现。因此，即便行使司法权、公共表达权、知情权及监控的具体行为侵害个人隐私，若该种行为具有社会相当性，则可消除其行为的违法性，而认定为正当行为。

也许社会相当性的动态性与不安定性，会给我们的学术研究平添许多烦恼，但这也恰恰是其优点所在。社会生活方式及民众的伦理观念本身就是变动不居的，因此衡量行为正当性的标准也只能是抽象性的、开放性的。正是这种抽象性和开放性使得这个标准具有强大的适应性，能够与时代发展同步，保持与时俱进的品格。行使司法权、公共表达权、知情权及合法监控，侵扰隐私权的行为是否具备社会相当性，显然要采用个案平衡原则，深入该行为发生时的具体场景而具体分析。个案的平衡原则须借助当下的社会公众普遍接受的伦理观念。无论社会相当性原则也好，个案平衡原则也罢，都体现了一种灵活与开放的气质，其终极目的无非是在"隐私权刑法保护与限制中寻找合适的平衡点，使得各种权益都能获得法律的妥善关怀与照顾"。

二、选择与结果的关系分析

（一）不同的选择、不同的结果

美国法和欧盟法代表两种典型的协调个人数据保护中利益冲突的法律制度——美国青睐的"损害"进路和欧盟所青睐的"权利"进路。美国是一个特别重视企业的创造力与创新性的国家，对于网络和现代通信技术带来的海量个人信息收集、存储和处理，它们既有利于跨境贸易和电子商务，也会引起对个人隐私权安全的担忧。美国政府的政策取向是，既要在国际范围内保护个人数据隐私，又不应阻断跨境信息流，影响电子商务和跨境贸易。美国政府希望通过对数据隐私保护采取平衡的规制方式，创造有利于创新的环境。欧盟的个人数据权保护理念为：个人数据权是基本人权，其价值高于其他社会利益，为了人权可以放弃经济发展。"为人权宁肯牺牲技术进步"的立场在欧洲更受欢迎。两种法律制度产生了不同的社会效果：欧盟各国人民享受着更安全、更受尊重的感觉，但较少享受信息技术发展所带来的实惠和便利；相反，美国人民可能遭受信息技术对人格尊严的威胁和侵害更多一些，但是享受着信息技术为生活带来的各种方便。

对于希望加强数据流动，吸引外国企业的国家来说，似乎选择欧盟这种严格保护个人数据权的模式更可能实现目标。因为美国的个人数据权保护模式对数据流动没有设置障碍，无论国家对个人数据权保护的程度如何，数据流动将畅通无阻。相反，欧盟则要求达到"充分性"的保护程度，如果不设定像欧盟那种个人数据权保护模式，数据的跨境流动将受到影响。但"其实这种想法不正确，类似于美国的个人数据权保护模式更容易达成目标"。

欧盟委员会负责司法和公民基本权利的专员薇薇安·雷丁从一种制度竞争

的角度，对欧盟隐私保护体制做出了强有力的合法性辩护："新规则……将给欧洲企业在全球竞争中带来优势……企业将能确保客户有价值的个人数据得到必要的全力保护。信任……对服务提供者而言是一种关键资产，对投资者的判断而言也是一种激励。"然而到目前为止，似乎并没有看到由于更高的隐私保护制度，使得美国的社交网络转向了欧洲或者亚洲。从个人数据保护法的实施效果就可以验证这种观点的正确性。硅谷知名风投公司，人称"互联网女皇"的玛丽·米克尔在《2015年互联网趋势报告》中对比了1995年和2014年全球最有价值的企业排行榜，1995年排行前15位的企业中，除了德国Axel Springer公司排第3位，另一家加拿大公司排第11位，其余都是美国公司。2015年，排行榜中除了4家中国公司外，其余都是美国公司，仅有的德国公司和加拿大公司早已消失不见了。

（二）结果产生的原因剖析

1.成本收益等式——法经济学

保护个人数据权的成本，包括直接成本和间接成本两部分。为了使个人享有充分的个人数据权，欧盟选择采用严格的明示同意制度，该项义务的履行造成社会成本的巨大浪费，这部分成本被称为直接成本。有学者研究表明：欧盟模式下，商家取得消费者的信息使用许可，需要通知消费者。2005年，英国的商业界每年花费近6.5亿英镑，而欧洲各国因遵守法律规定而支出高达54亿英镑的商业成本。一家美国公司证实，为了获得信息使用许可，联系每位客户获取授权需花费30美元；为了遵守《金融服务现代化法》的规定，制作、印刷和寄送40亿份披露通知，需花费20亿至50亿美元。2005年，美国健康和人类服务部认为，遵守健康隐私规则的成本第一年就达到了32亿美元，而在前十年可达176亿美元。在Turner关于筹资成本的评估中，仅慈善事业每年因遵守隐私法明示同意规定，就将产生165亿美元的支出，占美国2000年慈善筹款总金额的21%。

数据的转移与劳动力迁徙，两者是可替代的关系。法律对数据转移的限制越少，劳动力跨境迁徙所产生的政治、社会和经济成本也将降低。美国对个人数据跨境转移没有什么限制，而欧盟则对个人数据跨境流动进行了严格的限制。

2. 价值选择与信息技术创新的互动原理

第一，无序与有序的双义逻辑

法的价值有很多，但是最核心的价值仍然是促进社会秩序的形成。胡平仁认为：任何国家、任何时代，人们之所以需要法律，最基本、最首要的目的就是维护和构建一定的社会秩序。"法与秩序有着天然的联系，并把秩序作为社会意义上的、最基本的价值追求。"社会是法律生成和发展的土壤，弗里德曼形象地描述了法与社会的关系。他说：法既是社会的反映装置，也是社会秩序的推动装置。

法学与社会学的结合部和生长点是法与社会秩序的关系。法律是手段，社会秩序是结果；社会秩序是条件，法律也是结果。法律是原因，社会秩序是结果；社会秩序是原因，法律也是结果。法律是调整人的行为的手段，人的行为构成了社会的动能。也就是说，法律与社会、社会秩序相互作用，互为因果。

秩序是事物和谐、稳定地存续和有规律地运动的状态。社会秩序则是为了维护社会公共生活的安定而建立的各种秩序，协调社会关系的各个部分，使社会正常而有规律地活动（行动）状态。人的行为的无秩序运动，产生行为的创新，形成较优的新秩序。无序是一切宇宙发生过程的组成部分，它成为一个含义极为丰富的观念：宇宙中不是只有一种无序，而是有着多种无序（有序亦然）：不平衡、紊乱、涡流、随机地相遇、断裂、灾变、波动、不稳定、离散、正反馈、逃逸、爆炸。

经典科学把自然界中的有序性放到至尊的统治地位，而否定无序性具有重要的意义，这使它不能阐明自然界的质变。莫兰指出，有序性和无序性有同样根本的本体论地位，并且它们对世界事物变化和发展具有双义性。有序性的积极意义在于保持事物的持久存在，而其消极性在于保守性，并抑制新事物的产生；无序性的消极意义可能使事物解体，其积极作用是它在破坏既有秩序时，为新事物或新性质产生条件。有序并不是对无序起到决定性作用的东西。有序是维持稳定和发展的量的变化过程，无序才是产生质变的原因。

有序的社会环境为人的行为方式提供了条件和基础。有序性，使人们可以利用世界的规律性，能够或多或少预见事物的变化方式；无序性，使人们能够在某些情况下成为不被客观必然性束缚的个体，成为实现自身目的而利用客观规律的行动者。此外，有序性和无序性的共存，使得事物和主体本身的发展常常面临着多种可能性而不是唯一的可能性，这使得主体能够选择实现合乎或接近自身目的的可能性。

第二，个人数据权保护程度与创新

社会秩序遵循着有序与无序的双义性逻辑关系。如果我们过于强调社会秩序，而未发现适度的社会无序价值，那么基于这样的起点做出的决策将不会科学，产生的结果也未必是我们希望看到的。显然，创新行为与质变有着不解之缘，社会无序将为新事物或者新性质的产生创造必要的条件。创新应当允许试错，只有在混乱的无序的运动中，各个方向可以随意活动，经过不断的碰壁、折转，最终才能产生具有较优性质的事物，或者产生出新事物。

由约瑟夫·熊彼特提出的创造性破坏理论，揭示了企业家何以成为创新的主体。他们在"创造性地破坏市场均衡"，获取超额利润的机会源自于破坏。约瑟夫·熊彼特所说的"创造性地破坏市场均衡"，不也正验证了无序与有序的双义性逻辑吗？创新往往来自偶然性事件，前提是破坏原有的秩序，使原有的秩序不再稳定。在无序的市场环境中，生发出创新性。这个创新性的事物不仅可能帮助市场形成新的秩序，而且还可能为创新者带来超额利润。超额利润激励着创新者再一次进行打破市场秩序的活动，创新活动又进入到下一个无序与有序的逻辑循环圈内。这种无序、创新、有序的循环不是一个简单的圆圈式循环，而是一个循环向前发展的运动，最终将实现人类社会的文明。

事实证明，低程度的个人数据权保护制度，将在一定程度上容忍市场无序的存在。市场秩序的适度破坏极为有利于信息技术创新。正如钱德尔（Chander）教授所说，"虽然初创期的硅谷公司最不想见的人就是律师。但是，硅谷的传奇绝对不仅仅是出类拔萃的程序员们的故事，还是容纳他们创新行为的法律环境的故事"。硅谷企业的成功通常并非归功于单一的、最初的灵感，而在于公司内部的反复试验、连续多次的尝试。大多数产品的成功都基于这样的试验——推出新产品、开放测试以及效果的评估。许多 Web 2.0 企业依靠这种试错模式取得了成功。开放测试根据市场的欢迎程度而做出撤回、修订、改善或最终敲定的决策。软件的可塑性允许企业对市场情况做出快速回应。正是由于这些业务处于探索用户和信息的新型关系的过程之中，这一试验过程伴随滥用消费者数据，破坏市场秩序的高风险，同时存在侵犯个人数据隐私权的高度可能性。缺乏一系列有效的强化个人数据隐私保护的法律法规，将为网络服务商提供追求最大利益的机会。只要服务商不承诺提供比其实际行为更强的隐私保护，美国互联网企业将免于法律责任。因此，一项宽松的个人数据保护制度，特别有利于这种服务创新的试错模式，允许企业根据市场反应而非法律规制提供服务。

国家制定法一方面要反映客观的自然发展规律，另一方面也要体现意志性。法律的意志性绝不是任意或者任性的，它还受客观规律制约。阐述个人数据保护法的实现原理也应当从法律的客观规律性和法律的意志性两方面进行。

个人数据法律保护制度的演化逻辑就是法律客观规律的反映。法律制度没有好坏之分，只是发生的社会条件不同，社会发展阶段不同。任何一种法律制度都在社会实践活动和社会经验积累的过程中产生、发展、消亡。法律制度不是凭空产生的，它总是在历史制度的基础上，逐渐演化而来，表现出强烈的制度路径依赖性。社会实践活动往往跟随着社会情境的不断变化而变化，法律所承担的社会角色也随之变化，只有当法律制度与社会情境达到适恰性，才能充分体现法律的最大价值与意义。法律制度作为一种生产关系的外在表现，其必然受到生产力的影响。在大数据时代，信息技术是最重要的生产力，它影响和约束着个人数据法律保护制度的构建过程。

个人数据法律保护同样也要体现立法者的意志。立法者的意志性从法律的需要和价值中反映出来。秩序、自由、平等不同的需要和价值，表现在法律对权利的确定、权利的认可形式、法律的目的、法律原则等多方面。这些法律的价值实现与权利界限的确定紧密相连。因此，本书研究个人数据保护法的价值从个人数据权法律保护的价值导向、个人数据权和社会利益等权利界限的协调方式两方面来分析。近些年个人数据法律保护中，个人数据权与社会利益之间的冲突越来越明显。在面对个人数据保护问题时，世界各国倾向于通过限制个人权利，来换取社会利益。

以社会利益为优先的价值导向是个人数据保护法正确的选择。第一个原因是个人数据保护法中的社会利益可以优先。个人数据产生于社会交往、个人数据是公共产品、个人数据保护是社会问题、劳动产生个人数据价值增值等四个方面的阐述，说明个人数据权具有较强的社会性。不可否认，个人数据权性质不同于生命权、个人数据权的外延和内涵模糊、个人数据权利和义务的可分离使得个人数据权具有可克减性。第二个原因是个人数据保护法中的社会利益应当优先。在个人数据法律保护过程中，社会利益与个人数据权之间存在冲突，有冲突就有限制，限制权利是为了更好地保护权利。为了使个人数据保护法更能体现社会利益导向，我们应该运用个人数据权的内外混合限制理念。

个人数据权和社会利益的界限的划分非常重要。权利界限的划分反映在平衡权利冲突的原则方面。目前，各国个人数据保护立法例常用的原则有：社会利益法定原则、最小伤害原则、差异优位原则、法律保留原则、比例性原则、社会相当原则。在个人数据保护立法中这些原则往往交叉使用，对每类原则的体现程度不同，会形成不同的个人数据法律保护模式。因选择不同，产生了美国和欧盟两个比较有代表性的个人数据保护法律模式。两种不同法律模式对社会的影响结果也不尽相同。本书运用法经济学分析范式以及莫兰的复杂性哲学原理对其进行了解释。

第六章　信息保护的既有理论及其不足

理论是实践的重要指引，对于信息保护这类实践性的举措尤其如此，缺少理论学说的支撑，便无法有效地构建系统的制度、规范和措施。因此，有必要系统梳理与信息保护相关的重要理论学说，从理论上廓清现有学说的不足。

当前，较有影响力的信息保护理论学说多出自英美学界，大体有如下四类：第一，信息控制学说；第二，个人信息财产保护权利学说；第三，隐私经济学理论；第四，隐私合理期待理论。个人信息控制权学说将个人置于个人信息利用决策的中心，体现了自由主义的自治原则，但信息的自我决策具有局限性；来自公众问责、政治理性和商业实践三方面的障碍使得信息隔绝存在难度。个人信息的财产权保护学说尝试从财产法及财产理论中探索替代性的信息隐私保护方案，使个人从信息交易的现行市场中获利，实现个人信息控制权的回归。而个人信息并不具有竞争性、市场失灵及公共产品的属性充斥在反对个人信息财产权保护的意见中。隐私经济学理论认为，许多以隐私之名出现的东西，只不过试图隐藏人们行为中不光彩的方面来增加我们的商业和社交机会，而隐瞒的动机往往是试图误导他人，这会增加交易成本。隐私合理期待理论，从国家或社会的整体角度出发，判断民众对涉案信息的价值标准与隐私期待。不足之处在于，适用标准复杂，事实依据非常灵活，基本上由个人判断、政治社会环境等不确定因素来决定，这会造成部分适用上的障碍。

对于信息保护，这四种学说皆有可取之处，然而，随着社会经济和科技文化的发展，主流的理论和学说不可避免地暴露出自身的局限性，甚至是致命的缺陷。当然，无论具备何种缺陷，它们在构建信息保护的制度和举措的过程中都起到了至关重要的作用，这首先需要肯定。另一方面，我们也必须试图去澄清这些理论学说背后的不足，一定程度上可以说，理论学说的不足之处也是当前时代对信息保护不足的表征。只有发现了这些不足，才能更好地解决那些困扰信息保护实践的问题。

第一节 个人信息控制权学说

一、作为以主体为决策中心的信息控制说

我国台湾地区学者李震山先生指出，每个人都应掌握与控制自我的资料，从资料的汇集、储存、利用、传递、阅览、更正、销毁的各个进程中，都应让个人以"自我决定"为理由全程参与。日本学者芦部信喜教授指出，从日本隐私权的发展历程看，日本隐私权的发展经历了从私法上的权利到宪法上的权利过程，而概念上的发展也从消极被动、要求他人放任自己独处的不被打扰的权利到积极主动、控制个人信息权利的发展过程。上述学者的观点可以被归结为"信息控制"学说。该学说认为，隐私权是自然人对其私人生活信息的控制权。具体表现为信息主体对与自身相关的信息进行收集、储存、传播、修改等活动所享有的决定权。

在美国，信息控制说占主导地位，支持者众多。美国联邦最高法院在1988年的一个关于信息自由的判例中就已指出：普通法和隐私权的自由主义观点都包含了个人对其信息的控制。相同的例子还可以在弗里德（Charles Fried）、波斯纳（Richard Posner）、肖尔（Frederick Schauer）、威斯汀（Alan Westin）及其他学者的相关论著中找到。信息控制说体现了自由主义的自治原则，这种自由主义的自治原则将个人置于个人信息利用决策的中心，旨在通过个人对其信息的管理以及个人信息与外界的隔离，实现信息主体对个人信息的自主决策与控制。它鼓励对个人信息适用财产权的保护方法，将个人信息转化为一种商品。

二、信息控制说面临的三重困境

随着信息技术的发展，全面记录人们在互联网上的各类行为成为可能。信

息技术能够以人们根本无法预料到的方式，通过特定的渠道将他人的秘密广泛地传播出去。基于此，信息主体要想控制个人信息会面临诸多困难和阻碍。

信息主体在网络空间中的活动不仅会在信息主体自己的电脑中，更会在网络上生成记录。现阶段，许多机构与企业都在记录并收集用户在互联网上留下的个人信息，并将这些个人信息进行商业利用。愈来愈多的直销经营者与各类网站将在网络上收集的信息与现实生活中收集的个人信息联系在一起，通过整合分析，建立分类明确的营销列表，予以销售。随着网络跟踪与窥探技术的不断发展，有效的规制变得十分困难，无法防止网络窥探信息技术在未来对个人信息权产生的侵害。个人信息的收集、储存，直销经营者与网站对个人信息的收集和销售及新型跟踪、窥探技术的发展与利用，都成为网络空间领域与信息利用与处理问题相关的亟待解决的问题。这当中最重要的三个问题体现在以下几个方面：个人信息自治的困境，信息隔绝存在难度与无法普遍实现的信息商品化控制。

（一）个人信息自治的困境

作为从学者论著、判例法、政策建议中发展起来的信息个人控制的概念，其理论基础是将自我决策视为是人们享有的一项自然权利，但我们应客观地看待信息自我决策的局限性问题。

1. 信息的自我决策具有局限性

首先，晦涩模糊的隐私声明与网络隐私权问题本身的高科技本质，使得个人信息的加工处理存在着普遍的信息不对称，网站访问者对此缺乏必要的认知。绝大多数的用户甚至都未能意识到，其访问的网站正在采集他们的信息，而即便用户认识到这种行为，他们对于自身的个人信息被采集后会被用作何种用途也并不知情。

其次，在网络隐私权领域缺乏保护消费者隐私信息的集体行动，缺乏成熟的保护消费者信息的维权团体。虽然，技术上出现了采用带有隐私权建议，且预先设置好过滤，能够允许并帮助人们表达其自身的隐私偏好的新信息过滤技术，但我们应看到，保护网络隐私权集体行动的可能性，在现阶段只是在慢慢地酝酿与形成中。

再次，除了信息不对称与网络集体行动的问题，互联网上的用户在进行行为选择时还存在局限性，即有限理性决策的问题。当互联网用户面对信息控制说时，用户需要独立做出与信息隐私有关的决定，为自身的行为选择负责。行为经济学的研究已经证明，当人们面对企业拟定的标准化条款时，往往会对违约条款表现出普遍的迟钝性，这会对人们的自由选择造成强烈与普遍的限制。

最后，互联网企业为网络用户提供的信息隐私保护几乎都是接受或退出的选择。互联网用户对企业的信息隐私保护策略只能全部接受或者放弃退出，放弃意味着无法使用企业的产品与服务。这些隐私声明成为网站进行数据信息收集、处理活动而不容许用户讨价还价的借口。目前行业标准的制定往往并不热衷于保护个人信息隐私，维持当前信息的最大公开状态的行业标准，会使得网络公司普遍从中获得利益。因此，一旦网络行业将低下的信息隐私保护水平锁定成为一种主导性的做法，那么要想找到行之有效的提高网站隐私保护水平的方法将会变得比较困难。还应看到，很多网站的隐私声明条款本身存在很多缺陷，这些隐私政策往往无法反映出网站真实的信息收集与利用活动的实际情况，而且绝大多数用户根本不会阅读这些条款。

2. 个人信息的强制披露要求

当前，许多国家的制定法已明确规定，为了公共健康、国防安全、反恐等目的，相关个人信息需要强制披露。鉴于此，在上述领域中实施个人信息的自治，将遭遇阻碍。信息控制如同一面朦胧的屏障，掩盖了真实信息处理实践中存在的问题。

（二）信息隔绝存在难度

根据信息控制说，信息隐私被视为一项保持个人信息处于隔绝状态的利益。信息隔绝的谎言将个人信息权视作使信息处于秘密状态的一张王牌。然而，以信息隔绝为基础的信息控制说在实施时会面临层层阻碍，其中，最大的阻碍来自公众问责、政治理性和商业实践三个方面：首先，公众问责制将个人信息的对外开放视为是民主管理的重要组成部分；其次，政治理性也要求对外开放个人信息，从而更好地发挥政府行政管理的职能；最后，商业机构则利用各种信息窥探与跟踪技术收集与利用个人信息。现阶段来看，要想信息隔绝，操作起来不仅程度有限，也存在困难。

（三）无法普遍实现的信息商品化控制

人们有权控制个人信息的观点会将该项权利指向个人信息的买卖。此观点业已引发学界的广泛讨论。根据该观点，为了保护个人信息权，需要配套的信息市场与个人信息财产权制度。上述看法得到了众多学者的响应和支持。莱斯格（Lawrence Lessig）就是其中较具代表性的学者之一。他呼吁政府改变现有的涉及个人信息的法律权利。他主张国家应赋予公民个人信息财产权，并采取相关措施促使信息控制者、使用者在利用个人信息之前获取他人的同意。莱斯格认识到，在利用法律手段调整技术手段的应用方面，国家需要承担更多的责任。

现阶段看来，在商业实践操作中，用户面对的个人信息处理活动中不容许商议、讨价还价的强制性选择以及信息不对称、集体行动、有限理性和退出选择的局限性等问题，都使得个人信息要实现商品化还面临着诸多障碍。现行信息市场的状态下，采集、利用个人信息的商业机构无需支付个人信息使用的成本，而要打破此种现状，需要市场的自我孕育以及国家的有效引导。

互联网赋予每一个人无限可能，让个人力量增强，个人价值升华，但现行互联网上的个人信息利用制度是不透明的。新时代涌现的无限度攫取用户隐私的技术应用，网络犯罪、网络暴力、网络安全等问题，都与现行的个人信息制度无法切实保护人们的信息隐私息息相关。当然，信息控制的理论并非不足取。对该理论的分析使我们清晰地认识到现阶段信息控制说存在的缺陷，这有助于我们反思，在个人信息保护领域中如何发挥国家与市场的作用，如何减少信息的不对称，克服集体行动的障碍，维护人们社会言论与行为的独立性，激励商业机构、社会团体修正自己的行为，从而促进规范、有序的信息市场的建立并维持其正常运作，最终引领积极的社会风潮。

第二节 个人信息财产权保护学说

一、个人信息财产权保护学说的勃兴

大陆法系的很多学者认为，信息主体对自己个人信息商业价值享有权益的基础，源于其对自己姓名、肖像等直接个人信息享有的人格权。学者们将这些包含有财产属性的人格权称为"新型人格权"。但是，无论是传统人格权、"新型人格权"抑或是公开权制度，都无法适用于姓名、肖像之外个人信息商业化利用的情形。有学者指出，很难将个人信息的保护融到传统财产权体系中，从个人信息权的内容和特征来看，充其量只能作为无形财产权。由于无形财产权本身非常宽泛，将个人信息权纳入当中，会导致个人信息权丧失确定性，因此，在民事权利体系中，应把它作为一项独立的权利来对待。还有学者指出，近代民法上，"信息财产不能作为独立客体进入民事法律关系范畴。物权法不保护信息，知识产权法也不保护信息，债权法保护模式是把信息作为服务的一部分来对待，从根本上抹杀了信息的独立性"。另有研究指出，个人信息财产权是信息主体对个人信息的商业价值进行支配的一种新型财产权。在信息时代，个人信息中蕴含的商业价值应得到有效保护。对个人信息进行确权，应根据其体现的价值来判断。当对个人信息的保护是维护主体的人格利益时，应给予人格权保护；当对个人信息的保护是维护主体的财产利益时，就应给予财产权保护。单纯的人格权保护模式已无法适应信息时代社会生活的实际需要，个人信息中商业使用价值的财产权诉求，应当予以充分考虑。

美国与欧洲的学者，对个人信息的财产权保护谈论甚多，但少有人相信它能落到实处。最早回溯到20世纪六七十年代，美国学者威斯汀就已经提出，应将个人信息看作一项财产权，因此可以考虑引入产权保护的方法，保护个人信息。该理论一经提出，便获得学术界的广泛关注。1972年的诺贝尔经济学奖获得者肯尼思·阿罗在20世纪80年代指出："把信息作为一种经济物品来加以分析，既是可能的，也是非常重要的。"同时代的美国社会学家托夫勒在《预测与前提》一书中指出："在第三次浪潮的社会中，我们仍然需要土地、机器这些有形财产，但主要财产已变成信息。这是一次革命的转折。这种前所未有的财产是无形的。"1991 年，萨缪尔森教授发表《信息是财产吗？》一文，他在文中指出，信息是财产的法律观点会得到越来越多的认同，其中的原因之一，是为了促进信息产业的发展。

21 世纪初期，学者们开始尝试从财产法及财产理论中探索替代性的信息隐私保护方案。有学者认为，产权保护能实现个人信息控制权的回归。对此，莱斯格提议构建一个自由的个人信息交易市场。他的设计方案是：将个人信息中的财产权初始性地赋予信息主体，信息主体可以拿自己的信息与信息使用者进行交易，经过双方的多次议价后，确定信息买卖的价格。近年来，欧洲及相关国际机构一直在讨论个人信息中的经济价值问题，并希望寻找到更加合理和有效发挥其价值的方式。个人信息市场与个人信息的财产权制度成为学术研究的热门话题。围绕个人信息市场与个人信息经济价值的议题，2012—2013 年欧洲几次大型会议及学术研讨会进行了专门性的讨论。学者与公众为何将财产权的观念推向高潮？或许，这不仅受到个人信息在信息经济社会中地位的影响，也受到了一些反监管文化的影响。信息隐私的商品化不仅有利于建立市场化的模型，而且市场自身的调节会被认为是比政府自上而下的调控更为可取的方法。当今信息处理的实践，不应回避个人信息产权归属的问题。

二、个人信息财产权保护学说遭遇的批评

美国与欧洲现行有效的法律并未明确承认信息主体对个人信息享有的财产性权益。对于消费者在信息处理过程中遭遇的隐私侵害，这些法律提供有限的要求侵权者进行法定损害赔偿的诉讼选择机会。不论美国还是欧盟，现阶段都未建构起个人信息财产权保护的清晰框架。尽管信息隐私在美国仍然受到"责任规则"的保护，但公司、机构逐渐把它们日常处理的信息作为一种商品来对待。对于提供商品、服务过程中采集到的个人信息，公司将它们收集起来，有时还会将这些信息出售给其他公司。在美国的私法判决中，偶尔会认可信息是一项财产，但这样的认定只适用于公司采集到公民个人信息以后，将财产视为公司

财产的一部分。对于是否能将财产权理论应用到个人信息的保护中，多数法学学者持怀疑态度。学者利特曼（Jessica Litman）就认为，数据信息交易并不为大多数人所接受和支持。现阶段，学者主要是从以下几个方面对个人信息的财产权模式进行批评，这些批评有值得令人反思之处，但并非所有观点与论证都是合理、充分的。以下，我们将对这些观点展开辩证分析。

（一）个人信息并非竞争性资源

一种传统的观点认为，个人信息并不具有竞争性，并不稀缺，因此并不需要以创设财产权制度的方式来限制人们对个人信息的使用。对比典型的资本与劳动力投入，学者纽曼认为信息具有如下典型特征：非竞争性，在复制与传播方面，没有或者仅有非常低的边际成本。学者萨缪尔森与雷丁认为个人信息并非一项稀缺资源。在某人获得他人信息的同时，其他人同样可能获得该信息，并且剩下的信息资源与之前他人获得的信息资源，在质量上并不会有任何区别。

从知识产权的保护路径来看，萨缪尔森与雷丁指出，没有必要使用产权保护的方式对非稀缺性资源进行保护。当一项资源加入了人们的劳动，被生产出来，才应引入产权保护的方式。知识产权调动人们从事科学技术研究和文学艺术作品创作的积极性与创造性，并以赋予智力成果完成人知识产权的方式，回馈创造者，为智力成果的推广和传播提供法律机制。然而，个人信息是信息主体日常活动的副产品，并非有意识创作生成的数据信息，因此，倘若个人信息并不稀有（即逻辑上不能排除他人接触到个人信息），并且无需通过法律机制去刺激个人信息的生成，那么，将个人信息产权化显然不符合经济学原理。

（二）个人信息市场的失灵

诸多研究隐私保护的学者都认为，目前的个人信息隐私市场运作得并不顺畅，而这当中的市场失灵无法进行自我完善。市场的缺陷会导致市场中的竞争参与者采取有害于个人信息保护的竞争措施。美国研究隐私保护的学者科恩（Julie Cohen）就曾论述过个人信息中财产权与信息性隐私权之间的负相关性。她在文章中阐述道："个人身份可识别信息中的财产权会带来诸多风险，这些风险在促成更多交易的同时，也会使人们享有更少的隐私。"市场失灵会使得人们卖掉更多与自身相关的商品化信息，从而吞噬掉现有层面的隐私保护。正如学者莱姆利（Mark A.Lemley）所总结的那样，并不存在良好的市场解决方案，能妥善地解决立足于财产权的信息隐私权。

在评估市场对个人信息的作用方面，学者施瓦茨（Paul M.Schwartz）在其研究中总结过一个标准。此标准需评估消费者会在多大程度上遭遇隐私价格歧视。经济学家对价格歧视下的定义为：销售者给不同的消费者确定不同的价格，其中，价格因素的确定并非取决于销售成本，而取决于消费者的购买需求。我们假设有两位这样的消费者，消费者甲与消费者乙。消费者甲保护个人信息的意识较高，在意自己的个人信息被他人收集与使用，因此，消费者甲为公开自己的个人信息所设定的价格会比较高。谁能够满足消费者甲的隐私偏好，谁才能收集与利用他的个人信息。消费者乙对自己的个人信息被别人如何收集与使用则毫不在乎。因此，相对甲而言，乙为自己个人信息所设定的价格会比较低。在财产权制度的背景下，需要交易双方最低限度的合作。然而，市场存在的缺陷之一就是其本身无法对消费者进行区分，只能做二元选择，要么禁止商业公司收集个人信息，要么允许。同时，还需看到，大部分用户并没有意识到他们访问的网站正在采集用户的个人信息。学者奈塔丽（Neil Netanel）指出，即便用户意识到自身的信息正在被网站采集，他们也不清楚自己的信息是否会被做进一步处理，更不会知晓这些信息将以怎样的方式被处理。另外，消费者进行消费的一般惯性使得他们很少能在交易合同中对违约条款进行议价与自由选择。在现行并不透明的信息市场中，财产化的保护模式会使得在收集、处理、传输个人信息方面有更大影响力的一方受益。因为，它们不仅能够潜在地引导消费者做出决定，还能在制定合同规则、谈判规则上，拥有更大的权力与影响力。在个人信息隐私市场中，消费者具有的相对脆弱性与系统性劣势是学者对个人信息商品化担忧的一个重要方面。

（三）财产的自由转让性会加剧个人信息市场的缺陷

基于财产的可转让性，部分研究信息隐私权的学者对财产权模式提出了质疑。他们认为，当信息成为能够予以转让的财产时，再去规制个人放弃信息权利的行为将会比较困难。在这些质疑意见中，塞缪尔森（Pamela Samuelson）指出，财产权的特点之一就在于，当所有权人将自己享有的财产权出售时，买方能够自由地将这一财产权再转让给第三方。产权意味着自由转让，这是无可争议的事实。虽然财产权的自由转让性能在诸如土地、汽车市场领域有效运行，但其是否能在信息性隐私权领域有效运行，尚不十分清楚。

这当中存在两个问题。第一，财产的自由转让性会禁止人们去限制另一方对自身信息的使用与转让。比如，某甲可能愿意将自己的个人信息出售给乙公司，并要求乙公司只能将其个人数据信息用于特定的目的，他并不愿意乙公司将其个人信息再卖与其他公司，也不愿意乙公司以超出事先约定的信息特定用途的目的与方式使用其个人信息。但一旦人们转让、放弃自己的财产权利时，人们就不能再对这些权利做出限制了。第二，估价上的困难。信息隐私固有的无法量化的维度会在信息隐私经过交易而转换成货币时被扭曲。即使人们对个人信息的用途与价值有充分认识，并从其用途中估量出了一个货币价值，这个货币价值也很难是一个能准确反映信息隐私意义的价值。因为，人们并不善于估算事务的未来价值并将估算的价值折现成货币。即便个人对商家使用其个人信息的用途、会从商家购买其个人信息的其他买家及其他买家会使用其个人信息的方式都充分认知，个人也很难能预知信息每次被使用时的情况、使用的次数以及使用其信息能够为商家创造的价值。信息有多种用途，信息的后续利用会使得信息不断增值。因此，个人要对其信息隐私进行准确的作价评估是比较困难的。

三、对上述批评的辩证分析

上文讨论了几种反对个人信息交易的观点。第一种观点认为，信息并不具有竞争性。第二种观点认为，市场失灵的存在，使得目前个人信息要进行市场交易的条件尚不成熟。第三种观点认为，个人信息的自由转让可能会影响那些试图对个人信息的交易进行限制的行为。事实上，这些反驳的观点都不能成为反对个人信息财产化的充分有力的理由。

个人信息不具有竞争性，不属于稀有资源的观点，忽视了个人信息生成、采集、流动的背景。首先，我们自身生成了大量与自身息息相关的信息，这些信息被大量采集，它们不仅反映了我们的存在，也揭示出我们的特质、所从事的工作和个人的喜好。我们并未完全了解所有与我们自身相关的信息。比如，我们是不是亨廷顿基因的携带者，这些与我们息息相关却并未显露甚至隐藏起来的特质，需要付诸劳动、进行挖掘才能发现。其次，当今无数的电子平台，对个人信息进行着观察、记录、分析，这已完全不同于信息革命发生以前个人信息流动与采集的方式。无数的商业模式构建在电子平台采集、获取的个人信息之上。通过对这些信息进行串联分析，公司及相关机构能描绘并还原出一张高度契合我们日常生活的细致图景，并将这些信息在市场上进行买卖，从中获取利润。这些储存在数据库、资料库中的信息，被进一步挖掘出来，用作对我们进行预测分析的材料。比如，我们将自己体重、生活方式的信息，分享、提供给一款与饮食相关的应用程序软件，该款应用可能会使用这些信息分析我们的健康程度，预测我们患上心脏病的概率。当人们使用电子平台变成家常便饭且各类电子平台储存的个人信息变得更加复杂与多样时，商家、机构借助这些采集的信息，对信息主体的分析，会变得更加普遍和全面。而一旦企业采集到用户的此类信息后，在没有利润可赚的情形下，企业是不会主动将自己采集、分析的用户信息向第三方披露与分享的。

一些信息产业的强有力的参与者，在信息市场上排除其他同业竞争者的现象，成为驳斥个人信息是非竞争性资源观点的有力理由。事实上，个人信息被采集后，需要对其进行分析，提取其中有商业价值的部分。这项工作往往在搜索引擎，电子商务网站及信息技术的服务应用等各式各样的电子平台采集到用户的位置信息、个人喜好、财务信息、健康状态等数据后，通过专业的算法分析，提取用户资料中有商业价值的部分。这些平台与服务应用在获取上述信息后，将排除市场的其他参与者。导致的一项结果是，市场的其他竞争者将无法接触到电子平台与相关服务应用采集到的个人信息。提倡个人信息财产权保护的学者们注意到，企业已将个人信息视为商品，该商品也成为一种竞争性的资源。

信息不仅具有竞争性，而且在当代信息社会中，个人信息才是信息生成、采集、流动体系下的核心资源。信息市场的失灵并不是对数据信息交易全面禁止的理由，虽然，信息市场的失灵是践行个人信息财产权理论所需面临的一大难题。信息共享与信息具有公共产品的属性也令人反思：这样的特质在何种程度上会阻止个人信息成为一项财产。但应看到的是，在财产可转让性这一问题上，通过法律规范对信息权利的所有、转让、使用进行限制，规范信息控制者、使用者的行为并限制潜在的第三方从中获利的财产权模式，也并非不能实现。法律和社会规范能引导人们对个人信息的收集、使用、传播、处理等行为。

第三节　隐私经济学理论

一、隐私保护的本质及其与国家安全的张力

布兰代斯曾说过，人们有独处的权利，但这并不能解决问题，因为很少有人愿意独处。人们希望通过有选择地披露关于他们自身的事实来影响和操纵他们周围的世界。

在波斯纳看来，随着经济、社会的发展，隐私权在现代社会已逐渐获得人们的承认。它是一件奢侈品，其并非根植于人性，保护隐私的观念也不是人的天性。隐私权的确立是在人们试图通过隐藏与自身相关的一些信息，从而避免他人的负面评价、避免社会与商业交易遭遇劣势的背景下，随着社会富裕程度的提高，由法律正式承认的。他同时指出，当人们可以隐瞒他们自身可能误导他人的信息时，给予这些隐瞒以法律保护，这样的理由本身也很脆弱，只会增加交易成本。

自由主义者希望政府的行为透明而个体的行为能得以隐藏，而国家安全机构则希望个体的行为透明政府的行为能得以隐藏。人们在政府面前隐藏自己，而政府在人们面前掩盖自己的行为，这样的隐藏与掩盖都有各自的理由，包括正当的与不正当的。完全的透明会损害到行动与计划，而完全的遮盖会影响到自由与安全。

在涉及国家安全时，波斯纳指出，隐私权益的保护微不足道，因为当前的世界非常动荡，非常危险。美国国会应授权国家安全局完全的行动自由，使其有权搜索任何信息。在提升国家安全方面，对信息进行检索的步骤如下：首先对数据进行采集、截取与挖掘，而当被采集、截取或挖掘的信息被标记为可疑时，

对截取、挖掘的信息进行人工检索的程序就启动了。波斯纳认为，电脑的搜索不会侵犯隐私，因为，检索程序本身并不是能够进行感知的存在，只有当人工检索介入的时候，才会产生宪法及其他部门法上的法律问题。

隐私保护常常成为恐怖分子最好的帮手。互联网的匿名性、它的安全加密技术以及上述两者的结合，都使得它成为一个强大的密谋工具。为了保卫国家安全，政府有足以令人信服的理由与需要去进行数字化检索与防范，这会导致情报人员审查大量的个人信息。虽然，大多数人都不喜欢陌生人接触到与自身相关的私生活细节，但如果越少的人接触到此类信息，且以一种专业的方式与精神对此类信息进行处理，则人们感受到对隐私的侵犯就会越少。这就如同医生对病人的身体进行检查一样，病人不介意是因为对医生职业操守的信赖。波斯纳指出，人们可以将希望寄予专业的情报人员的职业操守上。他还指出，人们看重自身信息隐私的同时，也可能会随时抛弃掉自己的隐私。当健康、财务、感情生活等私人信息不会成为用于伤害信息主体的工具时，信息主体会在披露自身信息能得到好处与便利时，乐于披露。波斯纳认为，只要情报人员能被信任，将收集到的信息用于保卫国家安全的目的，则公众在这当中所克减掉的隐私，将通过加强对恐怖袭击的打击，提升国家安全等方面得到补偿。

二、作为商品的窥探与隐私

人们无一例外都拥有个人信息。这些信息当中，有些是人们愿意付出代价来隐藏的，包括通信的内容等。有时，这些信息对别人又有价值，其他人或许愿意付出代价来发现这些信息。波斯纳指出，我们有两种经济商品：隐私和窥探。面对这两种商品，我们有两种选择：一种是将它们看作纯粹的消费商品，拥有终极价值；另一种是把它们视为中间商品，拥有工具价值。在后一种选择下，人们并不重视或需要隐私与窥探本身的价值。

波斯纳指出，应区分人们单纯地将隐私作为秘密来对待，将隐私隐藏的意愿与将隐私作为工具的意愿。很多情形下，人们对隐私进行隐藏的工具性价值往往与人们的需求及那些有损名誉的信息相关。隐藏的信息可能会给信息主体带来不名誉，因此，信息主体对自己的信息会有隐藏、欺骗与操纵。如关于信息主体现在的或过去的不道德的行为或犯罪的信息，还有一类人们希望隐瞒的信息，不会损害信息主体的名誉，但一旦公开，会更正周围人的误解。如雇员向雇主隐瞒其所罹患的严重疾病、妻子向丈夫隐瞒其不孕的事实等。如果能进行坦诚的沟通，就会产生社会价值。人们能对自己的朋友或同事坦陈自己的想法，无须担心这些想法会暴露在竞争对手或不怀好意的人面前。同时也需看到，现实生活中，当言语愈是公开时，人们为确保言语中没有虚假或无意的诽谤所投入的时间或其他资源就会上升。

披露某些信息会使一些人付出代价，同时也会使得一些人获得利益。这一事实似乎支持赋予人们信息产权的主张，并允许人们自由地出售这些产权。交易的自由会促使信息得到最有价值的利用。但它的吸引力取决于以下两个因素：信息的性质、来源以及信息交易的成本。如果信息是社会有益活动的产物，而强制进行披露会降低人们进行有益活动的动机时，那这些信息的产权应划归给个人。但如果隐瞒信息会对他人形成误导，降低社会产出，那个人的信息产权应被剥夺。

波斯纳指出，经济学基础上的隐私权有如下三要素：第一，那些利用知识和技能的商业秘密需要得到保护；第二，个人的事实一般不应受到保护，如个人对自己的疾病、坏脾气及收入的事实不应拥有产权，尽管人们可以防止这些事实被以一种过于侵入性的手段去发现；第三，对于侵入性的监视手段，如窃听等，应被限制，仅用于发现非法活动。

三、与经济学理论相冲突的隐私立法趋势

与经济学原理相一致的是，个人没有权利去隐藏可能有损其名誉的信息。与此同时，个人有权防止针对其隐私的窃听、对住所内部情况的监视、搜索私人文件等侵入性的信息搜索手段。从经济学角度来分析，当前关于隐私的立法与主流的经济学理论之间存在冲突，如私人商业信息应比个人信息受到更大程度的法律保护。因为秘密是将社会利益分配给创造者的一个手段，而在个人生活领域中，秘密很可能成为一种用来掩盖事实的工具。

基于当今立法的总体趋势，个人的事实和通信受到的隐私保护越来越多，

而公司和其他机构受到的保护越来越少，如信息自由法把行政机构的政务及相关讨论内容向公众公开，并减轻对泄露政府机密的处罚。这些立法会减弱对政府内部通信隐私的保护。与此同时，个人的犯罪记录、信用等级、婚姻状况、健康状况和性别倾向等事实得到的保护日益增强。经济学家认为，这样的立法发展趋势从经济学角度进行分析将使人难以理解。一般而言，机构隐私应比个人隐私得到更大程度的保护，但实际的情况却恰恰相反。

经济学的分析与观察为隐私问题提供了一个新的视角。隐私具有价值，但估值并不高，在面对更大的利益诱惑时，人们往往会放弃自身的隐私利益。譬如，为了网上购物的便利，人们对于企业收集自己的信息，了解自己的交易习惯等隐私并不会太在意。绝大多数人很容易为了少量的经济利益或生活便利就放弃自己的隐私权。因此，学者们试图扩大隐私权边界的努力似乎难以成功。这是因为，人们并没有足够的动力去保护隐私。特别是在网络时代，人们为了生活的便捷，为了能使用更多的服务，往往愿意轻易地分享个人信息。而对于少部分希望保护传统隐私的个人，当其不去利用新技术、新应用时，就会落于下风，这会导致更多的人愿意选择放弃隐私。互联网与大数据的时代，似乎是一个人人为保护隐私而恐慌的时代，其实却是一个绝大部分人乐在其中不觉奇怪的时代。

从经济学分析的角度来看，立法对商业机构隐私保护的削弱与对个人隐私的重视是政府对经济及社会生活进行荒谬干涉的重要理由。波斯纳所假定的人们对隐私的需求，并不是因为其固有的价值，而在于它产生的收益和其他功用。他同时建议，经济学分析下的隐私法不应将有损名誉的信息产权划归给这些信息的所属主体，即不应把有损名誉的负面信息作为信息隐私权保护的内容。

四、隐私经济学理论的缺陷

波斯纳对隐私经济学的分析有些自负与傲慢。当然，他令人信服地证明了隐瞒私人信息的行为具有经济动机，而涉足该领域的大多数学者都忽视了这方面。有些人为了一定程度上控制与其有社会交往的人，的确隐瞒了个人信息并对此主张隐私，而另一些人通过窥探，导致那些隐瞒或不实陈述个人信息之人无法隐藏。隐私经济学理论中，波斯纳对禁止一定形式的监控所做的经济分析是有力的。我们应当承认，隐私经济学从交易成本的角度对隐私进行分析，确实有其价值。但该理论过分注重隐瞒或不实陈述。当然，隐瞒与不实陈述是隐私所具有的一种工具价值。但这只是隐私工具价值的一方面，隐私的其他工具价值还包括，作为有艺术创造力和创造性思想的工具价值，直截了当且富有成效的社会交往与智力沟通中的工具价值。另外，隐私还有重要的非工具性或是终极价值，最为重要的便是维护个人的独立人格和人性尊严的价值。尽管波斯纳承认工具性的价值和终极价值之间有区别，坦言经济学分析不能成功处理隐私蕴含的终极价值，但他的分析超出了他限定的范畴，并没有对这些区别进行妥善的区分。面对隐私经济学这一深奥理论，还有大片亟待填补的智识空白。

第四节　隐私合理期待理论

一、历史的视野：美国普通法对隐私合理期待理论的保护

美国法院对隐私保护的实现主要基于以下两种方式：一为普通法上的隐私侵权制度；二为宪法第四修正案中关于不合理搜查与扣押的隐私侵权制度。无论采取何种方式，法院都需在审理隐私侵权案件时考虑主流的社会观点，即社会公众对于涉案信息是否持有合理的隐私期待来界定隐私权保护的范围。隐私合理期待理论从判例法中发展而来。在 1967 年卡茨诉美利坚合众国（Katz v.United States）一案中，美国联邦最高法院作出了具有里程碑意义的判决，引入了此项富有弹性的分析方法。该案中，美国联邦最高法院认为，公民在使用公共电话时，对通话内容享有合理的隐私期待。政府搭线窃听公民使用公共电话的通话内容，侵犯了公民的隐私利益。大法官哈伦（Harlan）认为，法官在判断原告的隐私期待是否合理时，应当采用两步分析的判断法：第一步，判断原告对信息是否拥有现实或主观的隐私期待，如果这个条件满足，则需要进行第二步分析，即原告的这一隐私期待是不是一项社会公众所认可的合理期待。在奥康纳诉奥尔特加（O'Connor v.Ortega）一案中，法院认为，社会环境能够

决定受法律保护的隐私权范围。雇员所应遵循的惯常的工作方式、工作程序与办公运行机制会限制雇员所享有的隐私期待。法院在进行判断时应关注社会实际。在基洛诉美利坚合众国（Kyllo v.United States）一案中，法官在判决理由中指出，日新月异的科技发展会使得社会的合理隐私期待发生变化。

《美国侵权法重述（第二版）》明确指出，应保护个人的居所安宁与私人交谈，防止行为人对居所安宁与私人交谈的侵扰与窃听，避免行为人不合理地公开他人事务。他人是否能够主张侵权之诉，取决于行为人的行为是否合理。当行为人侵扰他人安宁的行为使一个有理性的人高度反感时，他人就可以提起隐私侵权之诉。《侵权法重述（第二版）》的评注中明确指出，法院对行为人的行为进行判断时，需要将合理性判断的标准与原告的职业、行为发生时发生地的惯例、行为发生地一般居民的习惯相结合进行判断。

二、隐私期待的易损性

学者博布勒斯（Nicholas Burbules）在其文章中谈到了"敞视效应"与隐私权的易损性。他指出，人们已经渐渐地接受现实中的各种监视，银行、商店、地铁、电梯里安装的监控设备记录着我们的一举一动，使得我们接受了被监视、被记录的状态。当监视机制不可避免时，人们的习惯就会发生相应的改变，而且还会慢慢忽略掉最初使他们改变的外部手段。他进一步指出，人们的隐私观念在公共场所与私人领域都发生着变化，这导致人们自觉地对自己的活动进行限制，这种自觉内化的倾向，会使得法院在进行合理隐私期待的判断时，只能对隐私侵蚀后隐私范围的现状进行判断，无法去判断隐私递增侵蚀之前社会公众的隐私期待水平。

如果把法律保护的隐私事项看作一个范围，那么这个范围将会随着社会对隐私期待的变化而变化。受法律保护的隐私范围是不确定的，因为社会公众明确期待应得到保护的隐私利益与明确不受保护的利益之间，不可避免地存在着灰色区域。对于一些事项而言，是否能被认定为应予保护的隐私事项存在着不确定性。社会对隐私的合理期待理论实质上是建立了一个与隐私相关的观念市场。这个市场中，社会的隐私期待理论将会随着社会实践的发展而变化。而信息不对称、估价困难、集体行动、议价能力不均衡存在的难题都会损害到社会公众防御隐私侵害的能力，这无形中会阻碍公众对私人领域的保护，为那些试图从隐私权消退中牟取利益的人提供可乘之机。有影响力的企业与机构将会通过影响社会实践进而改变人们隐私观念的方式，侵蚀公民应受保护的隐私权利。如通过改变他们自身行为或活动的方式，设计并改进侵犯隐私权的技术，逐步侵蚀社会公众的隐私期待。如果公众将行为人的侵权行为逐渐内化成自己的隐私观念，而隐私权法律概念下采取的社会公众合理期待的判断标准又着眼于当下社会公众的合理隐私期待水平时，侵蚀社会公众隐私权的累积效应将会不断扩大，在潜移默化中导致社会公众隐私受保护范围的萎缩，出现相应隐私权消退的结果。这种侵蚀如果潜移默化地进行，将会使隐私权的消退看起来像是社会发展进程中的必然代价。

三、信息科技的发展对隐私合理期待理论产生的影响

最新信息技术的发展主要指智能手机、移动终端、手持设备的兴起，微博、脸书等网络社交平台的普及，云计算的广泛应用与 GPS 定位跟踪技术的发明和使用等。这些新兴技术是在互联网得到快速普及之后产生的。互联网催生了一场由传统社会向网络化社会"新大陆"的集体迁徙。随着这些新发明、新技术的出现与使用，隐私合理期待理论也面临新的问题与挑战。

如果社交网站的用户在网络空间中上传与生活、工作、受教育方面相关的私人信息，如通过定位技术更新位置信息，上传照片、视频，分享兴趣爱好，发布即时消息，关联好友动态时，他们对自身在网络空间中进行的活动是否享有合理的隐私期待呢？如果执法人员要查看用户的网络空间，而所访问的页面与内容，在隐私设置上只被设置为仅好友才能查看时，他们是否应得到用户的同意或经过法院的许可才能查阅呢？再有，他们如果在没有经过法院同意、未获得用户授权的情况下进入了用户的网络空间，那这一行为是否侵犯了用户对网络空间所享有的隐私期待呢？

如果智能手机的所有权人，利用智能手机、手持设备上网，上传照片、视频，进行通信，发送邮件与讯息，浏览网页等，那智能手机、手持设备的所有人是

否对这些信息享有合理的隐私期待呢？执法人员与相关人士是否能查阅他们进行的通信、发送的消息、上传的照片视频与浏览的网页记录呢？执法人员在实施上述行为时，是否需要经过法院的同意获得相关的搜查证呢？

随着全球定位系统的普及，每一个人都在自觉或不自觉中使用定位技术。与此同时，商业机构与执法人员也在使用该项技术。当商业机构通过网上行为的定位跟踪确定用户的兴趣爱好，勾画用户日常生活的行为图谱并预测用户的即时需求时，当执法人员使用定位技术确定用户的地理位置、车辆行驶速度、行驶方向时，公民是否对这些信息享有合理的隐私期待？GPS 跟踪设备所揭露的信息，是不是公民自愿暴露给公众的信息，对于执法人员在公共场合中获取的信息，公众在多大程度上享有合理的隐私期待？虽然普通的行车轨迹可以被路人观察，但一张揭示公民数周、数月行车轨迹的路线图是否侵害了公民的隐私？当执法人员采集的普通信息达到多少量级时，用户合理的隐私期待需要得到保护？执法人员在获得这些信息前是否应经法院授权，商家在跟踪用户网上行为时，是否应得到用户同意？在未获得法院授权未获得用户同意的情况下，商家与执法人员实施的行为是否侵害了民众对自身信息所享有的合理隐私期待？

信息科技的发展会对隐私权的保护产生巨大影响。新科技、新发明的出现，使得公众能使用这些新兴技术从事相应行为，与此相应，执法人员也能使用这些新兴技术进行预测、实施监控，公众的隐私权将面临前所未有的威胁。此处将以社交网站为样本与代表，分析新兴技术的发展对隐私合理期待理论产生的影响。

（一）社交网站的典型隐私条款与隐私设置

社交类网站令人着迷的地方是它公共分享与私人身份属性的融合本质。最具代表性的社交网站如脸书、我的空间（Myspace）、微信、微博等。当用户注册此类网站时，他们必须同意网站的隐私政策与服务条款。一般而言，社交网站会告知用户，网站会在什么情形下以何种方式采集用户的信息，网站会如何追踪用户的使用痕迹，如何利用用户数据。隐私服务条款往往会明示用户在何时可以浏览他人的信息，网站会在什么情形下将用户个人信息向第三方披露。

这些条款都具有强制性，一旦用户使用社交网站所提供的服务，就需接受这些条款。

虽然社交网站都要求用户同意网站运营者对其信息进行使用，但网站从设置上，也为用户提供了控制访问权限。用户可以自行设置访问限制。微信的默认设置只允许用户以添加好友申请且相对方接受的方式查看相对方发布的信息。如果相对方接受，默认的设置是双方可以互相查看对方的信息；如果相对方拒绝，则他们相互间都不能查看对方的信息。而脸书的默认设置则只允许处于相同关系网的用户查看相对方的信息。另外，用户也可以通过添加来自不同关系网的用户为好友的方式，授权他人查看自己发布的信息。脸书还允许用户改变默认设置，限制处于相同关系网中的用户查阅自身信息。当改变默认设置时，用户可以设置只有那些被接受为好友的人才能浏览自己发布的信息。

（二）用户对其社交网站上的信息享有主观隐私期待的判断

与电子邮件不同的是，社交网站上个人信息档案传播并非局限于特定的用户间。邮件有特定的接收者，电子邮件的用户比社交网站的用户享有更多的隐私期待。如果要论证社交网站的用户对其在网络上发布的个人信息享有主观隐私期待，则需要首先论证用户并不想公众知晓他们在社交网站上发布的个人信息。事实上，很难将用户在社交网站上发布个人信息的行为，解读为用户希望将这些信息保留在一个私密状态。因为，用户没有必要为了联系他人而在社交网站上公布自己的信息，也没有任何机构或某些必不可少的日常活动强行要求公民在社交网站上注册，录入自己的个人信息。对此问题的论证需结合具体情境。

首先，来看微博、我的空间默认设置下的用户信息。此类应用中，个人信息对所有注册用户完全开放。任何人包括执法人员，只要注册了账号就能查阅任何微博用户发布的信息。这类社交网站中，用户发布消息的内容是倾向于公之于众的材料。鉴于任何人都能在这类社交类网站上注册账户，因此，这类信息应被推定为面向公众发布的信息，信息主体对面向公众发布的信息不享有隐私期待。

其次，来看脸书这类社交网站。脸书的默认设置与我的空间、微博的默认设置不同。在这类社交网站上，注册用户的信息会为不同的人所知。但信息并非向不特定人公布，而是在特定的群属之间公开。如来自同一大学、处于同一地域、来自同一高中或归属于同一公司等。对那些没有得到邀请的访客或监视者而言，用户对其发布的信息享有隐私期待的程度，往往取决于此类网站对访问个人信息入口的控制程度。分析判断上往往具有模糊性。另外，脸书的用户还能改变默认设置，将信息的查阅设置为只能通过加为好友的方式进行。对访问进行的限制，可以理解为用户为其他用户通往其个人信息区域设置的通关密码。如果用户一开始并未进行此类限制，那么事后改变信息查看权限的行为，是否使得用户因此而享有隐私期待，仍是疑难问题。

最后，对于微信这类社交网站而言，信息的查阅一开始就受到限制，只有在加为好友后，双方才能共享信息，这类信息在一定范围之内具有私密性，用户对这类访问受限的信息应享有隐私期待。

毫无疑问，主观隐私期待理论并不能得到科学、准确的衡量。虽然，用户往往会极力试图去证明，他们对网络环境中的个人信息享有主观的隐私期待，但用户行为呈现的内在性质与用户对个人信息的日常更新与主动披露，往往会模糊与侵蚀用户隐私合理期待的界限。

（三）用户对其社交网站上的信息享有客观隐私期待的判断

只有主客观期待理论都得到满足时，隐私期待才能得到保护。即使用户对其在社交网站上的信息设置了访问限制，比如仅限好友可见等，但如果社会公众的观念并不认可，也并不承认用户对其信息享有隐私期待，则用户对个人信息也很难享有客观隐私期待。面对日新月异的信息技术的发展，传统隐私合理期待理论往往很难自足。在不断变化的社会条件下，对隐私合理期待理论的判断往往需融入其他一些判断因素，才能在模糊、繁复的案件中拨云见日，找寻到解开疑难的钥匙。

首先，信息主体主动地披露是否会消减客观隐私期待呢？在所有的社交应用上，用户在最初注册时，都需要在由社交应用管理者所有并由其管理的社交应用的中央服务器上创建账号并储存个人信息。创建账号后，用户可以随时访问保存的信息，修改密码，更新日志，设置访问权限。用户将个人信息交由社交网站管理、储存，并同好友分享，是否等于自动放弃隐私期待呢？是否一旦用户将与己相关的信息透露给第三方，那么他就不能享有隐私期待呢？法院在对用户客观隐私期待进行认定时，往往不能如此草率。信息向第三方的披露并不一定会消减隐私期待。

其次，考虑合法商业目的的因素。这一分析的本质是要探寻第三方欲将信息用于何处。比如，通信公司掌握的用户通话记录，通过记录拨出的电话号码、拨出的时间、上网耗费的流量而编制出的电话账单。在这一类案件中，有争议的隐私信息往往都是商业机构为了实现商业目的而形成的相关记录。由于这些记录的收集与利用都是出于商业目的，获取的用户信息是为了向用户提供必要的产品或服务，是完成商业交易所必需的，因此，此类情形下，信息有意识或无意识地披露，往往会消灭公民针对商业机构所享有的隐私期待。

最后，需考虑谁才是信息的预期接受者。再次以电话通话为例。电话的使用者应意识到，他们在进行通话之前，需输入接听者电话号码才能拨通电话，通信公司是电话号码信息的预期接收者，如果通信公司不对电话号码进行分辨并进行通信连接，用户就无法进行通话，通信公司也无法提供商业服务。但应注意区别的是，电话号码的预期接收者并不是通话内容的预期接收者。在进行隐私期待的判断上，需考虑获得信息的一方是不是信息的预期接收者。

另外，对于设置了访问权限的受限信息而言，判断会更为复杂。当我们注册了社交网站的账号，将个人信息提交给网站运营者管理时，从技术上观察，社交应用网站的管理者储存用户信息，成为确保用户在随后使用应用的过程中，通过密码、二维码验证访问个人信息的必要程序。有观点认为，对于网站运营者而言，用户并不享有隐私合理期待。有反对意见认为，当用户在社交网站注册并将隐私保护设置为仅好友可见时，用户的好友才是用户发布信息的预期接收者，而网站服务的提供者与管理者仅仅是一个确保用户好友接收到用户信息的传递媒介，它并不是信息的预期接收者，因此，这里存在用户的合理隐私期待。还有意见指出，社交网站一般都是免费向用户提供服务。网站的管理者会在网站的中央服务器上为注册用户提供一个他可以自由书写，其好友可访问的空间。网站提供服务是免费的，网站运营也有成本，需要资金支持，因此作为回报，用户应允许有针对性的广告营销的存在。而只有对用户的兴趣爱好、行为偏好、即时需求有了解，广告营销才能取得好的效果。用户应容忍社交网站查看其记录，以便为广告投放者有针对性地介绍广告投放的目标市场。从这个角度分析，法院可能会认定这种商业行为的合法性。这样的认定也仅是一种可能，并不是所有合法、合乎商业目的的行为都可以消减用户的隐私期待。法院也可认定，用户储存在网站中央服务器上的信息并不是提供给网站运营者使用的，这些信息仅仅只是储存在服务器上，而网站充当的角色仅仅是一个媒介。网站在其设备上为用户提供一小块区域，划定一个空间，在某种层面，网站运营者或许有合理的商业目的进入到这些领域，但用户往往并不希望发生此类事件。用户信息，特别是设置了访问权限的用户信息，并没有对外公布，也没有开放查阅，它们应像一个不透明的容器一样，密不透风。应注意的是，为了商业用途而收集、利用用户数据信息，仅是作为判断用户主观隐私期待是否存在的因素之一。

（四）社交网站隐私服务条款对用户隐私合理期待的影响

隐私保护可以通过合同承诺来实现。商业机构所做的合同保证与承诺往往可以更好地维护用户的隐私期待。以脸书网为例，它的隐私政策规定，只有在脸书收到法院命令、接到法院传票及法律有强制性规定的要求下，其才会将用户信息披露给执法部门。同时，脸书还要求执法人员在试图获取用户个人信息时，必须具有法律要求的资格，满足相应的程序条件。脸书的隐私服务条款要求用户同意网站运营者将其个人信息用于广告或营销。这些条款往往都具有强制性，而用户的同意为脸书将用户信息进行合法商业应用打开了方便之门。用户应意识到，网站运营者可能将其个人信息透露给执法机构，也可能会使用其信息进行有针对性的广告营销。但应看到，这种强制性地要求用户让渡个人信息控制权的隐私服务条款与行为，对判断用户是否享有合理的隐私期待而言，往往并不那么重要。

信息科技已侵入我们视为隐私的私人领域，但这一事实并不表明，在这些领域，我们不再享有合理的隐私期待。越来越多的人在互联网上创建着属于他们的承载着公共与私人属性的自有空间与领域，而仅因将信息交给商业机构或透露给特定第三方，公民就丧失隐私期待是不正确的。用户在网络空间中分享自身信息的过程中是否享有隐私合理期待，很难脱离具体情境进行判断，但绝大部分人并不希望仅仅因成为社交网站的注册用户就因此丧失所有的隐私保护。

我们需要看到，隐私合理期待理论存在的主要目的是防范商业机构或执法人员在没有正当理由、未经正当程序的情形下，对公民在公共场所或私人场所从事的行为与活动实施监控。虽然，该理论备受争议，但影响深远。该理论除了向英美法国家与地区渗透外，也在传统大陆法系国家产生影响。欧洲人权法院从 1997 年起，开始尝试使用该理论来分析行为人的行为是否侵害到了权利人所享有的隐私期待。

隐私的合理期待理论具有开放性，有价值。可是，当法官对他人的隐私期待的合理性进行判断时，往往需要考虑很多因素，需要从国家或社会的整体角度出发，判断民众对涉案信息的隐私期待。适用标准比较复杂，事实依据非常灵活，基本上由个人判断、政治社会环境等不确定因素来决定。因此，会造成一些适用障碍，也可能会产生相互矛盾的判决结果。在将该理论应用到现实生活中时，往往需要消耗较多的法律资源，付出较大的代价，最后的结果却不尽理想，甚至可能得不出任何结果。这不仅产生了尽量减少裁判成本的需求，也产生了追求相似案件法律适用一致性的需求。

如果借鉴隐私的合理期待理论，那么在判断一个行为是否侵害了他人合理隐私期待的利益时，我们应考虑将以下三个要素纳入法官的考察范围：第一，侵扰行为发生的场所；第二，侵扰行为的本质与侵扰程度；第三，侵扰行为所针对的对象与目的。在判断时进行三步分析，一定程度上能够克服隐私合理期待理论的不确定性。通过三要件的仔细考虑，隐私的合理期待理论在适用时才能更加明晰。

对于一些实质上会削弱隐私保护的措施，往往表面上看来有一些正当的理由，如效率、刑事威慑以及安全等，我们不仅需要仔细地分析当前社会的隐私期待是什么，还应分析我们当前的隐私期待如何发生改变，为何改变。在合理期待隐私理论的指导下，我们当下拥有的隐私期待将会决定明天法律如何保护我们的隐私。政府与相关商业机构应认识到它们的一些行为已超越了边界，基于安全需要对个人隐私的广泛侵蚀与普遍存在对信息的违法收集与二次使用，都会造成侵害隐私的长远后果。

第七章　大数据时代个人信息私法保护的突破与完善

　　大数据的信息处理框架包括：数据的收集、数据的集成与融合、数据分析及数据解释。若使用得当，大数据分析能够提高经济生产率，改善客户与政府服务体验，挫败恐怖分子并拯救生命，它能以从前不可能做到的方式，从大量的数据集中分析出有价值的内涵。其中，部分大数据所能产生的远见卓识是研究与分析者们从未敢想象的。大数据技术及其应用的过程，是将数据信息流转变成特定的、知识密度高度聚集的数据类型。它会引领一个知识产生与创新的新时代，给科学与商业等领域带来巨大的好处，但它同时也具有令人难以想象的入侵性，它的无所不知让人惧怕。它不仅了解人们的兴趣爱好，生成人们的行为图谱，知晓人们的私密信息，还能针对特定情势进行预测并提出建议，人们不需要远见卓识也能拥有知识和见解。在大数据引导的知识生成的过程中，人们在没有创造者的背景下也能取得创新，并能消除掉普通人在数据分析中会产生的草率、偏见。即使那些对大数据持谨慎态度的人也认为大数据的分析在提升人们对世界的认知与促进创新的飞跃发展方面，会为人类呈现一个非常瑰丽的景象。

　　事实上，大数据并非万能。大数据其实是一个概括的，不太严密的术语，专门指称在数据科学领域使用大数据集进行预测分析的行为。我们需要解开关于大数据的极端神话，那些被人为夸大的部分对人们思维、认识的干扰。一些大数据的代言人，在等待一个他们认为即将被实现的、准宗教形态的、脑中显现的数字时代的画面时，众多且彻底的理想主义者们心中按捺不住迎接数字时代来临的狂喜。事实上这是一种"技术崇拜"，信仰技术能让人们过上更好的生活。当大数据的技术成为一种革命力量席卷全球时，我们需要思考，如何努力在大数据提供的机遇与这些技术所诱发的社会、伦理问题及相关风险之间做出平衡。

第一节　个人信息保护的价值目标

个人信息的法律保护以 1970 年《德国黑森州资料保护法》的出台为标志，逐渐在全球各地推开。迄今为止，已有瑞典、美国、德国、法国、丹麦、挪威、奥地利、卢森堡、冰岛、加拿大、英国、芬兰、爱尔兰、澳大利亚、日本、荷兰等国家和地区制定了相关法律以保护个人信息。我国对个人信息的保护是采取自由主义的方式尽可能不干涉，还是完全反之，彻底限制人们采集、使用、传播信息的能力？或者，介于两种极端方式之间的中间模式呢？当我们恰当地为法律功能的发挥界定立场，并让法律在其中扮演适宜角色之际，又应确立怎样的值得追求的价值目标呢？

一、个人信息保护：形象问题及与创新间的关系

个人信息的保护一直以来都有一个形象的问题，在人们一遍又一遍的论辩中，好一些的，把它视为一种老式的传统，差一些的，把它视为反进步的，花费高昂的，不利于政治体福利的主张。个人信息保护的倡导者抵制着这种主张，却似乎无力用其他观点与论证替代这样的主张，无力阐明并描述清楚对个人信息某种程度的危害需要人们采取积极措施对其加以保护。个人信息保护的利益，在面对国家安全、促进效率与企业发展的需要时，常常会被牺牲掉。

与个人信息保护博弈的因素可以列张清单，这张清单不仅很长而且还在不断增长。近年来增加的社交媒体、移动平台、云计算和人工智能促进了数据挖掘的不断发展，并把个人信息的保护置于反对知识与社会进步的对立面。

在当代有关信息政策的讨论中，有一种观点认为，创新萌发于不受监管约束的环境中，创新是抑制对个人信息进行保护的正当理由。有时，个人信息保护与创新之间的张力显现于外，但更多时候，这种张力隐含于对个人信息不受约束的采集与处理过程中。创新与个人信息保护之间的关系需要平衡。然而，当信息保护与创新之间的关系被界定如上时，没有人愿意站在创新的对立面公开表露观点，反对创新。当面对保护个人信息与促进创新、保持经济竞争优势

之间的冲突时，规制者怯于表达——很多侵害源于对个人信息的不当泄露，一个更加健全的知情同意的机制需要加强，以重建消费者对市场的信任。

事实上，创新的实践在思维受到严格控制及确定了社会正统思想的环境里受到的负面影响才是最大的，而在能为人们的突发奇想提供践行的智力、物质支持的环境中，能得到最为充分的发展。事实上并非是对个人信息的保护，而是一系列监视与管制的存在，会对创新的实践产生巨大的威胁。普遍存在的监视与调控的管理体制，会在一些方面潜在地塑造人们的思维偏好并影响人们的行为选择，会降低产生新发现的概率与影响人们进行批判思考的能力。而人们自由思考、发现、创作的能力是创新得以繁荣的基石。那些认为创新活动在不广泛的监控体系下不会受到影响的想法是愚蠢的。扫清创新的发展道路，需要保护人们进行批判性自决的空间，并使人们的创新想法与实践能茁壮成长。

个人信息的保护推动着创新的实践，同时，也推动着那些最为重要的创新类型。它保护着创新出现前的整个过程。人类的创新动力是不可预知的，也是稳健的，但并非所有的环境都同样有利于创新，也并非所有的环境都会产生相同的创新成果。个人信息的保护与发现新事物的能力对创新来说非常重要。当个人信息的保护被边缘化、发现新事物的能力被干扰或这种能力被重新定位，服务于主流的商业规则时，我们有理由感到忧虑。一个反对批判性的独立精神的环境会使人们感到沮丧，更会阻碍那些可能诞生出创新产品与创新思维的实践。

二、采用自由主义或威权主义立场导致的两大风险

自由主义的立场完全拥抱信息的自由流动，呈现的是一种不干涉的状态。这会对人们的自由、自我发展产生重大影响。而威权主义的方式将会对信息的采集、使用、传播实行严格的控制，并以一种广泛且粗暴的方法来处理问题。这样的方式对言论自由的影响可能会是压迫性的，而且太过令人窒息。

不论采取自由主义的立场还是威权主义的立场，都会形成两种系统性风险。

第一，个人信息的保护是自由民主政治制度中不可或缺的象征。免于受到监视，是公众进行批判性自我反思的基础。个人信息的有效保护，需要综合兼

顾公权力与私营机构的监控实践，公权力与私营机构的监控，不仅相互补充也相互增强。有效的保护规则需要使公权力与私营机构的监控体系透明且可问责。

第二，个人信息的保护是创新的基础，那些认为保护个人信息会有碍于创新的推论是错误的。上文已谈及，个人信息保护的削弱同样会损害到创新的能力。因为，创新不仅需要一种批判性的视角与独立的心智，还需要有能让批判者进行独立思考的空间。创新发生于商业和社会环境中，会被注入特定的商业与社会价值，如果商业文化将隐私与个人信息的保护视为是获得新知的阻碍，则其会把对个人信息的保护列为一种威胁。但一个社会，如果重视创新却忽略对个人信息的保护，也将是非常危险的。大数据的背景下，我们时刻暴露在"第三只眼"之下：亚马逊、淘宝、京东监视着我们的购物习惯，谷歌、百度监视着我们浏览网页的习惯，而微博似乎什么都知道，不仅窃听到我们心中的"TA"，还有我们的社交关系网。对这些无孔不入的监视进行重新包装，开发出各种应用，将它们作为创新，并努力作为我们珍视的知识生成系统，从中获得知识、取得洞见，这样的方法与价值，这样的入侵，损害着个体利益的同时，波及范围超出了个体利益的范畴。长期来看，那些旨在实现消费与利润最大化的环境将会阻碍创新，这样的环境追寻的是其他价值。一个单一地致力于大数据分析预测的社会，不能推进人类物质、智力与政治生活的福祉。数据信息的分析处理给我们带来了很多方面的好处，对个人信息的保护也同样。一个健康的社会需要这两者的蓬勃发展。

三、个人信息保护所应追求的价值目标

个人信息保护理论与政策欲实现的目标，本质上是源于社会，由社会来建构并逐渐从已存在的文化和社会关系中呈现出来的。在面对商业机构对个人信息的屡屡侵犯时，人们期待保护个人信息的法律能为个人提供稳定、透明、可预测的期待。而这当中，需最先确立的是个人信息保护的价值目标。

第一，尊重个人的人格尊严与自由，保护公民隐私。

长期以来，大多数国家的隐私或个人信息保护立法基本概念不清，保护目标缺位。英国信息保护法中的基础性概念是模糊的。欧盟成员国的信息保护立

法在立法目标、保护范围的界定上也不清晰。学者林赛在 2005 年发表的一篇文章中指出，澳大利亚的立法同样存在基本概念模糊的问题。这些模糊性中，有一些模糊性体现在法律文件中目的条款的缺失，如丹麦与英国。而在加拿大、新西兰、美国等立法规定了保护目的的国家，则把对隐私的保护作为立法追求的基本目标。同时，还有一些欧洲国家的立法，比如比利时 1992 年《保护数据处理中个人隐私权法案》第二条，葡萄牙 1998 年《保护个人数据法案》第二条的规定，都明确指出隐私是公民应受保护的一项基本权益。还有一些国家，虽然没有在立法中明确列明隐私保护的目标，但将保护目标指向了与隐私保护密切相关的利益，如人格及人格的完整性。

然而，隐私的概念是动态发展的，它保护的边界无法清晰地通过逻辑的演绎，勾勒出一个精确的范围。隐私及相关利益的概念、内涵在立法中并未得到清晰的阐明。准确界定的困难从另一个角度看并非坏事，因为它能为法律的执行提供灵活操作的空间。然而，无法否认的是，隐私及相关利益的概念不能进行有效界定，会损害到法律规范性指导功能的发挥。这为其招来了很多批评意见，甚至有学者指出，隐私没有独立、连贯的内涵，应将它归入到其他的概念里。

虽然对隐私的保护占据了个人信息保护立法目标的中心位置，但它并非立法唯一关注的目标。立法所确立的目标，往往都是多重的。以欧盟《保护自动化处理个人资料公约》为例，该公约第一条规定："不论国籍与居所，只要在成员国的地域范围内，在个人数据自动化处理的过程中，都应确保尊重个人的人权与基本自由，特别是个人应享有的隐私权。"在法国的立法中也强调信息技术不能违背身份认同、人权、隐私、个人与公众自由。即使个人信息保护立法仅简单地把隐私保护列为其追求的目标，我们也需要拓宽视野。因为，实现对隐私的保护同时也会服务于其他一系列的法益，比如个人尊严。从广泛的社会意义层面来看，还会有助于构建文明、稳定、多元、民主的社会。

第二，避免个体与社会的共同价值观沿着因循守旧的老路前行。

美国法学界对隐私的研究注入了自由主义政治理论的内容，隐私包含了自我内在自主的思想。在其理想的形式中，自由的个体不仅拥有抽象的自由权利还能进行理性思考和选择，不受外界因素的影响。对隐私进行研究的学者并未对该项权利是一项积极自由抑或消极自由取得共识。一些赞同消极自由范式的学者认为，最好将隐私理解成主体在知情同意的框架下进行选择的自由。其他一些学者则主张，隐私是积极自由的重要推动因素，个人需要强有力的隐私保护，以实现这一自由的独立性。

不论是消极自由还是积极自由，都承认隐私的内核是个体享有的自主。在美国，隐私的积极自由范式对隐私政策少有推动，并由消极自由范式中主导的通知－选择模式所替代。事实上，隐私的功能主要是防御性与改良性的。大多数研究隐私的学者倾向于认为，应将隐私的本质界定为一个总的原则，这个总的原则比如是个体应享有的自由或内容的不可接近性或个人对自身隐私信息的控制权，当总的原则与普通的、日常实践及人们的期望发生冲突时，再由精细的方案解决冲突。隐私的界定根源于隐私保护所确立的核心原则。然而，不可避免的是，有时人们对隐私及个人信息保护的期望往往已超越或无法包含进相关的定义中。比如，当人们与自己的朋友分享个人生活的细节时，这并不意味着人们愿意将这样的隐私与自己的雇主分享。现实世界中，人们对隐私与个人信息保护的期望与态度是很难具体固定下来的，试图对它们涵盖的范围进行明确划定，并清晰地对概念进行架构的持续努力并未达到很好的效果。隐私与个人信息保护的目标之一，其实是为了避免个体及社会的共同价值观沿着因循守旧的老路前行，确保个体与社会共同价值观能不断向前发展。

第三，培育民众的批判精神，促进自由、民主、多元社会的建构。

当法律对个人信息的保护减少，个体进行批判分析的能力萎缩，会对一个政府产生怎样的影响呢？个人信息保护的削弱同样会影响到后者的能力。因为，它同时损害了个体践行公民权的能力与范围。30多年前，哈佛法学院的查尔斯·弗里德就已指出，如果我们说的每一句话或做的每一个举动，都将被公诸社会，那我们将再也不愿发表意见，也再也不愿从事某些活动了。当言行举止无法免于被监视，人们很自然地会主动限缩自己的活动空间。

网络信息与通信技术的媒介作用也影响着我们与周围世界的关系。一些特别设计的产品会使人们的某些行为做起来更容易，更自然，其他的一些行为做起来更困难。这样的导向会鼓励与引导人们的行为往特定方向发展。这样的产品巧妙地塑造着我们理解世界的方式。随着时间的推移，我们会慢慢习惯于通过我们设计的产品观察世界。这样的习惯与依赖会深深地影响到我们的思考与行为。网络信息技术会对公民权的实践与公民践行公民权的能力产生影响。如搜索引擎可能会过滤掉相关信息，并对搜索结果进行人为干预与排序，让显示的搜索结果与信息的受欢迎程度、广告费用挂钩。这样的一些安排，巧妙地塑造着网络用户理解周围世界的方式。这样的一些变化会对我们的政治文化产生深远、持久的影响，其影响力可能远远超过我们能够想象的程度。

技术的发展并非一定沿着某种特定的轨迹前行。因此，技术并非仅以一种特定的方式影响公众。有两种趋势值得关注。第一种趋势是数字应用与界面设计的无形化。这种商业实践加强了商业秘密法的操作，掩盖了网络架构的运行方式。这种转变到"黑匣子"中去的方式使得人们无法接触到设计产品的理念与设计代码，会使人们很难去理解网络信息技术所发挥的媒介作用，也不太可能对其提出疑问。比如，在美国有关选举是否使用电子投票方式的争论中，计算机科学家与公共利益的倡导者持续关注着电子投票平台，但权利人主张对电子投票平台享有商业秘密权，这成为质疑者对电子投票平台完善性与安全性进行验证的障碍。另外，阻碍着关于电子投票的争论得到人们更广泛关注的原因还有技术的复杂性。对于绝大多数人来讲，即使应用设计的代码摆在他们面前，他们也看不出当中存在的问题。第二个值得我们关注的趋势则是遍及且不断加强的网络监控技术与实践。马克思·韦伯认为，监控有利于促进政府进行高效的管理，这将有利于西方资本主义与现代国家的发展。在监控体系下，有利于实现高效的管理，这是正义实现的首要形式。网络信息技术的发展使监控的方式发生着调整。信息技术发展以前，监控一般是目的性的、系统性的，有针对性的，但网络信息技术迅速发展后，监控变得持续且普遍。

在商业领域，由企业主导的监控，往往更具代表性与有效性。信息经济的发展浪潮中，淘宝、京东、亚马逊、当当、谷歌等会大量收集消费者网上行为的数据，并根据消费者的偏好有针对性地投放广告。通过对互联网用户的网上行为进行实时监控，它们能识别出最具价值的潜在消费者，实现消费者盈余的最大化。这类互联网公司对用户行为进行监控，将采集的信息归入一套复杂的系统，进行预测分析，可以实现对个体精准的个性化描绘。作为个体的市民消费者也非常乐意且积极地参与到这个过程中，追寻着分享个人信息与隐私换来的个性化服务。

这样的社会里，监视进行得自然且日常，但就是这样的平凡性，给了这种模式超凡的力量。这是一种入侵个人信息与隐私的模式，是一种被设计成以特定方式获得新知的模式，也是一种以潜移默化的方式培育特定类型主体的管理模式。它的目的是生成温顺的、可预测的市民消费者，他们的喜好与选择会在数据预测分析及利润产生的轨迹中得到呈现。这些越来越日常化的监视，不论是由公共还是私营部门主导，都损害了公民权利。当然，这并不意味着监视是不必要的，也并不意味着它肯定会带来不可避免的伤害。但需要看到其负面效应。

个体、政府与企业都需要约束自己的行为，社会也需要培育民众的批判精神，促进民众批判性地践行公民权，对民众的自由的实现程度给予重视。

四、不宜作为个人信息保护目标的多元价值取向

第一，保护信息控制者利益。信息控制者合法的信息处理利益是需要予以保护的。虽然保护信息控制者合法的信息处理利益往往并未直接体现在个人信息保护法的目的条款中，但它却以一种间接的方式，在其他条款及其他法律规定中得以体现。立法者在找寻一种平衡，即在保护信息主体个人信息利益的同时，也保护信息处理者合法的信息处理利益。通过合理的策略安排使这两者间的冲突降到最低点。但应注意的是，信息主体的利益与信息控制者的利益不可避免会存在冲突，个人信息保护的主要价值取向应当是对公民基本权利的保护，在实现对公民基本权利保护的背景下，兼顾信息控制者合法的利益，促进信息的有序、自由流动。因此，对信息控制者合法利益的保护不宜作为个人信息保护立法的价值目标。

第二，减少数据贸易壁垒。国际上主流的个人信息保护立法倡议都希望通过协调国家间的信息保护立法，促进数据信息的跨境流动，避免数据壁垒。以欧盟为例，允许数据跨境转移最明确的依据是，数据进口国已根据欧盟法律的要求被确认达到了个人数据充分保护的水平。这导致很多国家常常为满足其他国家对数据信息保护的充分性要求而修改国内的信息保护立法。过去的十多年

里，已有不少的国家以一个或多个国际性或地区性的公约或文件为基础，采用了信息保护或隐私保护的方法规制信息的跨境流动。对于越来越多的公司而言，需要一种能普遍适用于向多个不同国家转移数据的方法。虽然，形成一种与国际接轨的个人信息保护机制，很难成为国内信息保护立法的价值目标，但有效应对数据贸易壁垒的需要，会使得国内信息保护立法不得不考虑个人信息跨境转移中的协调性问题。

第三，维护国家的信息主权。在信息技术日新月异的时代，诸如像云计算等信息技术会使得一国公民的个人信息储存在其他国家的服务器上，信息主权的问题在当今已上升成为一个日益凸显且亟待解决的问题。正如学者库勒所谈到的：数据处理日益变得全球化，这会刺激各国出于对隐私保护的担忧与经济方面的考虑，在数据处理与数据跨境转移的规制上采取更激进的措施，以维护国家的信息主权。

斯诺登曝出的美国国家安全局大规模窃听、监视个人信息的"棱镜计划"，只会强化这样的激励效果。网络安全形势需要从国家战略发展层面进行考虑，对于维护国家信息主权的重任，单靠个人信息保护法是不能承受其重的，这更多的是网络信息安全立法的责任。大数据时代，信息主权的保护需要政府主导与法律保障。不仅要在国家层面建立统一的监管体系，还需引导各个行业制定适合本行业个人信息保护的标准与规范。

第二节　个人信息保护的调整范围

在分析了个人信息私法保护的价值目标后，接下来需要解决的问题是个人信息私法保护的范围。美国学者波斯特认为，隐私权法分支的核心所在是社会交往的基本界限。他指出，每一个共同体都会在社会交往中建立起"自我"的基本概念，并为其划定界限范围。如果这种基本界限受到了威胁，公民的私人领域受到侵犯，则公民的个人身份也同样受到威胁。因此，他主张个人隐私权保护的关键在于界定并保护社会交往的基本界限，人们在社会生活中应相互尊重各自的基本界限。学者沙勒夫（Daniel Solove）主张,应采用更加务实的措施,抛弃"独处权"与"个人信息控制权"在内的隐私权概念，建议法官根据具体案件分析隐私利益的本质，并采用符合具体情况的隐私权概念。

学界一般认为，当信息属于"个人身份可识别信息"时，这类信息就应受到信息隐私法的保护，如果不属于"个人身份可识别信息"的范畴，这类信息就不受信息隐私法的保护。识别包括直接识别和间接识别。直接识别是指通过直接确认个人身份的信息来辨识信息主体的身份，比如身份证号码、基因、肖像等；间接识别是指现有信息不能单独用来识别主体身份，但和其他资料结合进行分析，可以确定出主体的身份，如性别、爱好、兴趣、生活习惯、职业、收入、教育背景等信息。

一、个人身份可识别信息的概念及其重要性

作为信息隐私领域最核心的概念之一，很多与个人信息保护相关的法律法规的规制范围与界限都会由它来界定。以美国为例，美国联邦与各州的法律都认为，如果人们遭受侵犯的信息不属于"个人身份可识别信息"，那么，人们的隐私就没有遭到侵犯，也就不能获得相应的救济。

"个人身份可识别信息"这个概念非常重要，但并不容易把握。让人惊讶的是，这个概念并没有一个统一的、条理清晰且有实际意义的定义。直到今天，从事信息隐私法研究的学者在谈到"个人身份可识别信息"时还常常与"个人信息"这个词混用。

计算机科学与信息技术的发展使得"个人身份可识别信息"的概念定义工作变得更加复杂。因为，很多从表面上看来不属于"个人身份可识别信息"的数据，通过计算机与信息技术的挖掘与匹配，可以变成"个人身份可识别信息"。在过去的20多年里，"个人身份可识别信息"的概念在信息隐私法中占据着重要的地位，且已然成为决定个人信息规制范围的核心工具，但对此概念进行的理论研究却少之又少。

信息时代里，规制个人信息的法律中，"个人身份可识别信息"的概念最难界定。界定过窄，在数据挖掘与行为营销的技术背景下，个人信息将很难得到保护，技术的变革将会使得个人信息保护法变得无效与过时。另一方面，如

果"个人身份可识别信息"的概念被界定得太过宽泛，则太多的信息会被归在此概念下，导致信息保护法变得臃肿不堪且毫无意义。个人信息保护法需要有一个清晰的保护范围，在这个范围内，既要能为社会公众提供保护，又要确保这个范围操作起来具有弹性，能够随着社会环境的变化而变化。

"个人身份可识别信息"是个人信息保护法的基石，但直到最近，才有学者开始关注这个词的定义。美国联邦贸易委员会也直到 2010 年才在其一份重要的报告中指出重新研究"个人身份可识别信息"的重要性。遗憾的是，该委员会在研究此问题上没有取得任何进展。学者康（Jerry Kang）在他撰写的一篇与互联网隐私相关的文章中讨论了数据何时成为"个人信息"的问题。学者欧姆却指出，"个人身份可识别信息"的概念存在致命的缺陷，隐私法不能将其保护基础建立在此概念上，因为很多不属于"个人身份可识别信息"范畴的信息，能够重新变得可识别。事实上，在个人信息保护领域，"个人身份可识别信息"的概念是不能摒弃的。如果不能解决这个概念面临的问题，那么个人信息的规制范围也将很难界定。很大程度上，若此概念的定义清晰了，个人信息保护的问题也在很大程度上能得到解决。

二、个人身份可识别信息的重新界定

尽管本书第二章就已经提到界定"个人身份可识别信息"面临的诸多困境，但如果我们将此概念摒弃，我们将无法建立起统一的确立规则界限的方法。我们需要考虑的是如何科学地对"个人身份可识别信息"进行重新定义，以解决面临的诸多问题。

（一）不应摒弃个人身份可识别信息的概念

"个人身份可识别信息"这个概念让很多学者都感到沮丧，其中比较极端的是不再将"个人身份可识别信息"这一概念作为个人信息保护领域的核心概念。学者欧姆指出，"个人身份可识别信息"这一概念没多大用处，它的内容并不固定。在他看来，总会存在一些信息是定义"个人身份可识别信息"所无法涵盖的。"个人身份可识别信息"上列举的数据信息类型将会越来越多，除非所有"个人身份可识别信息"都列在清单上，这个清单才会停止增长。欧姆因此认为，想要给"个人身份可识别信息"下一个定义，就如同"打地鼠"节目一样，永远无法打完。打下一只，另一只又冒出来，永远有打不完的地鼠。

欧姆提出的这一问题值得我们重视，但他所主张的抛弃此概念的提议则显得过于偏激。摈弃此概念，会引发诸多问题。"个人身份可识别信息"这个概念设立了信息保护的界限。如果没有此概念，个人信息保护的范围将不受规制。这可能会导致在信息泛滥的年代，个人信息保护会将所有的信息都纳入到其统辖范围之下，规制人们行为的方方面面。欧姆认为，尽管立法者意识到减少并挤压信息在社会中的流动可能会牺牲掉言论自由、技术革新、安全利益等重要价值，但他们还是试图通过这样的方法来防止隐私侵害结果的发生。他指出，与信息保护相关的条款在制定时应权衡信息的自由流动带来的价值更大，还是隐私受侵害带来的损失更大。当我们怀疑信息流通的成本可能超过信息流通可能带来的利益时，法律就应限制大型数据库的开发与信息的披露。这样的数据库可能会在知识科普、数据信息安全、医疗保健及科学研究方面扮演重要角色。与此同时，欧姆提出的成本利益分析很难做到。因为一般而言，人们很难提前分析成本利益各是多少。

当被披露或被使用的数据信息与某个具体的个人联系起来时，才可能造成对某个具体个体的侵害。须看到，这样的损害并不仅仅只针对某个单一的个体，并非仅会给个人带来信息侵害，它有可能给整个社会带来伤害。

（二）定义个人身份可识别信息的标准

在定义"个人身份可识别信息"的概念时，首先需要明确的是，我们应当采用标准的方式还是规则的方式对其进行界定。标准的方式是开放性的，而规则的方式是硬性的，缺乏弹性。现有三种定义"个人身份可识别信息"的模式：第一种是用语反复的定义方式；第二种是非公开的定义方式，此模式下，"个人身份可识别信息"是指那些公众无法接触的个人信息；第三，特殊类型的定义方式是通过列举的方式将"个人身份可识别信息"一一列举。第一种与第二种定义方法都属于标准的定义方法，而第三种属于规则的定义方法。

标准的定义方法下，决策者有较大的自由裁量权，可以自由判断并决定"个人身份可识别信息"时应考虑的因素。决策者可以根据原来的政策识别这些因素，使政策与具体的事实更好地相互适应。需注意的是，信息政策法律中，标准的定义方法与规则的定义方法都没能很好地解决哪些信息属于"个人身份可识别信息"。标准的定义方法只是进行了一个概括性规定，而规则的定义方式会导致界定范围的僵化与狭窄。学者卡普洛夫指出，规则的定义方法需要法律体系在事前做更多的功课，而标准的定义方法则要求法律体系在事后做更多功课。总的来讲，无论采用标准的定义方式还是规则的定义方式，这两种方式都无法令人感到满意。不过，应予承认的是，标准的定义模式相对规则的定义方法而言，具有一些无法替代的优势：首先，标准的定义方法能灵活地适应时代的变化，而规则的定义方法则会滞后于社会生活的发展。当然，当社会及技术的发展已达到一个相对稳定的水平时，采用规则的定义方式能取得较好的效果。其次，对于一些需要予以特殊对待的复杂行为，如果用一般规则来规制这些特殊行为，只能将规则高度细化，但这种不断扩大法条内容的方法难以适应信息技术的发展。最后，对于那些使用规则的定义方法来界定"个人身份可识别信息"会更好的领域，仍然会有用到标准定义方法的地方。比如，当与某一数据子类别有关的社会与技术条件不变的背景下，我们可以通过构建一个硬性的规则体系来弥补标准定义方式过于概括性的不足。"个人身份可识别信息"实际上是一个标准。美国与欧盟对这一标准的理解存在不同。

在美国，制定法、法官与政策制定者将"个人身份可识别信息"理解成属于某个已被识别的具体个人信息。虽然美国的数据安全与计算机专家已经意识到要对个人身份可识别信息进行分类，但已经通过的法律大部分都没能正确理解它的概念。已经识别出的信息属于某个特定的人，但信息的可识别性，则意味着信息与某个特定个体之间的联系尚未建立，这种联系有可能建立，也有可能无法建立。不过，能够确定的是，"个人身份可识别信息"中的可识别性，并非指的是已经被识别出的信息。然而，美国的大多数法律都将"个人身份可识别信息"理解为已被识别的信息。如美国 1974 年《隐私法》第 1 条将"个人身份可识别信息"定义为"记录"，它是指行政机关所保持的关于个人的信息、信息集合或信息分类，包括但不限于该个人的教育程度、财产状况、医疗记录或职业履历，以及姓名或用以识别该个人的数字、符号或其他属于个人的特别标识，例如指纹、声纹或照片。此定义的关键取决于联邦机构的记录是否涉及一个具体的"已被识别"的个人。如果一个人是"可识别"的，那么根据《隐私法》的规定，处理此人的数据信息将不会受到《隐私法》的规制。

欧盟对"个人身份可识别信息"持扩张主义态度。《通用数据保护条例》第4条将"个人数据"界定为与"已被识别的或者可被识别的与个人有关的信息"。欧盟的《通用数据保护条例》为欧盟成员国家的数据保护设立了统一的标准。欧盟的各个成员国需要在各国的立法中遵守该法的规定，这个超国家的协议中，"个人数据"的定义扩大到了可被识别的个人，这样的认识与观点已经根植在了欧盟的信息隐私保护的法律中。欧盟《通用数据保护条例》将"可被识别的个人信息"界定为"可以直接或间接地通过参考诸如姓名、身份证号码、位置数据、在线标识等标识符或者从身体、生理、遗传、精神、经济、文化或社会认同中识别出的个人的信息"。事实上，在欧盟各国，一个已经被识别出的信息与"可被识别的个人信息"具有相同的地位。以德国为例，其在1977年制定的《德国联邦数据保护法》将个人数据指向与已被识别与可被识别的个人有关的数据。学者达曼撰写的一篇与《德国联邦数据保护法》相关的论文就指出，《德国联邦数据保护法》是否适用于一个人，与这个人是已经被识别还是可以被识别没有关系。

欧盟将可被识别的个人置于数据保护法的保护范围具有先见之明。相较于美国的还原论，欧盟的扩张主义论能更好地适应信息技术的发展。欧盟的这种做法在国际上产生了巨大的影响。1980年《经济合作发展组织隐私指引》就借鉴了《德国联邦数据保护法》的相关规定。该指引将个人数据定义为"任何与一个已被识别或可被识别的个人相关的信息"。该指引中隐私保护的八大原则对可以识别个人的信息同样适用。另外，与《经济合作发展组织隐私指引》一样，《亚太经济合作发展组织隐私指引》也将"可以识别个人身份的信息"定义为"与一个已经被识别或者可以被识别的个人有关的任何信息"。

虽然欧盟的扩张主义论具有很多优点，也对国际文件产生了巨大影响，但它也存在很多缺点。将已经被识别的信息与可以被识别的信息完全等同，一体保护的做法或许并不明智，因为，许多可以被识别的信息大多是以匿名的方式出现的。我们确认不同的信息所需要做的工作并不相同，面临的风险也将会有差异。因此，不分层次地给予相同保护可能并不能达到很好的效果。比如，国际通行的保护个人信息的做法都会规定，个人享有当自己的信息被使用时得到通知的权利。如果信息仅仅与一个可以被识别的个人相关，我们不应要求信息处理的实体在处理此人信息时履行此项义务，事实上它在信息处理的初始阶段也无法完成此项义务。

我们需要避免"个人身份可识别信息"的概念向美国式的还原主义方向演进，又要避免此概念向欧盟式的扩张主义方向发展。还原主义论者认为，"个人身份可识别信息"仅指那些能够与某个具体个体联系起来的个人信息。在这个理论的指引下，信息隐私法只保护个人的身份数据，个人信息中的其他部分并不受法律的保护。扩张主义论者则认为，当某一信息已与某个具体的个人联系起来时，此信息就应得到信息隐私法的保护，他们还将已识别的数据信息与可识别的数据信息视为具有同等价值的信息，予以同等保护。但此两类信息是不同的，法律对这两类信息的保护应有所区别。

（三）被识别的风险与信息保护基本原则适用的相关性

将"个人身份可识别信息"区分为已被识别的信息和可识别的信息是有益的。这有利于法律对这两类信息提供不同的保护。由于这两类信息之间没有明确的分界点，因此，对"个人身份可识别信息"进行界定时，宜采用标准的方式进行。

当信息很有可能用于识别某个具体的个人时，用来识别个人身份的信息很有可能转化为已被识别的个人信息，因此，我们需要对一方主体接近这些信息的可能方式及它所能利用的额外信息进行评估。这需要我们结合具体的情境进行判断。我们需要考虑，信息储存的时间、技术发展的影响及促使一方主体将可以用来识别个人身份的信息与某个具体个体间联系起来的相关因素。

应看到，计算机科学家已经在信息识别风险的计算方法领域展开研究，对身份识别的风险性进行评估已经成为一项实践性工具。学者艾玛（Khaled El Emam）研究出了一项用来评估信息可识别性风险的方法。此方法将用来识别个人身份的信息与某个具体的个体联系起来。这套方法最突出的贡献是它关注信息掌控者所拥有的控制手段，同时也关注那些想要将信息与某个具体的个体之间联系起来的主体所持有的可能动机与能力。与此同时，计算机科学家也在开发更多的软件以便为人们的信息提供保护。我们需要关注信息收集给信息保护带来的威胁，同时也要关注应对与处理此类威胁所能采取措施的有效性。

对"个人身份可识别信息"的界定，需要将信息与他人身份被识别的风险联系起来统筹考虑，将身份识别的风险进行不同等级的划分。对个人信息的保护需要人们在采集信息时做到目的明确，对信息使用的目的进行限制，遵循数据最小化的限制利用原则、数据质量原则（采集的数据信息限于那些准确的、相关的及实时更新的信息）、数据安全原则、透明处理原则（信息处理的系统要使他人有所了解与明白），同时收集他人数据时要尽到通知义务，他人有获取、修正该数据信息的权利。

当信息处于已被识别的状态时，以上要求需要全部满足才能使用他人的信息，但当能够用来识别个人身份的信息并没有指向某个具体的个人且这种指向可能从来都不会发生时，采用与保护已识别信息相同的方法去保护可识别信息则并不合适。值得注意的是，这类信息同样需要得到保护，因为它可能潜在地与某个具体的个人联系起来。问题在于，对这类信息的保护应达到哪些要求呢？

事实上，如果可以用来识别个人身份的信息被处理时，我们就赋予可能受影响的主体得到通知、有权获取及改正信息的权利，这将导致主体隐私利益的减少。因为，法律为此类信息提供保护时，首先需明确的是信息属于谁。只有明确了权利主体，该项权利才可能得到行使，而这样的操作必然导致个人身份的披露。可以识别个人身份的信息在这种情况下就转化成了已被识别的个人信息。对限制收集原则、目的特定原则、使用限制原则、取得个人同意的限制要求，不应适用于可以用来识别个人的信息。因为，对这些信息的使用与分析，并不会给具体个体的信息保护带来伤害，限制此类信息的使用反而不利于信息的自由流动，会给社会造成许多不利的后果。

信息安全保障原则、透明性原则、资料品质原则应当适用于可以用来识别个人身份的信息。信息安全保障原则是指对个人信息的保护应采取合理的安全保护措施，以防止信息丢失、非法访问、损毁、利用、修改、披露等风险。未经授权，行为人不得接触、使用、修改、披露、损毁他人的信息。虽然，可以用来识别个人身份的信息与某个具体的个人联系起来的概率并不是很大，但还是存在联系起来的可能。因此，信息安全原则应当适用于可以用来识别个人身份的信息。当然，适用也应考虑信息的性质以及信息披露可能带来的风险。

而透明性原则要求数据处理系统体现开放性，受影响的个人应当能够理解数据处理系统的运作过程。与此同时，透明性原则还要求对信息主体的行动、思想、话语的追踪或监控不能在秘密状态下进行。事实上，个人信息的开发、运用及相关政策都应公开，信息控制者应提供简便的查询手段，方便信息主体对其自身信息的存在、性质、信息利用的目的、信息控制者的身份、地址等信息进行查询或以其他方式公开。正如学者布兰代斯（Louis Brandeis）曾说过的那样，"阳光是最好的消毒剂"。而信息使用的公开能够提高个人信息保护的水平。该原则应当适用于可以用来识别个人身份的信息。

而资料品质原则要求信息控制者保障个人信息在其处理目的的范围内完整、准确并能得到及时更新。当某项信息属于已被识别的个人信息时，信息主体遭受潜在伤害的可能性就越大，他人不仅可能依据某一特定信息做出影响到信息主体的重大决定，也可能不恰当地利用、公开、披露信息主体的信息。因此，对信息控制者、信息处理者收集、处理数据信息准确性的要求就应提高。另外，对于那些可以用来识别个人身份的信息，因为其具有能识别出个人身份信息的可能性，因此，掌握此类信息的公司、机构也不能随意披露或使第三方接触此类信息。有学者指出，对某些潜在的，可以用来识别个人身份的信息，公司、机构应采用"追踪与审查"的保护模式。比如，对于医疗卫生保健信息，相关机构应制定明确的信息保护规则，而能够接触此类信息的主体也应负有相应的信息保护的责任。

现阶段，在个人信息保护领域并没有对"个人身份可识别信息"下一个统一的定义，而现有的三种定义方法又不能令人满意。我们将"个人身份可识别信息"的概念界定为已经被识别的个人信息与可以用来识别个人身份的信息，并根据这两类信息的不同特质适用不同的信息保护的原则是明智的做法。事实上，我们在采用标准的定义方式对"个人身份可识别信息"进行界定时，可以融入规则定义的方式，对属于个人信息的数据类别进行列举。

"个人身份可识别信息"是个人信息保护中的核心概念。只有当信息归属于"个人身份可识别信息"的范畴时，法律才会为其提供相应的保护。此概念能保护那些已经被识别和可能被识别的个人。它不仅能以一种弹性的方式为不同类别的信息提供不同类别的保护，还能有效地阻止营销机构与营销公司用可以用来识别个人身份的信息代替已被识别的个人信息规避与逃脱法律的制裁。

"个人身份可识别信息"的概念是不能摒弃的，因为，这个概念有利于界定个人信息保护的规制范围。我们需要看到的是，对个人信息的保护，还缺少具体的政策规则手段，我们需要利用其他能与"个人身份可识别信息"相互配合的政策手段来规制诸如网络跟踪及市场营销等行为对个人信息保护产生的影响。

第三节　个人信息保护的基本原则

一、各国基本原则内核的一致性

个人信息保护的基本原则在效力上是贯穿个人信息保护法始终的根本规则，它不仅彰显了个人信息保护的本质、规律，也集中反映了立法者在个人信息保护领域所采取的政策与措施。

谈到个人信息保护的基本原则，首先需提及美国的信息公平实践法则。这是一套国际公认的解决个人信息隐私的原则，为国际上许多国家解决隐私与数据保护立法提供基本政策的指引。它最早起源于美国 1973 年政府咨询委员会有关个人数据自动处理系统秘书处发布的一份《记录、计算机与公民权利》报告。此报告分析了个人信息自动化系统可能引发的不良后果，建议建立信息使用的保障措施。这些措施也即后来成为广为人知的"公平信息实践法则（FIPPs）"，该法则成为当今数据保护制度的奠基石。"公平信息实践法则"清楚地阐明了处理个人信息的基本保护措施。该法则规定个人有权知道他人收集了哪些与他相关的信息、这些信息如何被使用（知情原则），有权拒绝某些信息的使用（同意原则），有权更正不准确的信息（参与原则），而收集信息的机构与组织有义务保证信息的安全与信息的可靠性（安全原则）。"公平信息实践法则"的这些要求成为 1974 年美国《隐私法》的基础，而该法案规范了联邦政府维护、收集、使用、传播个人信息的行为。随着时间的推移，"公平信息实践法则"在各个国家与国际性组织推出的数据、隐私、个人信息保护的报告、规章、指南中得到进一步发展，并衍生出了多个版本。这当中包括如经济合作与发展组织（OECD）提出的《隐私保护与个人数据跨境流动指导方针》、1981 年通过的《有关个人数据自动化处理之个人保护公约》以及 1995 年通过的《数据保护指令》。它们都以公平信息实践原则确立的基本原则为基石，但各自都对其有所修订与拓展。尽管对个人信息保护原则的规定各国立法存在一些不同，但欧盟与美国关于隐私保护的框架严格来讲都是建构在"公平信息实践法则"的基础上。

从立法技术的角度来观察，世界上各国家或地区及各国际组织在个人信息保护的立法中，大多明确列举了个人信息保护的基本原则。而国内的学者在比较研究的基础上，也对个人信息保护法应涵盖的基本原则进行了总结。如周汉华教授认为，个人信息保护的基本原则应包括：合法、权利保护、利益平衡、信息质量、信息安全、职业义务、救济的原则。齐爱民教授则认为，我国未来个人信息保护的基本原则应归纳为直接收集、目的明确、限制利用、资料品质、安全、政策公开、信息保密、保存时限、自由流通与合法限制的原则。张新宝教授认为，个人信息保护法的基本原则包括：收集限制、收集个人资料的合法诚信、收集个人信息的告知、资料内容的准确性、目的明确、限制揭露、公开、资料主体参与、安全保护、责任原则。应看到的是，虽然，学者们对个人信息保护法基本原则的概括与用语在表达上存在细微区别，但它们的核心内容是相同的。

不可否认，虽然"公平信息实践法则"是当今信息保护制度的奠基石，但对个人信息保护基本原则进行概括的最具影响力的立法是前文已经提及的 1980 OECD 通过的《隐私保护与个人数据跨境流动指导方针》。该指南成为当今世界各国信息保护立法的重要参考，其确立的原则体系最为各国称道。该指南在 1980 年出台后，OECD 在 2013 年对其进行了修订。应当注意的是，1980 年版本中所确立的隐私保护的原则在三十年后的修订中被完整地保留下来，并继续沿用。该指南将个人信息保护法的基本原则概括为：限制收集原则、信息质量原则、目的特定原则、使用限制原则、安全保障原则、公开原则、个人参与原则、责任原则、自由流通与合法限制原则。这些原则被多个国家与国际组织的立法所承袭，对全球个人信息保护的立法产生了深远影响。

二、应予调整的基本原则

鉴于各国、各国际组织确立的保护个人信息的基本原则在核心内容上相通且大体一致，在此，作者将以影响范围最广、最有代表性的 OECD《隐私保护与个人数据跨境流动指导方针》所确立的基本原则作为分析基础，阐明大数据时代应当做出调整的基本原则。OECD 确立了以下基本原则：

第一，限制收集的原则。应对个人信息的收集行为进行限制，任何信息的获取都应通过合法和公平的方式获取。必要时应当通知信息主体或取得信息主体的同意。

第二，信息质量原则。个人信息应当与利用目的相关，且信息应当准确、完整、及时更新。

第三，目的特定原则。个人信息的收集目的在收集前就应明确，并且其后的使用仅限于实现这些目的。如果信息使用需要突破该目的范围则需要重新明确并说明变化了的目的，且新的目的应与原目的不矛盾。

第四，使用限制原则。超过目的范围的个人信息不应当被披露、提供或利用，除非经信息主体同意或法律另有规定。

第五，安全保障原则。应当采取合理的安全保障措施保护个人信息，以防范信息丢失或者被未经授权的访问、销毁、使用、修改或披露的风险。

第六，公开原则。应当有一个关于个人信息开发、应用与政策相关的一般且公开规则，并提供方便的方式和方法确定个人信息的存在和属性、使用的主要目的及信息控制者的身份与住所等内容。

第七，个人参与原则。这是关于个人权利的规定，个人应当享有如下权利：

（1）查询权：从信息控制者或其他人处确认信息控制人是否保有与其相关的信息；

（2）获得通知的权利：通知应以个人容易理解的方式做出；

（3）异议权：如果依据上述（1）、（2）项做出的请求遭到拒绝，有权要求相对方向其说明原因，并可以就该种拒绝提出质疑；

（4）更正权：对与其相关的数据提出质疑，如果该质疑成功，则有权对数据进行删除、更正、完善或补充。

第八，责任原则。这是关于信息控制者义务的规定。根据该规定，信息控制者有义务遵循根据以上原则所制定的规则与采取的必要措施。

（一）限制收集原则的适用需区分情境

大数据时代，数据信息中潜藏的价值，大大刺激了企业收集信息的动机。政府、企业走在了对个人信息如饥似渴追逐的道路上。信息采集的限制收集原则在实践中早已被不断突破。政府、企业不仅收集实现业务目的所必需的信息，也会收集无关的信息。比如，移动互联中就普遍存在应用程序超出业务目的、超出范围收集用户个人信息的现象。企业今天收集的信息未必在当下就被利用，它所蕴含的价值可能留待未来进行发掘。云计算的迅速发展已经为此提供了充分的技术支持。对于信息而言，企业会想办法采集更多、存储更久。

事实上，大数据环境下的风险并非产生于个人信息收集之初，而在于具体的使用环节。同一信息因使用场景的不同，产生的后果也有所差异。因此，信息保护的规制重心可以考虑由个人信息收集阶段向使用阶段转移，侧重对后端使用环节的监管，适度放宽对前端收集环节的限制。

鉴于各国对个人信息的界定，一般以"识别"为标准，将个人信息定义为已被识别的或者可被识别自然人的任何信息。因此，我们可以做这样的区分，当信息处于已被识别的状态时，应严格遵循限制收集原则。信息主体有权合理限制企业对个人信息的收集和保存。企业应根据其实现特定目的的需要，确定收集数据的范围，在不需要个人数据后，应当以安全方式删除个人数据或者清除个人数据中的身份信息。但当能够用来识别个人身份的信息并没有指向某个具体的个人且这种指向可能从来都不会发生时，采用对已识别信息保护相同的方法去保护可识别信息则并不适宜。鉴于大数据是下一个创新、竞争与生产力的前沿，产业形态向着"数据驱动范式"前进与变革，此时，不应限制政府、企业对可识别信息的采集。

（二）改目的特定、使用限制为情境一致原则

大数据的价值不再单纯来源于它的基本用途，更多是源于对数据的二次利用。很多数据在收集时并无意用作其他用途，但最终却产生了许多创新性应用。作者将以日本先进工业技术研究所进行的一项关于坐姿研究与汽车防盗系统为例，对此予以说明。

日本先进工业技术研究所发现，当一个人坐着的时候，他的姿势、身形、重量分布都可以被量化。通过在座椅下安装传感器，能准确测量出人们对座椅的施压方式，把人体坐姿特征转化成数据，这会生成独属于每个乘坐者的精确数据资料。实验数据显示，从人体对座位的压力差异识别出乘坐者身份的准确率高达98%。这项技术研究最初准备运用于汽车防盗系统。当汽车识别出驾驶者不是车主时，汽车会要求司机输入密码，如果司机无法准确输入密码，汽车就会自动熄火。当研究人员把坐姿转化成数据后，研究者发现，数据将孕育出一些切实可行的服务与一个前景光明的产业。比如，能够利用交通事故发生之前的坐姿变化分析坐姿与行驶安全间的关系。可以在司机疲劳时发出警示或自动刹车。然而，提取数据后的根据驾驶员坐姿预测驾驶员注意力状态(昏昏欲睡、醉酒、生气)，并向周围其他驾驶员发出警告以预防交通事故发生的数据应用，并不符合数据收集时的特定目的。这是对数据的二次利用。根据目前的规则，它需要新一轮的告知与许可。现实中存在对信息的大量二次利用。立法者需要平衡信息二次利用的优势与过度披露产生的风险。

目的限定原则是个人信息保护的核心原则，使用限制原则是目的限定原则的衍生。普遍存在对数据的二次利用使这两个原则在新业态中产生了适用困境。大数据时代，对法定目的的僵化遵循已变得不合时宜。保护个人信息亦须兼顾个人信息的合理利用，重要的是需要合理控制可能产生的风险，即个人信息的处理给用户带来精神压力、差别待遇及人身财产损害的可能性。美国《消费者隐私权法案》中大部分保护措施就是构建在可能产生的"隐私风险"的基础上。法案在界定"隐私风险"时，对其界定得较窄，将其界定为那些可能引起个人"精神上的痛苦，身体上、财产上、职业上伤害"的风险。个人信息利用尤其是二次利用是否合理，关键在于新目的是否引发不合理的风险，是否符合用户

的预期与个人披露信息时的情境。大数据环境下，应将"目的限定""使用限制"原则修订为信息使用的"情境一致"原则，

"情境一致"原则是指个人有权期望企业收集、使用、披露信息的方式与其提供信息时的情形保持一致。企业对信息的使用与披露应在以下两个方面与以往保持一致，即个人最初披露信息时的情境及企业与个人之间所处的关系，除非法律另有规定。如果企业在采集信息时就要将信息用作其他目的，他们应该在信息采集时就以突出且个人容易采取措施的方式履行告知义务，赋予个人选择权的同时提升信息处理的透明度。如果企业是在收集信息之后才决定要将信息用作与原始情境不一致的目的，则必须提升信息处理的透明度，赋予个人选择权。同时，年龄因素与个人对企业采集其信息时使用技术产品的熟悉度也是组成情境的考虑因素。

对情境的遵循，首先应考虑企业对个人信息的使用，是否是为了用户提供产品或服务，实现用户具体要求的需要。我们需要以用户使用一项服务或应用的目的与企业提供此项服务与应用必须进行的信息处理、信息披露，这两者间的关联紧密度为基础进行判断。尊重情境为企业在商业实践中如何处理个人信息提供了一个实质性的标准与指引。企业应将个人信息的使用限制在与个人披露信息相一致的情境中。当此项原则强调个人在披露信息时与企业之间关系的重要性时，其也认识到这种关系在之后可能会发生的变化。这种变化可能是造福用户的创新的源泉。企业此时应提供相应的透明度与用户选择，而企业在收集信息后对信息的再次使用，则应该在透明度与赋予用户选择权上对企业做更高要求。这样的改变使得企业使用、披露信息更具灵活性，在这样的灵活性下，企业也需要仔细考虑用户对情境的理解与预期，研究用户的态度与反馈意见。这有助于企业判断哪类个人信息的使用会引发用户的担忧。企业与消费者之间的关系应该引导企业决策，使企业能明智地判断，在哪种可能情形下，企业应以明显的方式对用户进行告知并取得使用用户个人信息的同意。比如，线上商品销售商需要向快递公司披露用户的姓名与住址，才能完成一笔订单交易。这样的披露很明显与信息采集时线上商品销售商与消费者之间所确立关系的情境相一致，线上商品销售商无须再对此进行通知。企业从消费者下单的行为中能够合理推断消费者已经同意将其信息披露给快递公司以完成包裹的送达，而消

费者也应有商品会通过快递公司进行配送的常识。

同样，企业也常常推断用户同意企业在如下情况下使用其数据信息：研究用户的使用习惯以提升产品的用户体验、防止欺诈、遵守执法机构的命令及其他一些法律义务方面，这些方面对用户信息的利用，也无须取得用户的再次同意。

在一些例子中我们能看到，具体情境能决定一些情形下赋予用户许可使用的选择机制是合理的，对用户而言是有意义的，但在一些情境下却没有意义。比如，假定有一款游戏，这款游戏在移动设备上使用，此游戏应用能够保存用户打游戏的进度，用户能在稍作休息后重新恢复游戏到先前状态。为了实现这一功能，设计这款游戏的企业需要采集使用这款游戏的每一台移动设备的唯一标识符。那么企业为了实现此目的采集每一台移动设备唯一标识符的情境会被认为与"恢复"功能及消费者决定使用该游戏"恢复"功能时的情境相一致。当然，如果企业为了盈利，将用户的移动设备唯一标识符向第三方披露，第三方据此向用户发布有针对性的一对一的行为广告，则在此种情境下，企业需要向用户履行告知义务，用户有权拒绝企业向第三方披露其信息。

另外，企业与用户之间的关系也是情境原则需考虑的一个因素。特别是广告支持下服务商提供的新兴服务，其往往会向用户提供免费访问的在线服务与免费使用的应用程序。情境一致原则下并不排除广告支撑的商业模式。情境一致原则的遵守要求企业认识到，不同商业模式下个人信息的使用会诱发不同的隐私风险。企业应当明确告知用户，用户用自身信息交换的是什么产品与服务。

另外，企业将收集、使用、披露的用户信息用在可能会剥夺个人机会、诱发歧视的雇佣、信用评定、投保资质及相似情境的分析上时，毫无疑问，这类敏感使用违背了情境一致原则。"情境一致"下，企业并不需要对数据的每一项使用都进行说明，但有一点，当企业向第三方披露用户数据，第三方会为了其他目的进一步收集或使用用户信息时，企业应当对此突出且明确地予以说明，且需向消费者提供阻止此类披露的选择与机会。

对情境是否一致的判断有时会比较模糊，存在不同的理解。企业与用户在此问题上发生争议时，需有一机构对企业是否遵循情境一致原则进行评判。虽然此原则适用上有弹性，在复杂情况下人们的认识可能会有分歧，但我们应看到，此原则本身就是一种开创性的解决方案，一种新的尝试，能促使社会从信息符合情境的二次利用中获益。情境一致原则还需更多探索。

第四节　个人信息权内容与义务主体责任

一、塑造被遗忘的权利

（一）政策与学术上对待"被遗忘权"的三种不同观点

"被遗忘权"最初常被当作一项权利来讨论，但后来也有学者将其归属于道德或社会价值的范畴中，抑或视为一种美德或政策目标。虽然人们对此概念存在不同认知，但他们在如下方面也达成了共识，即当信息再次披露的环境已不再具备，或再次披露会对信息主体造成实质性的情感伤害或机会、经济损失时，人们将拥有一项重大的法益（有可能以权利的形式予以保护）——不必将自己过去的个人信息暴露出来，也不应受到不相关的或遥远信息的影响。为使"被遗忘权"包含的内容被阐述得更加充实、详尽，本书将从三个角度阐释政策与学术上对"被遗忘权"的理解。

1. 观点一：信息适时删除的权利

如果将"被遗忘权"作为一项权利来看待，那么最主要的政策建议则是欧盟执委会负责司法、基本权与公民事务专员雷丁（Viviane Reding）对"被遗忘权"的展望：加强所谓的被遗忘权，即当信息的存续不再与采集信息的目的相关，或信息主体撤回了同意及同意储存的期限已届满时，个人有权要求移除全部信息。

在这段话中，雷丁使用了"加强"，暗示她认为被遗忘的权利已在欧盟《数据保护指令》中存在。从概念上来看，她在很大程度上将"被遗忘权"的内涵与欧盟《数据保护指令》中删除权的内涵相等同。"被遗忘权"所涵盖的内容似乎有一部分已纳入到欧盟现行《数据保护指令》的框架下。毕竟，信息主体有权要求删除不完整、不准确的信息，信息控制者也应遵循信息主体有说服力的合理要求，移除相关信息。但事实上，"被遗忘权"与删除权虽在内容上存在交叉，但在权利行使的事前控制、举证责任等方面都有所差异。

2. 观点二：特定领域信息披露与使用的限制

这个角度的"被遗忘权"，其适用范围被限制在破产法、少年违法犯罪以及信用记录等领域。学者主张在这些领域里应培养社会的遗忘能力，使人们能重新开始。这个层面的"被遗忘权"强调的并非信息的删除，而是规制信息的使用。

在瑞士法中，当一个人已被定罪，且经过一段时间后，只有在报道这名犯有刑事前科人员的姓名还有新闻价值时，才能披露他的姓名。而当一个人服刑完毕，改过自新后，披露他的姓名并将此与他曾经犯下的罪行联系起来的报道，往往不能被认定为具有新闻价值。这就意味着，对隐私的关注与保护限制了新闻媒体再次揭露一些真实且曾被公开的事实。

3. 观点三：个人享有表达见解、改变观点的自由

这个角度的"被遗忘权"主张人们不应被定格在发表观点的当下，也无须担心所表达的内容在未来会用作对自己不利的材料。该观点承认，随着时间的推移，人们的思维会演变，观点会调整。个体不仅享有写作与表达的自由，亦不应被往事束缚，从而影响当下的决策能力以及与他人的社会交往。这个层面的"被遗忘权"将存在于更广泛的与人类遗忘美德相关的技术策略中。

以上，概述了政策与学术领域分析被遗忘权的三个视角：第一，一般意义上，信息应在适当时候予以删除；第二，从社会角度观察，需要限制过时、负面信息的查阅与使用；第三，从个人自我发展的角度来观察，个人享有表达见解、改变观点的自由。这三个视角的区分并非泾渭分明，它们在内容上有交叉。

（二）特定领域对信息主体负面信息披露与使用的限制

虽然人们常将"被遗忘权"视为信息主体享有的一项到期删除信息的权利，但也有学者将关注的焦点放在避免人们对信息主体过往负面信息的披露上。学者韦罗（Franz Werro）指出，当一定的时间过去，触犯刑律的人有权阻止新闻媒体将他们与过去的犯罪行为联系起来，因为这样的报道往往不具有新闻价值。

还有学者认为，"被遗忘权"是源于法国法上的"忘却权"，所谓忘却权是指，已服刑完毕、回归社会的前罪犯（非重罪犯），有权阻止人们将其曾被刑事定罪与入狱之事再次公开，让人们忘记其过去的负面消息。重新来过的诉求不仅有利于保护权利人的正当权益，也符合社会的利益。这其中涉及的是对新闻自由、言论自由与尊重当事人隐私与尊严间的平衡，因此随着时间的推移，应更侧重对后者的保护。有学者主张，当法律对企业保留用户个人信息的期限进行强行性规定时，立法者及相关机构应权衡遗忘对于社会的价值。

这个层面的被遗忘权，是典型的事后救济的权利。它并未将焦点集中在对具体信息的删除上，而是关注对抽象信息隐私的保护，特别是人们应享有的身份塑造的自由。当采集、处理信息主体过往的负面信息、对外发布或基于这些信息做出对其不利的决定时，信息主体就可援引该项权利。随着信息社会的飞速发展，越来越多的个人信息面临着被挖掘与被披露的危险。有学者主张，"被遗忘权"应当从现行适用的领域——青少年犯罪的档案封存制度扩展到如劳动就业、消费者保护、预防犯罪等领域。法律可以限制当强势方可能做出对弱势方不利的决定时，能够采集、查阅、使用的弱势方的信息范围。

可以尝试以法律措施的形式限制潜在的可能对个体造成伤害的负面信息的保留时间。某种程度上，可以将"被遗忘权"比作是刑事领域的证据排除规则，一些信息应在做出司法裁判的过程中排除出法官考量的范畴，因为将其纳入考量将不利于作出公正判决。正如证据排除规则可能会要求法庭忽略掉已看到的一些证据一样，"被遗忘权"可以解释为当决策者需要做出影响到个人利益的决定时，应当存在某种强制性的规则，限制决策者不去考虑那些不相关且对个人不利的信息，特别是在一些提供机会的领域，如工作的机会与贷款的机会等。这种信息排除规则，更像是一种反歧视的要求。当主体感到切身利益可能遭受那些不应纳入考虑的信息不恰当的影响时，他们有权去质疑这样的决定。因此，"被遗忘权"应看作特定行业与特定背景下对人们做出决策的限制与要求，哪些信息应纳入考虑范畴、哪些应排除。

此角度的"被遗忘权"适用范围更窄、更适度，它关注的并非实现个人对自身信息控制的综合性措施，而是如何控制特定情境下负面信息的收集与使用。它能部分地通过现存的法定权利如隐私权及青少年犯罪档案封存制度发挥作用，但也需要延伸到人们容易受到过往信息伤害的领域。可以通过负面信息的储存期限以及诸如证据排除规则、非歧视规则等法律方法来增加对公平决策的监管。

（三）表达见解、改变观点的自由

学者劳弗洛伊认为，"被遗忘权"很大程度上是自由表达、自由写作的权利。我们不用担心因曾经表达过的观点而被永远定格在过去，这项权利意味着我们今天表达的观点不用与昨天的观点相一致，我们拥有改变看法的权利。

这个角度的"被遗忘权"，在信息隐私的保护与身份构建方面，同样致力于避免人们不恰当地受制于过往信息的影响，使信息主体的行为能挣脱出过往信息的束缚，变得更加自由。但这似乎与此前讨论的观点——特定领域对信息主体负面信息的披露与使用进行限制，让信息主体有机会重新开始新生活的诉求——没有本质的区别。同时，这个层面的"被遗忘权"还面临一个难题，即当我们感到那些记载着我们过去思想观念、生活轨迹的信息会影响到我们当下或未来的个性表达时，我们能向谁主张权利呢？未来的雇主？警务部门？保险公司？信贷公司？从这个角度看，要对这个层面的"被遗忘权"进行事前控制，是很难做到的，可行的方式还是一种事后救济。

这个层面的"被遗忘权"是大数据时代我们如何塑造生活的一种社会心理反应，事前救济的障碍，暗含着它没有成为权利的特质，而仅是一种应受保护的法益或值得追求的价值。当然，即便作为法益对待，也不会减损它所提倡的不受束缚地表达自由的价值。将这样的价值铭记于心，对信息采集、处理、储存领域的立法者与政策制定者而言非常重要，对信息保护的应用程序设计者而言也同样重要。从这个角度观察，遗忘的价值似乎与如何塑造被遗忘权不那么相关，反而与政策的制定者与应用程序的设计者密切相连。

（四）被遗忘权在当下的适用范围

被遗忘权究竟是怎样一种权利？是适时删除个人信息的权利？特定领域对信息主体负面信息披露与使用的限制？抑或是不受束缚的自我表达自由呢？

不受束缚的自我表达自由，更像是一种法益，它所强调的是遗忘的重要性，不用顾虑与害怕当下的行为、言论在今后可能对我们产生的负面影响。这更多的是对政策制定者与应用程序设计者的提醒，即不应盲目地跟从技术的发展，过多且不进行区分地记载我们的个人信息。个人自我发展角度的"被遗忘权"不能成为一项独立且成熟的法律权利。

对"被遗忘权"的塑造可以从如下两个层面进行：第一，适时删除个人信息的权利；第二，在特定领域中对信息主体过往负面信息进行披露与使用的限制。

第一个层面的内涵与信息自觉的内涵一脉相承。尝试赋予信息主体对自我信息进行控制的权利，以事前、事后控制相结合的方式来实现控制：信息主体应当有权在事前进行信息储存期限的设置，以实现信息在存储期限届满之日被自动删除的目的；同时信息主体也应当享有在事后向信息控制者主张删除特定信息的权利。当然，这一愿景实施起来并非易事，会面临前文分析的诸多难题。如用户可能难以在事前明智地确定信息到期日，数字阴影的广泛存在以及与法定信息保留期限的冲突等。此外，"适当时候删除个人信息的权利"中对"适当"的理解也是一个问题，是从信息控制者利益角度来判断，还是从信息主体的利益角度来判断？如果价值判断的内涵包含了对信息控制者合法处理信息的利益考量，那信息主体请求移除个人信息的权利能优先于信息处理者享有的合法进行信息处理的权利吗？信息主体与信息控制者之间的权利冲突如何平衡？信息控制者为使信息在未来再次被利用，对采集信息的目的进行的模糊化处理与广泛存在的对数据信息的二次利用，这些生活中普遍存在的现象，又该如何规制？这些棘手的问题在立法中都需要予以解决。如果希望基于用户控制的"被遗忘权"落到实处，那它不仅需要立法予以保障，还需要强有力的技术支持，而想要通过技术手段解决信息储存期限的设置与广泛存在的数字阴影等问题，现阶段看来，还很困难，在技术层面我们还处于研究的初期。

从第二个层面即特定领域对信息主体负面信息披露与使用的限制来看，它所面临的困难与挑战则要少得多。这个层面的权利诉求更为谦抑，适用范围也更窄。它关注的并非如何通过综合性的措施提升人们对自身信息的控制，而是集中在当决策者做出可能对个体产生影响的决策时，如何对决策者能采集、使用的个人信息进行控制。它可部分地通过已存的一些权利与制度来实现，如隐私权、青少年犯罪档案封存制度等，但大数据时代的来临使得人们还需将它扩展到那些个体容易不恰当地受到过往不相关负面信息影响的领域，如劳动法领域、消费者权益保护领域以及预防犯罪领域等。这可以通过诸如限制负面信息的储存期限及增强对决策者做出决策时的非歧视监管等方法来实现。当然具体在各领域如何塑造被遗忘权还需要进一步研究。

适时删除个人信息的视角与特定领域对信息主体负面信息披露与使用进行限制的视角是不同的。目的上，前者欲达到对信息适时删除的目的，后者则是限制、阻止对特定负面信息的披露、使用；属性上，前者是从信息主体所享有的权利角度来阐述，后者则是从信息控制者的义务角度来分析；关注的重心上，前者关注的是对信息的收集、储存与删除，而后者关注的是在决策过程中使用个人信息的限度；适用范围上，前者适用于一般性的信息保护的领域，后者则适用于特定的行业领域；在执行方面，前者需要技术的支持与信息保护的默认状态的设置，而后者仅需增强法律的监管措施。

我们正置身于一个大数据开启的时代。无论信息自决的概念多么重要，一旦实施起来，信息主体想把已公开的信息再次收回将困难重重。对"被遗忘权"内涵的不同界定，会使人们在解决上述困难时采用不同的技术手段与法律措施。总体观之，现阶段要想在第一个层面实现信息主体对个人信息的控制是较为困难的，或许这也正是2014年欧盟对《一般数据保护条例》草案进行修订时没有继续保留"被遗忘权"的原因。但第二个层面的保护，通过努力或许是可以办到的，这需要将"被遗忘权"的适用限定在比较狭窄的范围。而我国法释〔2014〕11号中第十二条的规定也给这个层面"被遗忘权"的适用留下了解释的空间。该条规定：对于利用网络公开自然人病例资料、犯罪记录、私人活动等个人信息给他人造成损害的，即使该信息是通过自然人自行公开或其他已合法公开及合法渠道获取，一旦网络服务提供者或者网络用户违反社会公共利益、社会公德的方式或侵害权利人值得保护的重大利益披露这些信息，也要承担侵权责任。

当前，第一个层面的"被遗忘权"并不存在，将这样的权利写入法律中，并不能达到人们期望的效果。现阶段，我国"被遗忘权"的构建应从第二个层面承载的"被遗忘权"的内涵着手。展望未来，当信息技术发展到可以克服权利实施中的巨大障碍时，再适时扩展"被遗忘权"的内涵，到那时，一个一般意义上的，符合人们通常理解的"被遗忘权"，才能在实践中实现。

二、塑造数据可移植权利

个人信息权包括个人信息决定权、查询权、更正权、补充权、封锁权、删除权、保密权。而数据可移植权利是指当个人信息通过电子方式以结构化和常用的格式进行处理时，信息主体有权从服务提供商处获得其个人信息的副本，获取信息副本的格式应能在与其相似的其他在线服务及应用中进一步使用。

首先，我们在丰富信息主体权利类型，塑造数据可移植权利的过程中应看到，不论信息处理的法律依据是什么，信息主体都应能够获得通过电子方式以结构化和常用格式进行信息处理的个人信息副本，且该副本能在在线服务中进一步被使用。数据的可移植权利应扩展到个人信息处理的所有情况，而不应仅针对信息主体的授权同意或双方间存在合同约定的情形。因为，当信息的处理不是构建在同意或合同基础上时，这项权利的适用范围与作为信息自决工具能发挥的效用将是非常有限的。

其次，数据移植权应暗含着赋予主体将取得的副本在一个具有竞争关系的平台上使用的权利。欧委会的立法草案并没有赋予信息主体此项权利，它只是允许信息主体为自己使用的目的而取得其个人信息的副本。取得的副本能否在一个具有竞争关系的平台上使用，取决于保有信息主体个人信息的服务提供者的自由裁量。一个有意义的数据移植权应蕴含信息主体信息自决的权利。

再次，数据移植权的使用范围不应限于由信息主体主动积极提供的信息，做这样的限定将与普遍践行的信息采集、使用的现实情况相脱节。因为，现实中，大量信息的采集与使用都是在信息主体不知情的情况下进行的，更不必说信息主体的积极参与了。

最后，塑造数据可移植权利的过程中，数据的可移植是一方面，信息主体能否真正有意义地离开又是问题的另一方面，即信息主体能否在取得副本后，删除服务提供者保存的与其相关的个人信息记录。这个问题将受制于被遗忘权与删除权在实践执行中面临的挑战。

数据的可移植性会促进竞争并增强网络服务系统间的协同性，该条在实施中可能面临诸多障碍。我们在塑造数据可移植权利的过程中，应考虑具体情境，恰当建构数据可移植权利并在时机恰当之时推出该项权利。

三、增设义务主体保护个人信息的义务

（一）个人信息保护默认设置状态的义务

在决定信息处理的方式与信息处理的过程中，信息控制者与信息处理者必须采取恰当的技术、组织措施与程序规则来确保信息的处理满足法律的要求并保护信息主体的权利。现有技术发展水平、国际最佳操作实践与信息处理过程中可能面对的风险都会成为判断信息控制者采取措施是否达到标准的评价考量因素。

数据信息的默认保护应指向从信息采集、处理到删除的整个生命周期，系统地专注于准确性、保密性、完整性、物理安全性与个人信息删除方面，全面的程序保障。个人信息的默认保护状态到底应必须具备哪些内容，还需结合技术发展、物质条件、社会环境等因素，进一步探索与明确。

（二）特定情况下开展信息保护影响性评定的义务

当信息处理的操作可能会给信息主体的权利与自由带来特定风险时，信息控制者或信息处理者需要进行信息保护的影响性评价。比如当信息主体的权利被剥夺或者使用了特定新技术时，信息保护影响性评定的开展是希望限制并减少那些可能发生的违反信息保护规定的行为。欧盟新一轮的数据保护改革也将信息保护的影响性评定纳入到新的立法草案中，并列举在如下一些情形，义务主体需要进行信息保护的影响性评定：在处理敏感信息时；通过信息的自动化处理对信息主体行为图谱进行分析时；在公共区域，使用大规模光学电子器件（视频监控）进行监控时；或处理的信息是对儿童数据、基因数据或生物学数据进行大规模的采集与归档时；当新建的大型归档系统将信息处理的目标定位于处理相当数量的地方性、国家性或超国家性的个人信息，并可能会影响到一个非常广泛的群体时，特别需要进行信息保护的影响性评定。

事实上，是否应展开信息保护的影响性评定时，需要考虑信息处理可能产生的风险。信息保护的影响性评定应包括：对信息处理操作的说明，对可能给信息主体的权利与自由带来风险的评定，对采取的确保降低风险、保护个人信息与遵守法律规定措施的说明；为了达到信息处理目的而进行的信息处理需要在必要性与比例上的相称性上进行评定；需要指出信息删除的期限；需要对信息处理的背景进行评定。

四、明确义务主体对外承担责任的形态

（一）信息处理目的与方式的决定者

信息控制者决定着信息处理的目的与方式，信息处理者则代表着信息控制者的利益，执行数据信息的处理。欧盟《数据保护指令》对信息控制者与信息处理者进行这样的划分。信息控制者是负有数据处理义务并在违反义务时承担责任的一方。在信息控制者与信息处理者间，信息处理者的义务根据第17（3）款的规定，是由信息控制者与信息处理者之间的合同来进行规制的，信息处理者只受合同相对方的约束。因此，信息主体对信息处理者并不享有权利。

一直以来，信息控制者、信息处理者间义务责任的这种划分受到诸多批评：在云处理、社交网络、搜索引擎的数据处理关系中，事实上并不清楚由谁来决定信息处理的目的与方式。欧盟《数据保护指令》有效地使信息处理的参与者们整体性地避免为自己的行为承担责任。

我们看到，欧盟数据保护工作组一定程度上对信息控制者与处理者这种区分招致的批评进行了回应与澄清。他们认为通过释明信息控制者与处理者所扮演的角色，能务实地指导此种区分的适用并评估对合同、法定安排与信息处理事实的影响。工作组的意见明确表达了存在联合的共同控制者的可能性。工作组总结认为，在涉及责任承担的问题上，它们没有发现有任何理由去放弃信息控制者与信息处理者间的这种区分。

（二）对外承担连带责任的情形

现阶段，对于谁应为信息的处理承担责任，存在着相互冲突的意见。主流的观点认为，谁在实质上享有信息处理的控制权，谁就应该为信息的处理承担

责任。还有观点认为，数据安全和隐私的责任应该落在最先收集信息的机构身上。

虽然，信息控制者在信息处理过程中承担的所有法定义务，信息处理者都应当遵循。但在责任承担上，需要实用性地对信息控制者与处理者承担的对外责任进行区分，并认识到多数、共同的信息控制者存在的可能性。

联合的信息控制者，它们共同决定着信息处理的目的、方法，它们之间可以通过协议的安排，明确各自应当承担的责任。如果信息处理者处理信息超越了信息控制者授权指示范围，成为决定信息处理目的与方式的决定方，则信息处理者将转变成为共同的信息控制者。

当然，对信息控制者与处理者在信息处理过程中，谁在实质上享有信息处理控制权的逐案评价是比较繁复的。在无缝的网络世界里，即使是大型的组织机构要确定个人信息所处的空间与管理者也比较困难。个人若没有相关的专业知识或获取相关信息的渠道将更难弄清上述情况。我们应尝试解决此问题，当多个信息控制者共同决定了信息处理的目的与方式时，他们可以在遵守法律规定的背景下，分配决定各自应承担的义务与责任。这样的安排需要恰当地反映它们各自所扮演的角色及它们各自与信息主体间的关系。如果对责任的区分是不明确的，信息控制者与信息处理者应对外承担连带责任。

第五节　个人信息保护的财产权路径

当前，个人信息的商品化现象越来越普遍。这种商品化现象把个人信息视为当代经济中的"新石油"，它分析消费者的行为，同时也进行商品与服务的营销。信息产业中的经营者，从对采集到的大量个人信息的分析与独占中获取利益。他们主张对自身储存的数据库信息与掌握的消费者行为图谱的数据信息享有财产权。本书将从信息交易市场的萌芽、产权形成与初次分配的理论、信息财产权的归属与个人信息财产权保护模式的建构四个方面展开分析，探索较具可行性的个人信息财产权保护模式。

一、个人信息的商品化与自由转让交易市场的萌芽

首先，信息的数量正在快速增长。有些数据是"天生数字化"的，人们将它们创造出来用于计算机和数据处理系统，比如网页浏览、GPS定位、电子邮件。有些数据是"天生模拟的"，比如相机、摄像设备录制的可视或语音信息，通过可穿戴设备检测到的身体信息，如心率、排汗量。

其次，信息的格式与来源也越发广泛与多样。数据融合能将分散的数据信息整合在一起。大部分数据来源于以下渠道采集的信息：社交媒体、公众网络、政府的官方记录与数据库信息、聚集商业交易中的个人数据而形成的商业数据库、地理空间数据、各类调查、通过扫描并借助光学字符识别转化形成的电子形式的传统离线文献。而大量具有上网功能与包含传感器的设备的出现，扩大了从物理实体，包括从传感器和射频识别芯片采集数据的能力。在这些数据的来源中存在大量的个人信息。而个人定位数据则来自GPS芯片、无线网络映射、移动设备蜂窝信号基站的三角测量以及个人支付行为等。

再次，数据分析能呈现个人清晰的行为图谱与个性化的行为偏好。大数据分析的发展可以使得诸多信息相互结合在一起，创造出个人清晰的行为图谱，从而预测消费者的行为与偏好。当相关机构与企业融合了大量不同类型的数据并对其进行分析处理时，就可能在消费者用语言明确表示以前，提供给他们所需要的正确的产品、服务与信息，甚至有意识地引导消费者的消费行为。企业希望通过分析这类数据即刻获益的要求越来越高。这些详细的私人档案在消费者市场、广告市场、在线教育市场、医疗保健领域等市场都备受欢迎。个人信息呈现出巨大的商业价值，这些商业价值在成功的商业模式中得到了淋漓尽致的展现，比如社交网站、搜索引擎、行为广告公司等，依赖于对海量个人信息的掌握，这些公司得以蓬勃发展。它们所处的市场主导地位与已取得的成功，很大程度上是由它们能接触到的数据信息所决定的。

最后，个人信息的商品化与自由转让交易市场开始萌芽。有学者认为，个人信息的交易市场可能涉及伦理问题，政府难以对其进行规制。国内有学者指出，中国应借鉴金融衍生品市场的模式，建立数据交易市场，通过透明公开的

交易平台，发挥资本市场的作用。另有学者主张，在个人信息财产权的实现方式上，应区分初级市场和二级市场：初级市场是为了订立合同或进行交易而必须向商家披露的个人信息；二级市场则是建立在对个人信息的再次使用基础上的市场。超出原信息采集目的对个人信息的使用行为，包括信息控制者、使用者许可他人进行使用的，都属于再次使用。现阶段有关信息交易市场的研究文献还比较少，但实践的开拓已经走到理论研究的前面。在日本，富士通公司建立了数据交易市场——"Data Plaza"，在该网站买卖的数据包括个人在购物网上的购物记录、手机定位信息、社交网站的帖子、出租车上安装的传感器所获得的交通堵塞信息等。在美国，Personal 公司鼓励用户上传个人数据，并使用户通过出售数据获得经济收益。Factual 公司也推出了数据超市。Commodity.us网站则鼓励用户从脸书上下载自己的信息，并将信息上传到 Commodity.us 网站上，网站会评估这些个人信息，对于其中有商业与艺术价值的信息，网站会将其对应的价值支付给用户，使用户从自己的个人信息中获利。这种个人信息市场交易模式被认为是有利于构建个人信息产权保护制度的有益之举。

二、作为构建信息财产权基础的产权形成与初次分配理论

经济上的财产权，即使没有得到法律的认可，也可能得以自行实施。与法律上通过立法程序构建的财产权不同，经济领域的财产权反映的是产权人享用资源排除他人干扰的实际能力。昂伯克关于产权形成与初次分配的理论成为构建个人信息财产权的支柱之一。该理论认为，当珍稀资源的产权归属未曾界定或界定不清时，产权的分配会与人们排除他人掌握该珍稀资源的能力相适应。为了验证这一假设，昂伯克对 1848 年加利福尼亚州的淘金热进行了研究。加州的淘金热验证了昂伯克的假设，即产权的初始分配与排除他人干预、入侵的能力是直接相关的。昂伯克理论的一个逻辑推演如下：如果矿工们在使用暴力的能力方面存在悬殊，那么在分配矿区黄金产量的地块时，将不会出现大致平等的分配结果。在观察当代人们处理个人信息的现状时我们发现，当代个人信息市场的分割现状恰如加州淘金热呈现的情景：当法律上与个人信息相关的财产权归属界定不明时，信息产业作为一个强有力的因素将会攫取个人信息中潜

藏的商业价值。机构、商家也在事实上主张，自己应对收集的海量用户资料的数据库信息及消费者行为偏好特征的数据分析享有财产权。

个人信息的拥有权属于谁？在这之上产生的利益又归属于谁？如果政策的制定者没有对个人信息财产权归属做出界定，没有设置个人信息保护的默认规则，也没有强行要求未经信息主体的同意不允许使用个人信息，那么这一系列的不作为无异于将个人信息的产权让渡给信息产业中的强势方，使得个人在企业面前的自主性被侵蚀，信息自主权受到侵害。

三、信息财产权归属的首要性

确立个人信息保护的框架涉及一个非常重要的前提问题，即需要确立信息财产权的归属。而现阶段，信息产业几乎攫取了个人信息中的所有财产性利益。

（一）信息产业对个人信息之财产性利益的攫取

作为一个强有力的参与者，在产权尚未获得法律上的初始分配时，信息产业当中的一些强势企业已在事实上攫取了个人信息上的利益，这些强势企业集中在社交网络、购物网站、电邮、App 应用、搜索引擎等方面。多数情况下，信息主体并不知晓自己的信息已被采集，也不清楚被采集的信息类型以及它们在将来的用途。事实上，在现阶段的实践操作中，并没有任何具有实质意义的同意选择机制能排除其他主体对信息主体信息的使用。现行信息主体所享有的知情同意的选择机制是不成功的。知情同意提供给信息主体的选择呈现出要么接受，要么放弃的特质。因此用户只享有两个选择权——"我接受"或者"我拒绝"。因为应用程序在安装过程中需要用户做出选择。要让用户做出同意的选择并不困难。因为，点击"我拒绝"的按钮会终止安装程序……软件开发商将用户同意的选择设置成为用户能使用服务的前提条件。

当一款应用软件提供给用户的服务是独一无二的，或不使用这款应用程序会被社会排斥时，想让用户拒绝隐私服务的协议几乎是不可能的。另外，最近一项实证研究揭示，即使应用程序的隐私政策做出了保护用户个人信息的郑重承诺，但若缺乏后续强化用户个人信息控制权制度的有效支撑，则表面上的承诺将不能为隐私与信息保护提供一个安全的港湾。这样的隐私承诺实则是一种市场营销策略，当商家承诺对采集的个人信息严格保密或采取相应的方案与应对措施，而实质上这些措施又未落实到位时，大多数用户其实并不知情，反而会相对信任地将个人信息甚至是敏感信息分享出来。这就会导致一个悖论的出现，即那些在表面上看来本应为用户个人信息提供更好保护的措施与方案，往往会使用户更容易受到伤害。在这一过程中，信息产业中的商家事实上攫取了个人信息中的财产性利益。

而电子平台与服务应用经营者排除市场中的其他竞争者获取其已采集的个人信息的方法则是通过以下两种途径实现的：第一，通过采取安全措施的方式，防止其他竞争者接触到其已采集与储存的用户信息。第二，限制用户查阅与复制个人信息记录的权利。事实上，在绝大多数情况下，只有电子平台与服务应用的提供者才具备完整的洞察力，能全方位地了解、洞察用户的完整信息。以网站 Commodify.us 为例，该网站开启的商业模式是让脸谱网的用户通过在脸谱网上下载个人信息，将个人信息在 Commodify.us 网站上分享的方式，发掘个人信息中的艺术与商业价值，并使用户有机会从自己分享的个人信息中获利。为了遵循欧洲个人信息保护的规则，脸谱网为用户提供了个人信息的下载服务。事实上，用户通过个人信息下载服务能够下载到的个人信息的范围仅是脸谱网储存的个人信息中的一部分。而已经拥有 5 亿用户的微信，则根本没有给用户提供下载个人信息的选择。事实上，信息产业几乎攫取了个人信息中的财产性利益。

（二）个人：信息财产权之初始性权利的主体

信息技术与电子服务市场已证实，个人信息是一项竞争性资源，信息产业中的强有力的竞争者有效地排除了用户与其他竞争者对个人信息的获取。现阶段，成文法规并未对个人信息的财产权归属进行明确规定，实质上，信息产业中的强有力的竞争者攫取了个人信息中的财产性利益——这会对未来信息保护产生诸多不利影响。在面临保护个体信息自决权和促进信息的合理使用与流动这一进退维谷的选择时，如果政策制定者倾向于对后者进行保护，则会支持将信息财产权赋予信息产业中的经营者。如果政策制定者在认定信息财产权的归属上犹豫不决，那么信息财产权同样会被信息产业中的经营者攫取。另外，经济学中的"科斯定理"认为，如果市场的交易成本为零或者很小，那么无论产权在开始时被赋予谁，市场均衡的最终结果都将是有效率的，从而实现资源配置的帕累托最优。而塔勒（Richard Thaler）于1980年提出的"禀赋理论"则认为，当个人一旦拥有某项物品时，他对该物品价值的评价要比未拥有之前大大增加。塔勒的禀赋理论给科斯定理带来了挑战。禀赋理论认为，产权的初始分配是重要的，即使在交易成本为零的时候。这意味着，除非信息的财产权在一开始就已分配给信息主体，否则信息主体想要重新控制自己的个人信息将会变得非常困难，或者必须付出高昂的成本代价。如果信息财产权初始性地被赋予信息主体，并排他性地限制信息产业中的经营者直接获取个人信息的能力，无疑会引发一场空前激烈的论争，即何种信息能归入到个人所应享有的信息财产权的范畴中。事实上，核心的问题并非在是否应在信息保护中引入财产权保护的方法，也并非信息财产权应赋予谁，真正的问题是如何在引入财产权保护的方法时进行合理架构，以实现信息时代经济的持续繁荣与对个人权利的尊重。

四、构建个人信息财产权保护模式的探索

个人信息财产权保护的模式关注与财产制相关的权利和救济，并探索如何将信息构建为法律认可的财产。对此，可以尝试借鉴施瓦茨的个人信息财产权保护的理想模式。该理想模式把财产权视为一个权利束，为使个人信息的财产权保护在实践操作层面具有可操作性，该权利束需要满足五个方面才能得到有效的构建：不可让与性、默示规则、退出的权利、损害赔偿、体系性。这一模式的典型之处在于，将事前同意的默示规则与对使用权转让的限制结合在一起，在允许个人授权他人使用其个人信息的同时，也限制他人在未来对其个人信息的使用。该模式不仅希望能够追踪到个人信息的后续转让，而且还希望能够降低个人信息交易中一次性授权产生的负面影响。这将既解决信息市场失灵的问题，也回应人们对信息资源共享的需求。我们需要尝试为消费者信息隐私提供最好保护的同时，也为个人在特定情形下与信息控制者分享利益创造条件。

（一）不可让与性

在施瓦茨所设定的个人信息财产权保护模式中，第一个关键因素是要求对个人信息创设一种不可让与性，以回应市场失灵带来的问题。此处的"不可让与性"是指对个人信息的使用权及转让权进行限制。对一些财产而言，以所有权为例，具有绝对权的性质。这样的属性使得权利主体可以对抗没有合同关系的第三方。这个特质对信息隐私的保护非常重要，因为它可以在信息使用者完成数据信息的交易后，仍然为信息主体保有一定的权利，使它有权对抗与自身没有合同关系的第三人。施瓦茨认为，为使消费者对自身个人信息享有法律上可执行的财产利益，需要精巧地构建信息财产权制度。这预示了要将一些特定的权利加入个人信息中来。这样的制度安排允许个人分享自身信息，同时也允许个人在将来自身信息的使用上设置限制条件，限制下游信息的转让与潜在第三方在其个人信息上享有的利益。施瓦茨的论证中主张，即使在一个财产权的信息保护方案下，为特定目的将个人信息作为商品来对待，也应对消费者在公开市场上自由买卖个人信息的权利做出限制。这些限制性条件不仅能够用来解决隐私市场失灵的问题，还能够有助于实现信息资源的共享与信息的公共产品属性。

在有关隐私市场失灵的问题上，个人信息的二次使用与转让会加剧市场的缺陷，因为在信息收集与利用的处理实践中，信息往往是不对称的。因此，为了降低信息交易中一次性授权所产生的负面结果，应同时对个人信息的使用权与转让权进行规范限制，限制潜在的第三方从个人信息的后续使用与转让规范中获益。施瓦茨的模型是构建在这样的基础上的：信息的自由转让不是确立信息财产属性所必需的一个方面。有很多学者撰文支持该观点：如柏格森（Vera Bergelson）认为，在财产权制度的框架下个人信息中的一些权利是不可转让的；杨格（Edward J.Janger）认为，个人信息财产权制度的保护框架下需要构建一个"强制性的不可转让规则"；汉斯曼（Henry Hansmann）与克拉克曼（Reinier Kraakman）则批评了那些认为财产权与生俱来就具有可转让性的观点；梅丽尔（Thomas W.Merrill）则论证认为可转让性对财产保护策略而言并非必需。

（二）事前同意的默示规则

对使用权与转让权的限制包含了一个前提，即事前同意的默示规则。该规则需要将个人信息的财产权初始且明确地赋予信息主体。施瓦茨将这一要求归结为一个默认的规则，该规则能够为信息主体提供一个自由选择的机会，让其自主决定是否允许其他主体使用其个人信息。事前同意的默示规则将促使信息控制者、信息处理者向另一方披露其将如何处理、利用个人信息。默示规则的应用当设置为强制性的，以使信息交易的双方不能抛开此规则进行谈判。该规则能有效降低信息的不对称性，迫使信息控制者和信息处理者在采集、使用、转让个人信息之前获得信息主体的同意，这将有利于信息市场更好地运转，也能促进社会在信息市场上的投资。

有学者认为，事前的同意机制不可避免地存在着弱点。这一弱点体现在，通知消费者以征求消费者同意的成本有时会超过消费者个人信息所蕴含的潜在价值。波斯纳就曾指出，有时获得消费者同意的成本要比信息本身的价值高很多。交易成本的存在会促使信息利用方在没有得到消费者授权同意的情况下进行个人信息的收集与交易。如果将交易双方都投入昂贵的谈判之中，则会降低交易的效率。

事实上，上述担忧在现阶段看来稍显多余。第一，个人信息市场具有巨大的价值。从个人信息中挖掘的价值远高于事前通知消费者获得消费者同意的成本花费。个人信息交易已造就了一个强劲的、拥有巨大潜在价值的市场。第二，随着信息技术的发展，信息主体的授权同意仅需要点击网站中的一个超文本链接或一个对话框。第三，如果能将自由退出的权利赋予信息主体，也将有助于信息主体授权同意信息控制者、使用者对信息的利用。因为当人们拥有改变主意、拒绝个人信息被再次利用、再次转让的权利时，将有能力避免一次不明智的选择可能给自身造成的永久伤害的结果。第四，我们需注意的一个重要方面就是科技变革所带来的力量。信息科技的发展能够大大地降低信息交易的成本，使信息控制者、使用者能够以更低廉的成本取得信息主体的授权同意，通过网上的超文本链接、对话框来采集人们同意授权的意向能够使成本最小化。

（三）自主退出的权利

信息隐私权应包括一项权利，即从信息交易中退出的权利。信息主体在做出选择之后，仍然能够享有从已达成的数据信息处理协议中"退出的权利"，"以防止出现初始协商不利对个人产生的长期不利影响"。从这个角度看，个人只是部分或者暂时地将自己的权利让渡出去，这有点类似于许可制度。

退出是实现信息共享的必备要素。有效的资源共享需要培养共同的价值观，并将低劣的合作者排除出去。退出权使得信息主体能在遭遇到低劣的信息控制者与信息处理者时选择退出，这会对潜在的其他信息主体产生影响。退出权的行使，从一个侧面看，会导致低劣的信息控制者的用户数量逐渐减少，能产生惩罚欺诈性信息控制者的效果。当然，在面对可能的欺诈行为时，我们需要通过立法来规范信息控制者、信息处理者保护个人信息的承诺。不仅规范信息隐私提醒通知的形式，也要监督信息保护承诺的实施。

（四）损害赔偿制度

作为一项经典的理论，卡拉布雷斯与梅拉梅德的"产权规则"是通过一方当事人的主观估值和发出特殊禁令的方式实施的。在《产权规则、责任规则和不可让与性：一种权威的观点》一文中，他们指出，在产权机制中，信息权利的价值是由卖方来定的，但当信息隐私受到侵害之际，以损害赔偿金包括违约金的方式对信息主体进行赔偿，也不失为一个值得纳入考量的选择。因为，让信息销售者与信息购买者为信息侵害行为进行自由定价将会出现一些难题：第一，实际的损失往往难以准确进行估算；第二，单个的个人信息数据的市场价值并不高，在面对诉讼时，每个个体所能得到的损害赔偿金可能往往还不够支持一场诉讼；第三，侵害信息隐私的行为常常难以被发现，取证也异常困难。在很多侵害个人信息的行为发生以后，受害者往往并没有意识到自己的信息已被他人非法利用。

相比于对损害进行主观估值的方式，损害赔偿金也有自己的优势。损害赔偿金的界定可以根据侵权行为被发现的难易程度来界定。信息侵权行为越难被发现，越难被证明，损害赔偿金就应当被相应提高。违约赔偿金的方案有利于促进信息市场的运转，也有利于信息市场的建设和维护。如果法律设定了较高的损害赔偿金，便能鼓励相关机构、企业履行自己保护信息隐私的承诺，并震慑潜在的违法者，鼓励人们通过诉讼来捍卫自己信息隐私的权利。损害赔偿金的设定能促使社会加大对信息保护措施的投入，从而更加促进与支持信息资源的共享。

（五）公共机构的监督

公共机构应在个人信息的财产权模式中发挥如下的功能：首先，创建市场并为信息交易提供交易机制；其次，监督各方遵守法律规定与协议，防止与救济信息侵权行为的发生。

在创建市场功能的实现上，学者兰顿提议建立一个国家个人信息交易市场。他认为，通过借鉴股票交易模式，个人信息可以像股票那样在一个统一市场上进行交易。他认为可以建立"国家信息账户中心""国家信息交易所"在全国各地建立"地方个人信息银行"。个人可以自由决定是否将自己的信息储存在所在地的地方个人信息银行，也可以决定是否在国家信息账户中心开立个人信息账户。由地方个人信息银行对个人信息进行分类并将其录入到国家个人信息交易所进行交易，需要使用个人信息的商家可以在国家个人信息交易所进行类似于股票买卖的交易。交易完成后，获利将自动划入到个人在国家信息账户中心开立的账户。商家可以获得基于特定目的在一定期限内使用某类个人信息的权利。同时，个人信息交易所也承担着监督职能，监督买家对个人信息的使用。事实上，这种单一与集中性的市场容易成为违法者攻击的目标，带来信息隐私的灾难。如果建立多个不同的信息交换中心，分散式的信息交易市场不仅能够避免集中性市场可能带来的信息灾难，还可能在离散的市场中做出有利于信息保护的创新。

在公共机构监督各方遵守法律规定与协议方面，美国联邦贸易委员会担负起了保护个人信息隐私的重要责任。这是美国唯一一个对个人信息市场进行监督的公共机构。作为一个独立的顾问机构，德国的数据保护委员会也监督着现有法律的有效实施，并向公众与大众媒体通报信息隐私的相关情况。相应地，我国的法律也应当创建一个动态的公共机构，构建不同的信息交易市场，并为人们提供交易机制，监督各方遵守法律与协议的情况。

及至当前，将个人信息视为商品的观念愈来愈盛行。个人信息商品化的科技发展与应用已成为威胁到个人信息安全的主要因素。云计算对个人信息的采集与储存，智能穿戴设备对敏感信息的采集、网络跟踪技术的发展，这当中的每一种技术都将引起我们对用户信息隐私的关注。至此，本书此部分分析了个人信息财产权保护模式应包含的五个必不可少的重要因素。信息主体有权在自身信息的使用与分享方面设置限制条件，限制下游信息的转让与潜在第三方在其个人信息上享有的利益；事前同意成为一项默示规则；信息主体在任何时候都享有从信息交易中退出的权利；行为人对自己的信息侵权行为承担损害赔偿责任；公共机构创建交易市场，提供规范机制、监督信息市场中交易各方的行为，实现对信息交易的常态化监管。这样一个个人信息财产化的理想模式，不仅能解决信息市场失灵的问题，也有助于推进信息资源的共享。

在探索个人信息财产权保护模式的道路上，我们需要认识到，信息隐私具有个人与社会的双重价值，我们需要针对个人信息的管理与规制措施进行不断审查并做出相应的调整。

第六节　构建个人信息保护的正当程序保障

预测是大数据的核心，其已被有效应用到人类几乎所有致力于发展的领域：观察商业趋势、进行疾病诊断、推荐治疗措施、变革公共卫生、测定实时交通路况、预防犯罪与保卫国家安全等。它为我们的生活创造了前所未有的可量化的维度。

大数据在就业、信贷、保险、医疗、住房、教育、执法等领域的应用，可能会诱发歧视与差别对待。以预测性警务为例，执法部门使用的数据可能使得非暴力触犯刑律的违法者因为以前犯罪记录的影响，而在教育、雇佣、住房等机会面前受到歧视对待。大数据的这种进行区别对待并规避隐私保护的能力，源于它的方法学。预测性分析不仅可能会诱发歧视，它的分析过程也会生成一些不准确的识别与定性，而这往往又与个人密切相连。

一、预测分析在三方面被人为夸大

曾经，为执法部门设计分析软件的公司暴露了他们设计软件的运行结果并不需要与实际相符或与道德标准一致。一位之前在这类公司工作过的员工谈道："像我一样的怪才能够让数据分析运转，但我们并没有义务去搞明白我们得出的结论正确与否，我们常常也不知道。"

事实上，大数据在三个方面被人为夸大了：第一，人们使用技术手段最大化计算能力的程度是有限的，而数据分析的算法存在盲区与不足，并非完全准确；第二，利用一系列分析工具与不同类型的分析方法得出的数据也并非总是完美无瑕；第三，它向人们灌输通过分析大型数据集得出的结果是客观、准确、真实的观点也并非完全与事实相符。

保护弱势群体，使其免受不公正的对待是大数据在私营部门得以运用的前提。而算法在相关资格认定决策中的使用也必须得到谨慎监管，否则即使设计者在设计之初时没有任何歧视与差别对待的意图，算法的运行也可能产生歧视弱势群体的后果。鉴于预测性分析可能带来的歧视以及对个人信息保护造成的威胁，应当考虑并设计一套能够解决预测性侵害的方法。规则的拟定不仅应考虑信息主体对自身信息及那些以自身信息为基础进行不规范量化评分所得数据的访问权限，还需考虑请求更改、删除不准确信息的权限。而在衡量与判断使用算法或评分方式进行决策的后果是否公正方面，我们不仅需要从技术的视角对这些技术工具进一步展开研究，还需从规则的视角为个体提供程序法保障。

二、正当程序关注的重点及其潜藏的价值

相较于对个人数据的收集、使用与事前的披露，与数据相关的正当程序是欲实现使用个人数据进行分析过程中的公平，包括大数据被用来对人进行分类以及对人特性进行判断方面。试以一个从事人身健康保险的保险商为例进行说明，倘若他使用大数据分析去判断一个顾客发生某种特定疾病的可能性，并以数据挖掘、分析的结果作为依据，拒绝对评分低的顾客承保，则投保人就享有此类正当程序的权利。同样，如果一个潜在的雇佣者使用大数据去预测应聘者的诚实度，受到不利影响的人同样享有行使该正当程序的权利。

与传统上个人对公司、数据分析机构收集、使用自己资料享有的查询权不同，正当程序将关注的重点放在了使用个人数据做出决定判断后发生的争议上。在告知义务方面，正当程序关注的是在预测分析得出建议并将要采取影响个人财产、自由、机会的措施时，分析方所应负担的告知义务，而不是在收集与使

用数据时的告知义务，这符合大数据分析的特点，也使实践操作变得可能。

算法中可能存在的偏见是一个非常严重的问题，对带有偏见的算法应当有能够对其表示质疑、反对的方法。预测性的信息侵害往往只在事后才能加以辨识。因此，当事后发生争议时，司法应当可以对其进行监督，同时也应有专业的机构对算法进行评估。这样的评估与监督会关涉到与预测分析相关的正当程序。

应该看到，与正当程序的内在的价值相比，具体的程序性规则远远不如内在价值稳定。程序规则应当更多地考虑构建在价值基础上，而非构建在特定的规程上，唯有如此，在面对大数据的海量数据与情景模式的不断变化下，它的生命力才会更加长久。

在对正当程序的检视中，雷迪什与马歇尔提出了七个正当程序应包含的持久价值：（1）准确性；（2）程序上的公平性；（3）启动正当程序平等性；（4）可预测性、透明性与合理性；（5）参与性；（6）披露；（7）隐私—尊严。

每一个正当程序的价值都为我们提供了很好的指引。当大数据在宣布我们找寻的答案时，它应当是准确的；数据收集时应当平等不带偏向，否则很有可能出现误导的结论。因此，应在大数据于决策方面所能发挥的作用还没有得到社会的广泛认同时——特别是与政府相关的决策，在公平性、可预测性、透明性与合理性方面应做出表率作用。缺少这些价值，我们无法信任它，它也不能成为政府治理的一部分。而参与、披露与隐私—自尊应该能够帮助将大数据在决策中的能力发挥到最大化。这些价值解决了个人对程序正当的担心，即便是在出现了令人不愉快的结果时。另外，中立的裁判者也是正当程序的核心，当中立的裁判者存在个人的固有偏见或者会从裁判的结果中直接受益时，也会导致非常危险的结果。

三、正当程序对权力的制衡与模型的建构

正当程序在历史上是以分离政府权力的角色出现的。将其作为解决大数据在收集、处理个人信息并进行预测分析时产生争议的方法值得称赞。

在众多由大数据得出的结论与建议中，在算法设计者（事实上是大数据分

析判断中的立法者），查询、质疑的监管者（相当于在大数据中掌管行政权力）以及结果的裁判者（针对计算机输出结果的裁判）之间，缺少相关的法律规则对他们之间的关系进行合理规制。因此，系统中各个角色之间并没有得到有效制衡，而是否存在偏见是大数据所得结论能否得以有效执行的关键。正如美国联邦最高法院首席大法官马歇尔曾经解释的那样："社会治理中，立法机关掌管的是一个特别的领域，它制定社会治理的规则，而将这些规则适用到个人身上，那看起来应当是其他部门的职责。"正当程序应当确保大数据不混淆这些职责，并确保相互之间的权力能够得到有效制衡。

很多学者强调，作为一种系统的管理技术，正当程序更应当关注的是发现错误、辨识原因以及纠正错误，而非将较多的精力放在对个人侵害的矫正上。正如一位学者建议的那样，正当程序不仅应解决在个人身上发生的不公正问题，同时也应当能够超越他们的管理水平，创建方案和激励机制，规范地限定法律允许范围内的政府行为。同样，正当程序应该能够作为大数据的一种系统的管理技巧，在法律的规定与权限范围内去揭示错误、辨识原因，通过提供解决方案来纠正错误。

西特伦（Danielle Citron）在 2010 年的文章《技术性的正当程序》中提出，正当程序的复兴可以减少并解决政府在行使行政权力过程中剥夺公民自由与财产的风险。她提出的解决方法能够被扩展并作为解决大数据中预测性隐私侵害的方法。

西特伦指出，政府中的许多行政官员都在使用不同的应用程序去裁判一个人的自由、财产和机会方面的权利。这些自动化应用系统包括终止医疗补助，失业救济以及其他福利待遇；还包括限制一部分公民搭乘飞机；辨识那些忘记及时支付抚养费的人。这些为数众多的应用程序或者自动化系统：（1）在公民个人自由与财产利益受到算法影响，处于危急关头时，并没有向公民履行充分的告知义务，有时甚至根本就没有履行；（2）当一个决定做出之前，并没有给公民提供听证的机会；（3）在作出裁判时，常常是一种秘密的状态，并没有做任何记录也没有给予法院进行司法干预的任何机会。

在告知义务的履行上，大数据呈现了政府在使用自动化识别、判断，并行使行政权力时出现的问题。个人或团体遭遇预测性隐私侵害，在结果生成或实施前几乎同样没有收到过任何有意义的告知；同时做出判断的一方也不太可能将得出的与预测结论相关的证明与推理分享给利益受损方。在当下，很明显没有法律规定要求做出判断的一方记载并保留与预测基础相关的记录。

"听证的机会"也是自动化应用程序预测与正当程序中存在的突出问题。大数据中"听证的机会"关系到程序运行中的源代码或是应用程序在做出判断决定时的逻辑。召开这样的听证，花费上肯定是不菲的，从单个案件来看，往往成本与收益极不平衡，但从长远来看，这样的挑战有利于未来案件中公平的实现，这也使得使用计算机算法的人士更加谨慎，并努力做到准确。因此，即使成本与收益不平衡，这项支出也值得投入。

西特伦还建议，政府官员在使用应用程序做出影响公民自由、财产、机会的判断前，应当进行培训，去除进行此项管理中政府官员可能存在的偏见，并告知他们程序中可能存在的瑕疵、缺陷，以最大限度避免在做出行政决定时可能出现的谬误，以便确保最大程度的公平。同时，她还建议个人或机构团体有要求听证的权利："以详细解释政府之所以信赖计算机输出结果的原因。"包括计算机生成的事实判断。她还建议设计计算机应用判断程序的机构应当时常去测试软件系统的准确性，以检查是否存在偏见与错误。

在大数据做出预测、判断时，政府会面对相同的问题，即可能存在算法的偏见与对个人身份可识别信息的不准确预测。在这类情况下，赋予受到不利影响的一方要求听证的权利是适当的。听证过程中，受到不利影响的一方，有权利要求使用大数据做出影响个人权利的重大决定的分析者披露在分析中收集的数据，并要求他们去评估这类应用程序在进行预测分析时的准确性。同时，大数据也会从做出分析判断的记录跟踪中受益。这样的记录不仅能提高准确性，同时也能在个人提出异议时，去判断个人数据在分析的过程中是如何被使用的。

应当看到的是，将部分大数据的分析纳入到正当程序的规制中来是比较困难的。比如像一些人错失的机会；保险人提供的对部分人群更加有利的投保条款。但当个人发现他与大数据分析判断的结果直接相关，在数据的分析预测中，被剥夺了某些机会时，受影响者启动正当程序的权利看起来就是非常正常的。

正当程序可以在通过大数据分析得出结论，而该结论影响到个人自由、财产、特定资格、特定机会的享有时，依受影响者的申请而启动。大数据分析中正当程序的贯彻执行应当遵循以下原则：

（一）告知

应当强调的是，大数据正当程序中所谓的告知，是指进行大数据分析的机构应当对可能因预测性数据分析结果而受害的相对方承担告知义务，以提供一个干预数据分析中预测性过程的机会。这些使用大数据对人进行分类并做出属性、特征判断的机构应当发布告知公告，不仅披露他们试图进行预测的类型，还应披露他们为进行此次分析而采集并输入的主要数据资料。

一个人可以想象一系列告知的权利与义务，这使得相对方可以呈请大数据分析机构在做出预测性判断时去核对他们的分析数据库中是否包含或使用了他们的数据，并审查这些数据是否准确。这样的要求不仅能够适用在预测性分析中，同样可以适用在数据收集、处理的过程中。同时，告知义务还应当提供一种机制，以便使那些在自由、财产和机会等方面遭受可能的不利影响与侵害的一方，能够取得预测分析过程中分析机构做出的相关记录。

（二）听证的机会与中立的第三方中介机构

告知的问题一旦解决，随之而来需要解决的就是预测过程的公平性问题。解决此问题的最好途径就是赋予相对方启动听证程序的权利，并且在必要的时候，纠正错误的记录。这一过程包括数据分析中使用到的证据、输入的数据与使用算法的逻辑问题。这一过程可以交由第三方——中立的裁判者来完成。第三方还应在平日中对大数据带来的预测性隐私侵害进行例行评估。这样的中介机构以及进行评议的外部算法师将扮演公正的审计员的角色。其可以根据法院的要求、当事人的委托，甚至是法律或规章的指令对大数据的准确程度或者有效性进行鉴定，还可以证实大数据应用程序是否健全。与此同时，他们还可以作为听证、审讯中的专家证人，或在遇到特别复杂的大数据问题时被法官委派为"法院专家"。从长远来看，这应当能有助丁效率的提升。

（三）公正的裁判者与司法保障

大数据推崇者们向人们灌输的数据分析结果不带偏见，无限接近客观真理的观念，其实是个谎言。正当程序需要保障被剥夺个人自由、机会的人获得公正、无偏私的司法裁判的机会。裁判者不仅应当心无偏私，做到客观、公正，也应当与大数据分析的结果没有任何利益上的实质性牵连。与预测分析相关的正当程序，能作为一个非常有价值的框架以确保更大程度地实现预测性分析的公正。裁判者可以检视算法的设计者与程序运行者之间的关系，以确保他们之间在履行职责时没有互相僭越，恰当发挥各自的作用。这就需要对预测性结论得出的基础，包括使用的数据以及所使用的算法作以记录。

就此而言，对个人信息的保护需要从如下三个方面做出改革：第一，当基于大数据分析做出预测性分析与决定会影响到主体的切身利益与所享有的重要机会时，需要为个体提供正当程序的保障；第二，在大数据时代，数据分析充满着个性化判断，当这种全方位的数据分析应用与精细化的个性化判断运用于公共行政管理及商业运营过程时，理应受到限制；第三，在公共或私营机构对个人信息的处理过程中，需要采取积极措施，以便对动态隐私进行有效的保护。有效的隐私保护需要信息处理的充分透明，为公民质询大数据分析的逻辑与结果提供机会。

凡是过去，皆为序曲。大数据越来越广泛的应用已经给隐私保护的问题带来了众多挑战，作者期望能探索出可行的并能够实现公平的程序与方案，以便解决这当中出现的个人信息侵害问题。而与数据相关的正当程序，则是对预测性个人信息侵害的恰当回应。虽然在应对各种不同的隐私侵害方面，正当程序或许会面临一些调适与变化，但只要它能为那些遭遇新类型信息侵害，以及自由、财产和机会处于风险中的人提供切实可行和有效的制度性保障，则该制度的成功就不会遥遥无期。

参考文献

[1] 赵欢，修涛．大数据时代个人信息权的私法属性及立法保护 [J].哈尔滨学院学报，2023，44（01）：58-60.

[2] 李伟．大数据时代个人信息的保护问题研究 [J].新经济，2023（01）：24-34.

[3] 张晓雨，邓煜馨，王一丹．大数据时代大学生个人信息保护研究 [J].网络安全技术与应用，2023（01）：82-84.

[4] 庞文，纪来斌．大数据时代个人信息法律保护的难点及解决路径 [J].武汉公安干部学院学报，2022，36（04）：33-37.

[5] 王始龙．大数据时代下个人信息保护中的国家角色嬗变 [J].四川职业技术学院学报，2022，32（06）：49-55+74.

[6] 辛效玖，刘海廷．大数据时代个人信息保护刑法规制研究 [J].秦智，2022（12）：25-27.

[7] 姜昀宜，苏嘉懿，张尤佳．大数据时代敏感个人信息的立法保护 [J].法制博览，2022（36）：15-18.

[8] 胡城莉．宪法角度：大数据时代个人信息保护的法律完善 [J].网络安全技术与应用，2022（11）：79-81.

[9] 杨长泉．论大数据时代个人信息保护与处理的立法完善 [J].凯里学院学报，2022，40（05）：44-49.

[10] 解万永，姜霞．大数据时代下用户个人信息保护的思考 [J].网络安全技术与应用，2022（10）：54-55.

[11] 侯姝琦，程雪军．大数据时代个人信用信息权益的法律保护缺位与完

善 [J]. 征信，2022，40（09）：25-34.

[12] 张益. 基于大数据时代的个人信息行政法保护探究 [J]. 大陆桥视野，2022（08）：112-114.

[13] 何培瑞，唐炜钧，雷歆怡. 大数据时代个人信息保护的法律思考 [J]. 网络安全技术与应用，2022（08）：62-64.

[14] 程慧娴，崔苄心. 大数据时代高校学生个人信息保护研究 [J]. 网络安全技术与应用，2022（07）：83-85.

[15] 党振兴. 大数据时代个人信息安全现状与保护 [J]. 重庆交通大学学报（社会科学版），2022，22（04）：14-22.

[16] 李雪健. 大数据时代读者个人信息保护范式的应然选择 [J]. 图书馆理论与实践，2022（04）：76-86.

[17] 曹洁. 大数据时代个人信息的行政法保护 [D]. 浙江工商大学，2022.

[18] 秦月岩. 浅谈大数据时代个人信息保护的困境与出路探索 [J]. 河北企业，2022（07）：25-27.

[19] 郑淑霞. 大数据时代个人信息流动中利益平衡保护的域外模式及启示 [J]. 法制博览，2022（17）：18-20.

[20] 袁博. 大数据时代个人信息保护的行政监管立场及其智慧化转型 [J]. 西南民族大学学报（人文社会科学版），2022，43（06）：96-107.

[21] 金泓序，何畏. 大数据时代个人信息保护的挑战与对策研究 [J]. 情报科学，2022，40（06）：132-140.

[22] 张国晨. 大数据时代敏感个人信息的法律保护研究 [D]. 新疆师范大学，2022.

[23] 方泽凤. 大数据时代个人信息保护中知情同意规则研究 [D]. 江西财经大学，2022.